一个英国家族在东南亚的百年统治

[英]史蒂文·朗西曼 著

石盼盼 译

布鲁克王朝
The White Rajahs
A History of Sarawak from 1841 to 1946

Steven Runciman

民主与建设出版社
·北京·

前　言

　　这本书是在沙捞越政府的提议之下撰写的，他们的友好和体贴让我十分感激。他们的慷慨资助让我得以三次造访这一地区，闲时还能到处观光。我可以自由参阅档案馆里的所有文件，并在舒适的条件下进行研究。同时，他们支持我用自己的方式来讲述这个故事。这并不是一部官方史书。我在书中表达的观点是我自己的想法，是基于我对现有证据的客观阐释。我只是希望我的发现在大家看来是客观公正的，不会让任何人受伤害或是失望。这本书的部分内容涉及现代。很多人物还活着，或是最近才离世。如此近距离地观察，很难看清到底发生了什么以及为什么会发生。若研究的是死了很久的人物，历史学家完全可以确定动因、推敲传闻，甚至偶尔参与丑闻的传播。但是，若研究涉及当代，那这样做便既不得体也无助益，而且还不明智。比如说，现在还不能对沙捞越划归英国一事进行全面而确凿的记述。

　　出于完全不同的原因，沙捞越在白人拉惹（Rajah）统治时期的完整历史不太好写。有些时期的原始材料很充足，有些时期又满是缺漏。将游客写的故事编纂成册很容易，因为有很多博物学家、民族学家和旅行者在出游时造访沙捞越，还写了游记，其中不乏对这个地区及其居民生活的生动描写。在与沙捞越相关的文献中，他们的作品占了一大半，而且能给我们提供背景资料。但是很少有作者想要或是能够讲述这个地区的发展历程。他们只是描述了处于某些时期的某些地区。这里发生过的大事件中仍有很多模糊不清之处。沙捞越历史中唯一记述完备的部分就是它与英国的关系，在这方面，英国的官方记录既完整又不可或缺。

关于第一任拉惹的职业生涯和性格特点的资料很丰富。他亲笔写了很多东西，而且完全不介意公开自己的书信和日记。他在当时是个杰出又独特的人物。对具有冒险精神的维多利亚时代名士的记述几乎都会包含对他事业的总结。在他去世后的21年内有两部关于他的严肃传记问世。第一部出自格特鲁德·雅各布（Gertrude Jacob）小姐之手，内容谄媚，但编纂得很认真。她虽然从未结识拉惹本人，但是认识拉惹的很多亲戚朋友，并能接触到很多私人文件。第二部是他的朋友斯宾塞·圣约翰（Spencer St John）写的。圣约翰与他共事多年。这部作品在进行褒扬时多了很多批判性的思考，也提供了关于他生命中较为重要的岁月的第一手资料。有了这两部作品，以及他的朋友凯帕尔（Keppel）、芒迪（Mundy）和坦普勒（Templer）先后帮他出版的信件和日记，还有新近发现的他与未来的伯德特-库茨女男爵（Baroness Burdett-Coutts）的往来信件，就可以相当全面地描摹出他的生平。而他的外甥小布鲁克（Brooke Brooke）的家族保存的文件填补了其他的空白——项美丽（Emily Hahn）小姐[①]在她新近完成

[①] 原名艾米丽·哈恩，美国作家、记者，曾在中国上海任教。（本书脚注皆为译者注，下文不再说明。）

的传记中巧妙地利用了这些文件。但他离开期间，沙捞越所发生的事情基本上没有留下什么记录。早年的相关文件大多在1857年的华人起义期间损毁。因为气候恶劣、存储混乱和最近一场战争中的日军占领，他执政后期的文件很少能保留下来。这些文件本就不多。拉惹政府是非常私人化的，他手下的欧洲官员数量不多。政府工作大多是通过私人接洽来完成的，而记录文档被认为是没有必要的。要不是第二任拉惹查尔斯·布鲁克（Charles Brooke）写了两卷书记述自己担任地区官员时的生活，我们就无法获得关于那些年里内陆地区生活情况的直接信息了。

拉惹查尔斯统治时期的资料在很多方面情况更糟。他不像他舅舅那样喜欢公众的关注。除了对自己早年生活的记述外，他没有出版过任何东西，只就某些政治问题发表过自己的看法。没有人为他写过传记。他的妻子在自己的书中写到他时带着一种稍微糅杂了崇拜和恼怒的感觉——他对妻子也是如此，他的儿媳拉妮西尔维娅（Ranee Sylvia）① 在自己的书中则明确表示不喜欢他——他似乎也报以同感。他的经历以及他执政时期的历史基本上就只有三个来源：他保存在沙捞越档案馆的书信集副本，基本上囊括了他在1880—1916年的每一封书信；《沙捞越公报》（Sarawak Gazette），一份半官方性质的杂志，有时两周出一期，有时一个月出一期，自1870年一直出版到1942年日军占领沙捞越为止（1946年后复刊）；以及S. 巴林-古尔德（S. Baring-Gould）和C. A. 班普菲尔德（C. A. Bampfylde）撰写的《沙捞越史》（History of Sarawak）。《沙捞越史》其实是一部官方史书。事

---

① 拉妮是拉惹妻子的头衔。

实上，拉惹查尔斯在1909年资助了该书的出版。巴林-古尔德所起的作用就只是把拿到的资料整理成文，但是班普菲尔德在沙捞越政府担任要职多年，他可以接触到所有存世的文档，而且他自己也参与了第二任拉惹统治时期的很多事件。这部史书的基调必然是不加批判的，但是作为可靠的实录还是不可或缺的。沙捞越档案馆也存有第二任拉惹的几份指令簿，内含众多庞杂的法令、法规、指令和个人指示，还有一些机密报告。边远地区呈上的几卷关于这一时期的报告手稿也保存下来了。但是这些手稿稍微有些无用，主要是些微不足道的民事和刑事案件记录以及判罚结果，虽可以说明地区官员的工作类型，但也仅限于此。政府仍是家长制的。所有要事通常都是以口头形式汇报给拉惹或其代表，而且很少被记录下来。拉惹巡视各区时做的决策，或是官员在古晋（Kuching）觐见他时他所做的决策并不总是记录在案。国民议会的会议记录记下了比较重要的政治决策，但遗漏了很多内容。

第三任拉惹统治时期的情况也好不到哪里去。政府的体系基本上是一样的。虽然设立了更多做记录的机构，但是很多记录在上一场战争中损毁了。只有法律文件看起来是完整的。我主要是靠《沙捞越公报》的内容来了解那些岁月的。万幸，对那时候的沙捞越有了解并愿意讲述的人有很多还活着。

除了第二任拉惹的书信集，沙捞越档案馆还保存着各种各样的私人信件。我也有幸得以参阅许多相关的私人信件。我特别感激大卫·法因斯（David Fiennes）先生，他把他父亲给第二任拉惹的儿子们当家教时所写的一系列书信借给我看。

我尤其要感谢布鲁克家族，特别是副王伯特伦·布鲁克（Bertram Brooke）上校，以及他的儿子安东尼（曾经的拉惹继承人）和他的女儿哈尔西夫人（Lady Halsey）。他们慷慨地让我自由参阅、随意使用他们的文件，还给我提供了大量的私人信息。若没有他们的无私相助，我恐怕无法完成此书。

我还要感谢诸多曾在沙捞越政府任职的人员。于1899年入职的A. B.瓦尔德（A. B. Ward）先生和前辅政司R. G.艾克曼（R. G. Aikman）先生都特别友好。现任英国驻文莱专员D. C.怀特（D. C. White）先生给我提供了很多的信息，也非常热情好客。沙捞越政府的很多现任官员——无论是马来人、华人、达雅克人还是英国人——都很热心地让我了解到更多的东西。我非常感谢他们，也非常感谢像梅杰里班克斯博士（Dr Marjoribanks）这样的古晋知名人士，他们给我讲过了很多以前的事情。我到访期间若没有沙捞越总督安东尼·艾贝尔爵士（Sir Anthony Abell）的好意、鼓励和款待，若没有连续两任辅政司——已故的休·埃利斯（Hugh Ellis）先生和约翰·巴克罗夫特（John Barcroft）先生——提供的帮助，那么我会成就甚微。沙捞越电台——由其主管彼得·拉特克利夫（Peter Ratcliffe）先生执掌——一直给予我帮助，英国文化协会驻古晋办事处也是如此。也许我最该感谢的是时任信息办公室主任的菲利普·琼斯（Philip Jones）先生及其下属，因为我一直给他们添麻烦，而且他们也非常热情地招待我；还有古晋博物馆的工作人员以及他们卓越的馆长汤姆·哈里森（Tom Harrisson）先生，若不是他展现善意并愿意分享自己的渊博知识，恐怕没人敢去碰任何与沙捞越有关的课题。我万分感谢他们所有人，也万分感谢其他诸多给我提供了文件或个人资料的朋友。我还得说明一下，本书中若出现事实或判断上的疏漏，与他们任何人都无关。

最后,我要感谢剑桥大学出版社及其学术理事会的成员,感谢他们一直以来的好意和帮助。

史蒂文·朗西曼
伦敦
1960 年

目 录

第一部　婆罗洲

第一章　岛屿和岛民　　　　　　　　　　3
第二章　欧洲人来了　　　　　　　　　　18

第二部　拉惹詹姆斯

第三章　准　备　　　　　　　　　　　　49
第四章　确立统治　　　　　　　　　　　63
第五章　开始执政　　　　　　　　　　　77
第六章　艰难岁月　　　　　　　　　　　106
第七章　华人起义　　　　　　　　　　　138
第八章　统治结束　　　　　　　　　　　156

第三部 拉惹查尔斯

第九章	新政府	185
第十章	英国和文莱	203
第十一章	迈向和平与繁荣	234
第十二章	开明的专制君主	253

第四部 拉惹维纳

第十三章	和平年代	267
第十四章	王朝终结	280

后　记	303
注　释	308
参考文献	334
出版后记	341

第一部

婆罗洲

第一章

岛屿和岛民

丹尼尔·比克曼（Daniel Beekman）船长在17世纪早期写道："婆罗洲①（得名自一座叫婆罗的城市）南临爪哇岛，西面苏门答腊岛和马来半岛。该岛位于北纬7°30′与南纬4°10′之间，被赤道分为面积不等的两部分……全岛南北最长处为700英里②，东西最宽处为480英里，周长约2000英里。这是印度洋上的第一大岛，在世界范围内可能仅次于太平洋的加利福尼亚岛。"[1]

比克曼船长对于加利福尼亚的认知在当时并不罕见。③他还不知道，尚待发现的新几内亚岛比婆罗洲大，但他说的其他内容并不完全失实。婆罗洲这座大岛横跨赤道，呈不规则的四边形。其西北部海岸线从最北端的森潘曼龙角（Cape Sampanmangio，位于北纬7°1′）向西南延伸750英里左右，至达都角（Cape Datu），从此地向南偏东延伸约350英里，再向东偏南延伸差不多相等的距离，到达萨拉坦角（Cape Salatan，位于南纬4°10′）。东部

---

① 今加里曼丹岛。
② 1英里约合1.61千米。
③ 16—18世纪的欧洲人曾误以为加利福尼亚是一个岛屿。

海岸线绵延800多英里,在赤道稍往北的地方向外凸出,形成康宁岗角(Cape Kaniongang)。东北部海岸线比较曲折,看起来有点像个面朝东方的狗头。海岸线的缺口都不是很大,全线长约3000英里。该岛的面积约为28.4万平方英里。除了北部和一些稀疏分布的岬角,沿海地带皆平坦、湿润。主山脉从西南延伸至东北,形成一道分水岭,与西北部海岸的平均距离约为100英里。群峰高度鲜少超过5000英尺[1],但在北部有高耸的基纳巴卢山(Kinabalu),又称中国寡妇山(the Chinese Widow),海拔13455英尺。这是喜马拉雅山和新几内亚山脉之间的最高峰。虽然大多数山不是特别高,但山路崎岖,且被密林覆盖,难以进入。平原上也是丛林密布,且很多地方都是沼泽,雨季无法通行,要打木桩并铺上粗制的厚木板才行。

从地理环境上看,这座岛不宜居住。只在最北端有天然港湾。船只必须停靠在泥水河的河口,每条河上都有个沙洲。潮汐节律变化多端,沙洲通常不够深,只能供轻巧的独木舟通行,再大的船就过不去了,而即使乘独木舟一路也面临艰难险阻。通过沙洲后,在前往内陆的路上,有好长一段只能走复杂的河道网。几乎每条河都有个三角洲,其分支可能又汇入另一条河。尽管如此,航行还是有危险的。一些河流的上游每天都有涌潮。河床的泥滩不断变换位置。顺流漂荡的树干增加了航行的难度。再往上游挺进就会遇到急流,可能要把小船扛起来,沿着崎岖的岸边小路通过。

这片低地的景色毫无吸引力。此处再次引述比克曼船长的话:

---

[1] 1英尺约合0.3米。

沿海的大片地方看着像是森林，布满高大的树木，林间全是大片泥沼。涨水时，在好几个地方可以轻松行船，穿梭林间。但在枯水期，这里全是淤泥，受到火辣的阳光直射（尤其是春秋分时节），蒸发出恶臭的水汽和雾霭，这些随后又变成极为猛烈的降雨，说是雨水，倒更像是瀑布。[2]

岸边时不时会出现一小块比较干的土地，就在比沼泽地略高的地方。人们就在那里开辟空地，定居下来，种点东西。在一些山水相邻的地方，沼泽中陡然冒出些孤零零的山丘，人和家畜可以在较低矮的斜坡上安顿下来。再往内陆走，生活环境也没什么改观，但是更适合那些有精力去开垦密林的人。然而，没了密林的保护，土壤会快速退化。

河岸的植被浓郁茂盛，无法通行。在远离沼泽的地方，林下植物仍很浓密。因为路上有无数溪流和泥淖，还会突然冒出岩石和倒落的树干，通行过程缓慢，但还是可以通过的。对此习以为常的人有时也会迷路，因此他们常会带把帕兰刀（parang），多是用来在树上做记号，标出回程的路，而不是砍断植被。林中幽暗阴沉，大晴天也是如此。光线难以透过动辄200英尺高的大树，也难以透过挤在林间的树苗。除了兰花和其他附生植物，几乎没别的花。动物群踪影难觅、无声无息，只是偶尔能听到远处的野鸡叫，或是犀鸟咯咯叫。山坡通常很陡，会突现落石。山中还有几处经雨水冲刷形成的空地。山路难走，对于熟悉路况的人也是如此。[3]

山里有矿床，但是进不去，因此人们可能会对矿产估值过高。但总的来说，这座岛贫瘠无用，养育不了太多人口。

然而，这里自古以来就有人居住。也就是近几十年，人们才开始认真研究婆罗洲的考古资料，在近几年，才得出有价值的结论。离海岸不远的地方，也就是现在沙捞越（Sarawak）的北部，有石灰石山从尼亚（Niah）河边的丛林里冒出，高约1000英尺，山上布满岩洞。在最大岩洞的深处住着一百万只蝙蝠和上百万只金丝燕——其胶状唾液筑成的巢是燕窝汤的主要成分。宽大的洞口外就是悬崖峭壁，人可以架梯子爬上去，而丛林里的野兽上不去。人们会采集一代代金丝燕留下的鸟粪，因为鸟粪是这座岛上唯一的天然肥料。洞口对雨燕来说太亮了，因此未被它们筑巢。这里干燥舒适，像空调房一样，考古学家于1954年进行了勘探，从1957年开始展开了持续的发掘，结果在此发现了人类生存的痕迹，可追溯至公元前50000—前40000年，属旧石器时代中期。旧石器时代晚期、中石器时代和新石器时代的痕迹也有，一直延续到约公元前250年，属铜石并用时代。我们对曾生活于此的人了解得还不是很多。最初的旧石器时代片状石器长得像印度西北部梭安（Sohan）文化所使用的石器。在洞穴更深处的埋葬地出土了人类骸骨，有的属于某个中石器时代文化的族群，他们的身材即使和现在的婆罗洲居民比也显得矮小，肤色黝黑；有的属于某个新石器时代文化，身材同样矮小，但更像蒙古人种。这些人的工艺水平很高，即使是新石器时代的陶器也做得十分精致，到铜石并用时代则出现了上釉的三色陶器，比后世岛上土著部落所生产的东西要先进得多。[4]

现今的部落和这些早期先民的关系至今仍未明了。[5]居住在中部分水岭和西北海岸之间，也就是这段历史涉及的区域的部落中，最原始的当数普南人（Punans），也称本南人（Penans）。该部落现在人口很少，在沙捞越地区不足4000人，但这一族群可能曾遍布婆罗洲腹地。他们是游居者，偶尔住在洞穴里，但通常是住在建得快又弃得快的简易小屋里。他们以野生西米为食，也吃其他一些草本植物以及用吹管捕获的各类鸟兽。在外形上，他们的面部结构有点像蒙古人，这与婆罗洲所有的本地族群一样，但他们的肤色较浅，骨架比很多邻族要大，既强壮又健康。他们擅长狩猎，能悄无声息地穿越丛林，并且十分熟练地使用吹管。但他们胆小且没有攻击性。数百年来，更凶悍的邻族逐步侵占了他们的居住地，现在他们就只生活在巴兰（Baram）河与林梦（Limbang）河上游水域周围的丛林里。其中一些人定居下来，并从事农业生产。[6]

他们的近邻可拉必族（Kelabits）和毛律族（Muruts）在中部分水岭北面生活的时间可能比那里的大多数部落都要长，但后来却被入侵者赶进了山区。"可拉必"意为"拉比（Labid）河畔的人"，而"毛律"就是"山民"的意思。这两个族群密切相关。从外形上，他们的肤色相对较浅——他们喜欢浅色的皮肤——比平原上的人更高、更壮。该部落区别于邻族的地方在于，他们掌握了先进的灌溉和水稻种植技术，而且生活在公共长屋里，里面没有把不同的家庭分开的隔间。他们现在的人数并不多，可拉必人不到2000人，毛律人不足4000人。直到19世纪末，他们才成为沙捞越现代史的一部分。[7]

把他们赶进山区的是卡扬人（Kayans）和肯雅人（Kenyahs），他们最初似乎与可拉必人和毛律人有血缘关系，但走上了截然不同的发展道路。卡扬人和肯雅人都来自分水岭南面。据这两个族群的传说所述，肯雅人比卡扬人先越过群山。他们是水上居民，独木舟可以到的地方都能去,因此不像可拉必人和毛律人那样拥有发达的腿部和背部肌肉,也没有那么高,但他们的肩膀和手腕却灵活得多。他们身体结实,甚至可以说丰满,肤色较浅。卡扬人刚翻越群山来到这里的时候占据了拉让河谷(Rejang valley)的中上游,以及巴兰河上游,把先到的肯雅人赶向北方。但现在,卡扬人又被人数更多的海上达雅克人(Sea Dyaks)驱离了大部分的拉让地区,集中到巴兰河谷。目前卡扬人不少于6000人,而肯雅人大约比他们少1000人。卡扬人尚武好战,但颇具艺术感。他们的工艺水平是婆罗洲各部落中最高的。肯雅人的进取心稍弱。这两个部落都住在长屋里,里面有把不同的家庭分开的隔间。他们实行贵族制,十分尊重世袭酋长。[8]

如今在沙捞越北部还有其他小族群,例如来自菲律宾南部,住在文莱湾附近的比沙亚人(Bisayas),以及一些从婆罗洲北端迁居而来的杜松人(Dusuns)。[9]

再往南,最古老的族群应该是陆地达雅克人(Land Dyaks),他们主要定居在沙捞越和沙东(Sadong)河流域上游。与北方的部落相比,他们身量较小、肤色较深,实则很强壮。他们的村庄不是单纯的长屋样式,而是由连续的房屋构成,房屋建在木桩上,有公共平台用作村道。他们没有世袭酋长,缺乏领导,但他们是一个讲求实际的民族,比一直欺凌他们的邻族要温和得多。很多族人退居山顶,而且都很贫穷。他们虽有独木舟,但还是走陆路,不走水路。在拉惹时代之前,他们饱受苦难,以致人数不断减少,但在19世纪又有所回升,现在超过4.8万人。[10]

目前,住在婆罗洲分水岭北部的原住民中,人口最多的是被统称为海上达雅克人或伊班人(Ibans)的部落,他们在沙捞越的人数接近20万。"海上达雅克人"一词有点误导性。荷兰当局把所有婆罗洲原住民都称为迪雅克人（Dyaks）或达雅克人（Dayaks）。第一批来到沙捞越的英国人同样把他们所遇到的非马来部落称为"迪雅克人"。但人们很快就搞清楚他们并非同族。因此，"陆地达雅克人"一词被用来指称大部分时间生活在干地上的部落，而生活在河边、出行几乎全靠独木舟、有时出海探险的部落则被叫作海上达雅克人。这个叫法并不恰当，但这些部落保留了这个名称。现在他们有时被称为伊班人，但这个词似乎只是"人"的意思，或者是卡扬语中"流浪者"的意思。"伊班"一词也是近期才开始用。拉惹查尔斯·布鲁克在1892年写道："40年前没有一个达雅克人知道伊班这个词……它不属于达雅克语，只是近年从卡扬人和巴克坦人（Bakatans）那里借用的。"现在，拉让河畔的部落倾向于自称伊班人，而卢帕河（Batang Lupar）及其支流边上的部落则叫海上达雅克人。

与陆地达雅克人相比，海上达雅克人更高、更壮、肤色更浅，相貌更端正，两者没什么相似之处。但与更北边的卡扬人及其他部落相比，海上达雅克人体形没那么高大，皮肤也没那么白皙。他们从分水岭以南过来的时间比邻族晚一些。他们最初的居所位于岛屿中部，围绕卡普阿斯（Kapuas）河，很多人仍然住在那里。几百年前，他们开始穿越群山，前往卢帕河上游和乌鲁艾（Ulu Ai），这一过程一直持续到20世纪初，同时少数人返回山的另一面。海上达雅克人通常能上数超过30代，他们所保留的宗谱和传统大多在讲述连续不断的迁徙过程。直到19世纪中叶，他们才深入拉让河谷，让卡扬人遭了殃。他们之所以不断迁徙是源于其不加节制的农业生产方式。他们在林中开辟空地，种上水稻，直到土壤肥力耗尽，这时他们就会去寻找新的家园。他们住在长屋里，里面通常住着近50户人家，受世袭酋长领导，但他们的贵族制度不如卡扬人完善。他们本质上是水上居民。随着他们逐渐向海边迁移，掌控沿海地带的马来酋长把他们收编入海盗团伙，而海上达雅克人很快就发现当海盗很适合他们，这既符合他们的好战天性，又能让他们发挥超凡的独木舟操纵技能。[11]

除了某些陆地达雅克人，原住民们都有很多相同的特性。女性的个人地位很高。虽说免不了存在劳动分工，但两性的个人地位在公民权利、财产所有权和继承权方面并无差异。女人负责家庭事务。她们烹制食物、酿造米酒（borak）、汲取河水或泉水，还要打理长屋附近的花园。男人负责狩猎，承担所有与密林有关的工作。但双方都会参与收水稻。他们多数时间过的是集体生活。在狩猎、收获以及迁徙和战争等重大问题上，都是全体村民一起做决策。但他们实行的不是共产主义经济，每个人都有私产。他们直到最近仍不知金钱为何物。财富体现在拥有的牲畜或装饰品上，尤其是产自中国的大型陶罐，其中一些甚至有1000年或1200年的历史。拥有一个及以上的罐子是地位和财富的标志。这些罐子用于储存物品，受到精心保护。被迫交出一个罐子就是最严厉的惩罚。大多数社群存在奴隶制。这些奴隶不是战俘，就是流浪到该定居点的游民，或者是他们的后代。他们通常归酋长所有。他们没有公民权利，只能与同阶层的人通婚。但他们很少受到虐待，通常受群体成员共同支配。

这些人的宗教观念很简单。他们模糊地相信存在一个至高神，也相信存在着掌管天、地、水的神灵。这些神灵表达意愿、给予警告或鼓励有时通过预兆，比如说某种野兽或鸟类的出现及其移动的方向，有时则展现在梦境中。要安抚这些神灵，庄稼才会生长，因此必须举行某些仪式，遵守某些禁忌。他们普遍相信来世，来世和现世差不多。要顺利进入来世，就得举行仪式。因此意外死亡，特别是战死，是不幸的。那里没有庙宇，没有神像，没有祭司，但是很多社区都有一位巫师。海上达雅克人的巫师通常打扮成女人，做女性的工作，但可以有一位"丈夫"来承担本属于他的男性工作。[12]

这些部落有一种共同的习俗让婆罗洲臭名昭著。他们沉迷于猎取人头。这一习俗似乎并不是很古老，人们用各种传说来解释其起源。到了18世纪，猎头已经十分盛行。猎取人头是男子气概的象征，而一间长屋拥有的人头越多，其声望就越高，就更有望兴旺发达。这些人头可能是战场上敌军的首级，也可能来自遇害者的尸体，或是取自某些不速之客，比如一位冲犯社区居民、因而让人们失了待客礼数的行商。通常某些年轻人会自己去猎取人头，从而赢得同伴的钦佩，更重要的是，吸引心仪的少女。的确，猎头行为能保存下来主要是因为女人。然后他就会去杀害在路上遇到的旅客，或是埋伏在仇家的长屋旁，砍下某位居民的脑袋。如果战利品是女人或小孩的头颅，那就更能显示他的英勇了，因为这说明他非常靠近仇家的长屋。失去头颅不仅是躯体的缺损，也是精神上的麻烦，因为无头躯体无法举行正规的葬礼。因此把头找回来很重要，于是各部落定期相互和解、交换战利品。要是某个部落发现用于交换的人头不够，就会用奴隶的人头补足差额。猎头之风日益盛行，不仅引发了不必要的战争，也让离家的人觉得不安全，除非是有人陪伴或有武器防身，它还让商人打消了深入婆罗洲的河流上游卖东西的念头。[13]

温和的陆地达雅克人只是小规模地做这件残忍的事情。另一个本地族群则从来不猎取人头，认为自己比内陆部落更加文明。他们就是马兰诺人（Melanaus），居住在拉让河河口和巴兰河河口之间的沿海地带。马兰诺人似乎本是卡扬族的一支，但是两者在不同的环境中培养出了不同的习惯。他们种植西谷椰子树，主食是西米而非大米。他们生活在海边，大多是水手和渔民，与其他海上民族有些接触。几百年前，他们被马来人统治，并皈依了伊斯兰教，只是这种信仰有些流于形式，因为他们保留了很多本族的古老迷信。他们开始抛弃长屋，住进马来式的村庄。在外形上，他们比内陆的亲属矮，肤色较深，但这可能是混入了马来人及其他航海部落血统的结果。马兰诺女性以貌美著称，极受马来人后宫的欢迎。[14]

马来人第一次来到婆罗洲的时间还不清楚。据马来传说所述，马来人来自苏门答腊的米南加保（Menangkabau）王国，但很可能是在爪哇繁衍壮大的。马来人从爪哇岛散布到了现在所称的马来半岛。在迁徙的过程中，他们不仅掺杂了印度和蒙古的血统，也混入了原住民的血统，但其马来特征仍很明显，即身量小、长相精致、肤色深，又带点蒙古人种的特征。马来人之间主要的纽带是马来世界通用的马来语，它大致是一样的，但存在各地方言，与婆罗洲的一些本土语言有亲缘关系，比如海上达雅克人的语言。如今，伊斯兰教使他们的联系更加紧密。

伊斯兰教传入马来世界较晚。来自印度次大陆的入侵者首次让他们实现了政治统一。印度-马来王国三佛齐（Sri-vijaya）以苏门答腊的巨港（Palembang）为中心，在公元7世纪迅猛发展，并信奉小乘佛教。三佛齐王国的文明程度很高，尽管其财富有相当一部分是马来海盗掠夺来的。这些马来人是三佛齐王国的臣属,自公元5世纪以来一直在劫掠驶往马六甲海峡的中国船只。但在三佛齐时代之前,印度侵略者(既有佛教徒又有婆罗门)就把商品,包括笈多风格的艺术品带到了马来群岛。之后夏连特拉(Sailendra)王国取代三佛齐王国,统治中南半岛和马来半岛,以及群岛中较大的岛屿,直到9世纪中叶,它的大部分岛屿被爪哇的印度-马来王国满者伯夷(Majapahit)夺去。三佛齐和夏连特拉很可能先后统治过婆罗洲沿海,但未曾深入内陆。而满者伯夷王是沿海部落的宗主,在那几百年里,很多马来人在沿海定居。沙捞越的马来人自称来自米南加保王国,在马来扩张早期来到这里,但文莱的马来人(他们的方言略有不同)据说是稍晚一点从马来半岛来的。沙捞越和文莱的统治家族都吹嘘自己是柔佛(Johore)苏丹的后代。[15]

这些受印度影响的马来人给婆罗洲海岸带来了何种程度的文明尚不清楚。考古发现包括一些装饰品、铭文和雕像,其中有一座六七世纪的象鼻神雕像,在林梦出土,还有一个笈多后期风格的佛像,可追溯至公元800年左右,在山都望(Santubong)出土。[16]可能是海盗活动让印度文明的中心无法经常与婆罗洲沿海的马来定居地交流往来,只有夏连特拉和满者伯夷时期除外。至13世纪,印度的影响力全面下降,一种新的文化元素传入。阿拉伯商人和传教士开始在马来世界传播伊斯兰教义,并大受欢迎。13世纪末,半岛上的马来人已皈依伊斯兰教,这个新来的宗教逐渐在群岛中散播开来。满者伯夷王国一直延续到15世纪下半叶,但已失去婆罗洲的控制权。那里最重要的马来国家是位于西北海岸的文莱,后来整个岛屿都以它的名字命名。据说,该国的首位穆斯林统治者是个叫阿旺·阿拉克·贝塔塔尔（Awang Alak Betatar）的人，大概在15世纪初①统治文莱。他娶了柔佛国的一位公主。他在这位公主前往南菲律宾和已皈依伊斯兰教的苏禄（Sulu）苏丹成婚的途中将之劫持。她是个穆斯林，因此贝塔塔尔也皈依了伊斯兰教，改名为穆罕默德（Mohammed）。他的兄弟，也是他的继承者艾哈迈德（Ahmed）是文莱王室的先祖。[17]

马来人实行贵族制，尊崇王室和贵族。马来人中已存在王室，如今在阿拉伯移民中出现了新的贵族。他们在当地被称为沙里夫（Sherif），自称是先知穆罕默德的后代，因此作为宗教事务的权威得到其索要的特殊礼遇。就算他们与马来贵族通婚，他们的后代还是享有同样的特权和威望。他们加入婆罗洲社会并不是件好事。在之后的历史进程中，他们的自负和贪婪引发了无穷无尽的麻烦。[18]

15世纪末，婆罗洲的沿海地区掌握在一些马来穆斯林苏丹手中，他们的权力和财力各异，都多多少少效忠于半岛上的马来统治者，并举目向西，向印度的赛义德（Sayyid）王朝和更远一点的阿拉伯半岛寻找自己的文化。印度洋仿佛变成了穆斯林的内湖，在其东端似乎要形成一个以马六甲为中心的马来伊斯兰大帝国。[19]

伊斯兰教能迅速在马来世界获得胜利，不仅是因为古老的印度-马来王国腐朽衰落，也是因为远东最强国中华帝国出现了短暂衰败。中国人长期以来都对马来半岛和群岛很感兴趣：早在公元前，中国商人就开始环群岛航行，穿过马六甲海峡。中国人首次接触婆罗洲的时间已不可考。岛上已发现了有近3000年历史的

---

① 可能有误，因为贝塔塔尔死于1402年。

中国产串珠。秦汉时期——大约在公元前200—公元200年——的钱币在沙捞越的河口出土，同时还发现了一些更早期的钱币。婆罗洲长屋里保存的最古老的陶罐最迟可以追溯到唐代（7—10世纪）。中国文字记载中首次提到婆罗洲的可能是旅行家法显。他在414年描述了耶婆提国。几位后世作家提及的浡泥岛几乎可以肯定就是婆罗洲，而且毫无疑问，文莱就是浡泥，后者在宋代的历史中有所提及。据说浡泥国王曾在977年和1082年向中国皇帝纳贡，而且，每当中国商船经过浡泥，其船长会礼节性地将中国美食作为礼物送给国王。[20] 此时，中国和婆罗洲之间的贸易往来很频繁。这里出土了大量宋代陶器以及宋代钱币。很多古代陶罐都属于这一时期。[21] 华人定居点很可能已经出现在沿海地区，像是位于沙捞越河西部河口的山都望，还有东北沿海的基纳巴唐岸（Kinabatangan），即"中国河"。婆罗洲最高峰的名字基纳巴卢也暗示中国人曾来过此地。中国的蒙古皇帝心怀扩张宏图，似乎也想过吞并婆罗洲。据说忽必烈于1292年派遣远征军前往该地，甚至可能一度占领婆罗洲北部，而基纳巴唐岸的定居点正是缘于此次行动。[22]

中国商人受到婆罗洲原住民的欢迎，这些原住民非常想要他们带来的陶罐和串珠，而他们的丝绸、金属制品和品质更好的陶器则深受沿海地区更为先进的马来人欢迎。中国人购买尼亚洞穴内所产的可食用燕窝，以及东北部的藤条和蜂蜡等丛林产品，自14世纪末起还购买用于雕刻的犀鸟喙。一位中国作家于1349年写道，浡泥人民非常尊敬和喜爱中国人。的确，要是某个中国游客喝醉了，他们会极有礼貌地把他送回旅馆。[23] 但那时中国的影响力正在下降。崇尚"民族主义"的明朝不像蒙古人那样热衷于异国探险,而腐朽衰落的满者伯夷王国控制不了马来海盗的活动。文莱统治者开始根据当时的政治需要来更改效忠的对象。14世纪中叶,满者伯夷的最后一位雄主昂雅·维嘉亚(Angya Wi-jaya)[①]重建了从苏门答腊至菲律宾的权威,而文莱统治者在他的帮助下镇压了地方叛乱。他死后,文莱派了一个谦卑的使团前往中国,送去一大批犀鸟喙。但几年后,文莱统治者又向马六甲王国的穆斯林君主曼苏尔沙(Mansur Shah)致意。毫无疑问,因为害怕马六甲王国的穆斯林进犯,文莱在15世纪早期又恢复了与中国的联系。明朝记载了浡泥国王于1408年来朝,他们称其为麻那惹加那(Maharaja Karna)。他刚要启程回国就过世了,他的遗孀及儿子遐旺(Hiawang)被护送回国。遐旺后来再次访华,向皇帝进贡。[24]

麻那惹加那和他的儿子可能是穆斯林时代前的最后两位文莱统治者。不久后,贝塔塔尔皈依伊斯兰教并改名为穆罕默德。中国人认为,文莱国王大概就是"跟随郑和前往浡泥并定居在那里的一个福建人";文莱的传说更加清楚,公认的版本是第二任穆斯林统治者艾哈迈德娶了基纳巴唐岸的中国富商黄森屏(Ong Sum Ping)的女儿或妹妹,而另一个版本称穆罕默德的女儿,也是其继承人,嫁给了黄森屏。第二个版本可能更准确。要是这位公主继承了她舅舅的王位,而且黄森屏是跟着郑和(两次出使马来群岛的中国大使)船队来到婆罗洲的,那么就与中国的说法相吻合了。此次联姻诞下的女孩,或是苏丹艾哈迈德与其中国新娘诞下的女孩嫁给了沙里夫阿里(Sherif Ali)。他是来自塔伊夫(Taif)的阿拉伯人,是先知的后裔。他们的儿子苏莱曼

---

① 此名未见诸史书,且无法和已知的满者伯夷君主对应。

（Suleiman）是后世所有文莱苏丹的先祖。[25]

皈依伊斯兰教后，马来人变得更有秩序，也更有进取心，而中国明朝皇帝对海外殖民地一直没什么兴趣。婆罗洲的这些华人定居地逐渐消失，直到18世纪，中国人才再次来定居，开采婆罗洲西部的金矿。但海上贸易几乎完全掌握在中国人手里。大量中国船只到访婆罗洲港口，尤其是北部海岸。在文莱，中国的货币和度量衡在之后的几百年里广泛流通，而且有大量中国商人定居在那里。婆罗洲北部海岸和中国人的联系从未中断，而且文莱苏丹承认中国人于本国有利，与本国交好。

16世纪初，婆罗洲内陆被一些部落占据，他们几乎与外界隔绝，只有一些大胆的中国商人带着陶罐和串珠溯河而上。更靠近沿海的部落，如陆地达雅克人和马兰诺人，开始被纳入当地马来君主的统治。西北海岸的文莱，西海岸的三发（Sambas）和坤甸（Pontianak）以及东海岸的巴西（Pasir）、柯提（Koti）和布隆岸（Bulungan）都有马来苏丹。其中，文莱苏丹最为强大，他的领土从婆罗洲最北端延伸至西部的达都角，但他的权威并非毫无争议。住在沙捞越河沿岸的君主们血统和他一样尊贵，只是偶尔臣服于他，而他和其他苏丹多少要效忠于马六甲苏丹。婆罗洲还有一些统治者尚未皈依伊斯兰教，尤其是在岛屿的最北端和最东端，但他们正逐渐消亡。伊斯兰教已传播至菲律宾南部的苏禄群岛，而苏禄苏丹意图夺取婆罗洲北部。伊斯兰教仍是马来人中间的一股凝聚力。马六甲统治者要是够强的话，或许能领导起一个伊斯兰大联盟，统治马来半岛和群岛中较大的岛屿。但只有先知知道，很快就会有新的力量介入并改变马来人的历史。

第二章

欧洲人来了

马来伊斯兰帝国面临的挑战来自遥远的国度,那是马来人从未听说过的地方。1498年,葡萄牙人瓦斯科·达·伽马(Vasco da Gama)绕过好望角,而在16世纪的头十年,葡萄牙船只开始频繁造访印度洋,并调查海洋东缘的岛屿。1510年,阿尔布开克(Albuquerque)总督拿下果阿(Goa),使之成为葡萄牙殖民帝国的首都。第二年,葡萄牙人占领马六甲并进行殖民统治。几乎同一时间,西班牙人抵达了美洲大陆的太平洋沿岸,准备探索海洋,找出通往印度的新路线。马来半岛的伊斯兰势力倒台起初壮大了边缘的穆斯林苏丹的力量。婆罗洲的苏丹国如班贾尔马辛(Bandjermasin)、坤甸和文莱完全取得独立,其中文莱仍是最重要的。当欧洲海员询问整座岛屿的名字时,他们被告知这是文莱岛,也就是婆罗洲。

第一个登上婆罗洲并记录其登陆过程的欧洲人是意大利冒险家卢多维克·德·瓦尔泰马(Ludovico de Varthema)。1507年,他搭乘一艘马来船从摩鹿加群岛(Moluccas)前往爪哇,并曾停靠在婆罗洲东南沿海的一个港口。他发现当地居民热情友好、品貌兼优，是异教徒，但是管理秩序井然。[1]葡萄牙人劳伦科·戈麦斯（Laurenço Gomez）可能在1518年造访过这座岛屿。[2]但关于欧洲人到访的首份详细记录写的是一群打着西班牙旗帜的人。斐迪南·麦哲伦（Ferdinand Magellan）奉西班牙国王查理（即之后的神圣罗马帝国皇帝查理五世）之命，带领5艘船及一支由西班牙人、葡萄牙人和意大利人组成的队伍，于1519年8月从塞维利亚（Seville）出发。穿越大西洋和太平洋后，他于1521年4月在菲律宾的一场小冲突中身亡。现在这支队伍缩减为两艘船，而且没有公认的领袖，他们7月从菲律宾南部的棉兰老岛（Mindanao）出发，绕过婆罗洲北端，驶入文莱的海港。文莱这座大城以自己的名字给整座岛屿命名。这支队伍在那里待了约一个星期。起初一切顺利。文莱国王允许船员购买补给，款待了船员代表，并赠送了很多精美的礼物。但是几天后，当文莱一队武装帆船驶离海港时，这些欧洲人可能是参与了小偷小摸，觉得心虚，以为要受到攻击了，于是向帆船开火，并捕获了4艘船，船上有16位酋长和3名贵妇。然后，他们不待对方反击便带着俘虏起航，接下来几天遇船就抢。抢劫行为一直持续到他们抵达蒂多雷（Tidore）和摩鹿加群岛为止。

意大利人安东尼奥·皮加费塔（Antonio Pigafetta）是受苏丹接见的船员之一，曾生动地描绘了文莱的景象。他说那是一座庞大的城市，建在水中的木桩上。他估测城内有2.5万户家庭，也就是说，居民人数远远超过10万。他对文莱的生活方式很感兴趣，比如在涨潮时妇女会乘船做生意。他注意到大众有嚼槟榔的习惯，也发现人们畅饮的亚拉克酒（arak）烈性十足。王宫的富有给他留下了深刻的印象，那里有织锦幔帐，有黄金制品和瓷器，有银质大烛台。他和同行的代表献上天鹅绒和红色毛呢，获得丝绸和金线织物作为答礼。苏丹的朝臣虽然腰部以上是赤裸的，但是挂着镶宝石的装饰环和黄金匕首。据皮加费塔所述，苏丹名叫拉惹斯里帕达（Rajah Siripada），大概40岁，相当肥胖。尤其让皮加费塔思绪难平的是，据说这位苏丹有两颗鸽子蛋那么大的珍珠，极为圆润，因此无法在平面上保持静止。他拒不向来访者展示这两颗珍珠，但一些朝臣说曾见过。往返王宫的巡礼是坐在象背上完成的。当地居民都是穆斯林。

文莱是麦哲伦船队所拜访的唯一一座婆罗洲城市。但皮加费塔听说了另一座大城，其居民都是异教徒，那里的君主跟文莱苏丹一样强大，但没那么傲慢。他觉得把基督教传到那里应该没什么问题。[3]

皮加费塔见到的文莱正值鼎盛时期。他拜见的苏丹可能是文莱历史记载的第5任苏丹博尔基亚（Bulkeiah）。博尔基亚在16世纪的头25年大有作为，还娶了一位爪哇公主。他是整个西北沿海当之无愧的主人。而且，欧洲人把整座岛叫作文莱（Brunei）、伯尼（Burné）或婆罗洲（Borneo），这说明告诉他们岛名的人把文莱苏丹当作主要的君主。他和印尼的其他伊斯兰君主建立邦交，可能也和中国建交。皮加费塔发现当地居民使用中国的铜钱，并用中国的方式穿孔串联，钱币上有中国皇帝的标记。[4]

麦哲伦船队返回欧洲后，其航海记录问世，葡萄牙人和西班牙人开始对这些新发现的国度产生兴趣。在婆罗洲，葡萄牙人率先开路。他们已经在马来半岛立足。伟大的印度总督阿方索·阿尔布开克（Affonso d'Albuquerque）于1511年占领马六甲。文莱和马六甲之间的贸易规模已经相当大，葡萄牙人决定将其延续

第二章　欧洲人来了　21

本书地图系原文插附地图。

地图1　19世纪中叶的远东

下去。1526年，他们的海军上将戈赫·德·梅内塞斯（Gorge de Menezes）启程前往文莱与苏丹签署贸易协定。此事顺利进行。自此，婆罗洲持续将胡椒出口到马六甲，进而运往西方。婆罗洲也出口西米——葡萄牙人托梅·皮雷斯（Tomé Pires）称它是一种适合下层民众的食物——以及鱼和大米，还有纯度较低的金子。相应地，文莱进口武器和布匹。[5]

1571年，西班牙人完成了对菲律宾群岛大部分地区的征服。这让他们与苏禄苏丹国持续交恶，该国领土包括菲律宾的棉兰老岛和婆罗洲东北部。在寻找对抗苏禄的同盟军时，他们开始对文莱苏丹国产生兴趣。1578年，一场继承权之争在苏丹阿卜杜勒·卡哈尔（Abdul Kahar）死后上演，让西班牙人有机可乘。由弗朗西斯科·德·桑德（Francisco de Sande）领导的远征军启程前往文莱，成功将号称忠于他们利益的候选人扶上王位。但是新任苏丹忘恩负义，他们无法对当局继续施加影响力。1580年派出的第二支远征军也没有取得更好的成效。[6]

西班牙和葡萄牙都不是真心对婆罗洲感兴趣。对西班牙来说，婆罗洲只是对统治菲律宾有潜在、间接的用处。葡萄牙则对东南方向的帝汶岛（Timor）和摩鹿加群岛更感兴趣。16世纪末，两股较为年轻的势力开始与他们竞争。弗朗西斯·德雷克爵士（Sir Francis Drake）在1579年进行环球航行时曾穿过印尼群岛，让英国人的目光聚焦于此。他停靠在德那地（Ternate）岛，在那里和苏丹达成了一项成功的交易，向后者购买了6吨丁香。[7]他的奇遇激起英国人的兴趣，他们开始收集印尼群岛的信息。1599年，一份商人冒险家请愿书被呈送到英国女王伊丽莎白一世面前，其中写道，婆罗洲"拥有大量财富"，而且葡萄牙人和西班牙人在那里都没有"城堡、要塞、碉堡和法令"。[8]东印度公司于次年成立，将印尼群岛纳入营运范围。1609年，该公司试图在婆罗洲建立两个贸易站，一个在西部沿海的苏卡达纳（Sukadana），一个在东南沿海的班贾尔马辛。他们对此并不上心。公司更感兴趣的是再往东去的摩鹿加群岛，且非常想在安汶（Amboyna）设立贸易站。[9]但荷兰人很快就后来居上。

荷属东印度公司在1602年成立，比英国的晚两年，但在东方海域航行的荷兰船只比英国的多得多。16世纪末，荷兰人在爪哇的万丹（Bantam）设立了一个贸易站。1603年，他们在班贾尔马辛也建了一个站点，但4年后，当地居民杀害了一艘荷兰船的船员，于是他们被迫离开。不久，英国人来了。而荷兰人在1612年展开了报复。他们派出一支组织严密的远征军，占领并劫掠了该城，迫使苏丹将政府迁往内陆，也让英国人暂时放弃了自己的站点。他们还在三发和苏卡达纳设立站点，并说服苏丹关闭英国人的站点。但贸易站不确定能存在多久。三发的商人在1610年全部遭到杀害，而苏卡达纳的站点在1612年的一场地方战争中被毁。显然，依赖当地苏丹才能存活的贸易站并不理想。17世纪初，荷兰人开始攻击摩鹿加群岛和马来半岛上的葡萄牙殖民地，并从当地王公手中夺取城市。1607年，他们从葡萄牙人手中夺取了德那地，随后又将其他葡萄牙港口收入囊中。1641年，他们占领马六甲，从而把葡萄牙人赶出了大陆。同时，他们在爪哇稳占地盘，于1611年建立巴达维亚（Batavia）城，即现在的雅加达（Jakarta）。1623年，安汶的商人及其家人集体遭到屠杀，荷兰人眼中的潜在对手英国人受到惊吓。到1650年，荷兰人已经称霸印尼。安汶大屠杀之后，无法获得本国官方支持的英属东印度公司开始将目光完全聚焦于印度，可是商人们永远不会原谅王室政府，并在几年后爆发的英国内战中竭尽全力对抗国王。1658年，荷兰人从葡萄牙人手中抢走了锡兰（Ceylon），使其收复失落殖民地的愿望彻底破灭。此后，葡萄牙的东方帝国所剩无几，只余印度的果阿、中国沿海的澳门和半个帝汶岛。他们的船只无视荷兰人的存在，继续在印尼海域进行贸易，尤其是与婆罗洲做买卖，一直到18世纪初，但他们的势力已经衰落。[10]

荷兰人统治着如此广袤的土地，因而会忽视麻烦比较大的地方。婆罗洲的情况很难令他们满意。1664年，他们想与班贾尔马辛的苏丹重建贸易关系，但失败了，之后他们把本国商人全部撤出该岛。1698年，他们为援助其臣属万丹苏丹而介入了兰达克（Landak）拉惹和苏卡达纳苏丹之间的战争。苏卡达纳于1699年被同盟军摧毁，于是婆罗洲西海岸的所有王公都承认了万丹苏丹的宗主地位，这样也算是间接臣服于荷属东印度公司。但北部和东部沿海的王公们仍自行其是，荷兰人也并不认可。[11]

西班牙人是扩张主义的十字军。第一批西班牙征服者跟把最后一批穆斯林赶出西班牙的战士只差一代人。他们及其后代自觉为信仰和大恩主天主教国王而战。他们渴望财富，但他们是传教士而非商人，他们的目的是让被征服的各族皈依天主教，同时竭力攫取所占地区的财富，尤其是贵金属（无论是块状、硬币或盘状），然后将之运回西班牙。葡萄牙人也有些传教士精神，只是这种精神会因更加强烈的商业兴趣而减弱。他们渴望建立商业联系，因此对异教徒更为容忍。但与荷兰人相比，葡萄牙人只能算是业余商人。荷兰人不受传教这一抱负所扰。他们无意提升原住民的觉悟，使之与他们一样成为上帝的选民。他们一心关注商业上的成功。他们与当时的大多数经济思想家一样，都是重商主义者。他们认为财富是一种有限的商品，别人拥有的越少，留给他们的就越多。他们打算在印尼实行这一政策。他们的目标是让进出群岛和群岛内流通的商品全部由荷兰船只运输。他们不仅拒绝其他欧洲势力参与印尼贸易，还干涉本地人和中国人几百年来一直在群岛周边开展的航运。为了维持高价，他们肆意损毁自己的船只装不下的香料和其他贵重产品。由于物价一直虚高，而且官方只允许荷兰人经商，当地很多野心勃勃的水手沦为海盗也就不足为奇了。海盗并不是什么新鲜事物，东方海域一直有很多海盗。但自17世纪中叶起，那里的海盗数量明显上升，而且大多数活跃在婆罗洲，特别是其北部沿海。那个区域对他们非常有利。那里距离荷兰的几个统治中心够远，使其镇压行动难以开展，要是荷兰舰队出现，海盗可以利用浅滩沿着蜿蜒的河流撤退，若了解地理条件和潮汐情况，吃水较浅的快速帆船便可轻松通过这些浅滩，而欧洲人的军舰则无法通行。岛屿的最北端与欧洲人的堡垒都离得很远，那里有条件优越的马鲁杜（Marudu）湾，一支海盗舰队能悄无声息地在此集结，避开苏禄苏丹那自满的目光。但与中国的贸易仍在不远处进行，而快速帆船能轻松绕过态度友好的东部海岸，去抢劫望加锡（Macassar）海峡，甚至是爪哇海上的船只。胜利激发了他们的欲望。在18世纪，海盗日益猖獗。文莱和苏禄的苏丹实在对付不了他们，因此更倾向于暗地里支持他们，以分得一部分战利品。荷兰占领马六甲后，文莱和葡萄牙人之间的胡椒买卖一直通过澳门进行，现在也在逐渐减少。中国商人本想挑战荷兰的垄断，但如今不太敢在海上冒险行事。婆罗洲的殖民地难以与外界保持联系。荷兰人只能管理本国船只经过的航路。英

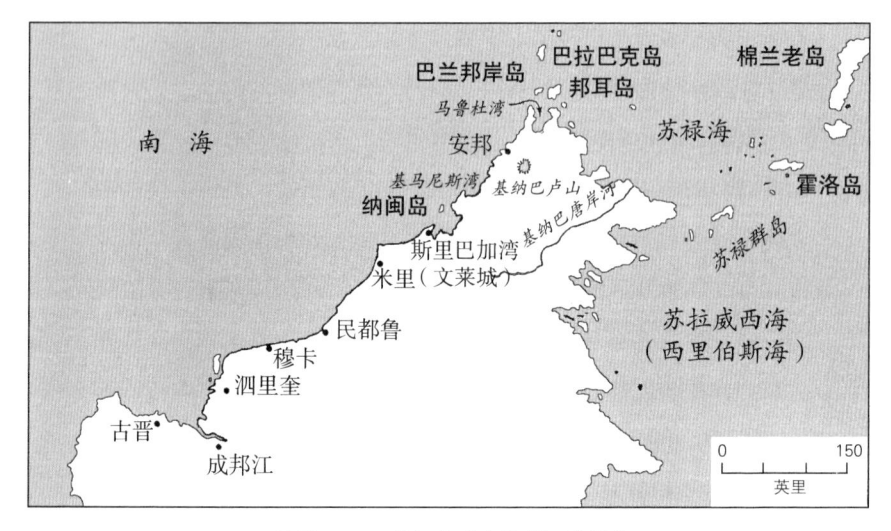

地图2　19世纪中叶文莱的西北沿海

国人只想保护中英之间日益增长的贸易往来。受害最深的当数本地小商人。

对于海盗猖獗一事，荷兰人该负的责任不应被夸大。他们不知道西式武器如此高效，并已开始在婆罗洲的航海部落间流通，而且随着海上贸易的重要性提升，海盗这个职业的吸引力越来越大。但是荷兰人的政策确实有部分责任。斯坦福·莱佛士爵士（Sir Stamford Raffles，必须承认，他不喜欢荷兰人）认为，很明显，荷兰人对本地贸易的破坏是这些问题的源头。历史学家克劳福德（Crawfurd）则不那么有针对性，认为所有欧洲人都有错。他于1820年写道："我们说他们是海盗，可能这么说我们自己才最贴切。"[12]

尽管海盗猖獗、荷兰人虎视眈眈，英属东印度公司还是希望重建与印尼群岛的贸易，而婆罗洲似乎是最有前途的地区。这里地域辽阔，从出口的香料和黄金来看想必相当富有，而且荷兰人在当地没什么进展。该公司设在班贾尔马辛的贸易站最终于1655年被弃用。1693年，位于苏卡达纳的贸易站被重新启用，但只开了一年。1700年，公司重回班贾尔马辛。但是负责管理贸易站的巴里（Barry）船长及其英国同人好勇斗狠，而且不善于跟本地人打交道，因此非常不受欢迎。7年后，随着巴里船长离奇中毒，贸易站被废弃。1714年，公司再次进行尝试。刘易斯（Lewis）船长和比克曼船长带领两艘船驶向班贾尔马辛。在回程途中，比克曼船长记述了他们的惊险历程，这些观察虽不完全准确，但很敏锐。为了让本地王公接受他们，两位船长只得伪装成独立商人，因为该公司非常不受欢迎。经过无数次推诿和延期，他们终于见到了苏丹，他当时住在上游100英里处的"凯通吉"（Caytongee）。他们在朝廷上拿不出足够货物，于是办事不顺。苏丹要求他们提供枪支和枪手，协助镇压当地的叛乱。他们为胡椒货物讨价还价许久，直到季风来临，他们宣布不得不离开的时候才成交。最终，无疑是得益于他们与本地人（虽然这些人欠缺商业道德，比克曼船长还是喜欢他们）打交道的技巧，两位船长做了桩好买卖。但他们没能让贸易站重新开张。23年后，人们对于巴里船长的恶劣记忆淡化了，公司得以回到班贾尔马辛，在那里毫无收获地忙了10年。一位来访的商人亚历山大·汉密尔顿（Alexander Hamilton）船长发现这个贸易站经营不善、效率低下。他声称首席代理商坎宁安（Cunningham）先生只对动物学感兴趣，对代理商行的管理漠不关心。[13]

南婆罗洲让人大失所望。纵然东印度公司的差役与本地王公打交道时更积极、更有技巧，但荷兰人（因看到对手的站点威胁他们在爪哇海的垄断地位而紧张不安）的敌视让所有英国永久定居点缺乏安全感。在18世纪中叶，英国开始与中国开展贸易。在西南季风时节（4—10月），驶向中国的船舶经过马六甲海峡或巽他（Sunda）海峡，前往婆罗洲以西的南中国海。一年中余下的几个月吹西北季风，他们倾向于绕远路，从巽他或马六甲出发，绕过婆罗洲的南部和东部，向北穿过苏禄海。两条路线的交会点位于婆罗洲东北端附近。1759年，马德拉斯（Madras）的一名年轻官员亚历山大·达尔林普尔（Alexander Dalrymple）在研究了中国海域的旧志和海图后，说服该公司派他过去勘察。他来到苏禄，很快就与苏丹搞好关系。西班牙人和荷兰人都让苏禄苏丹紧张不安，海盗猖獗也令他惊恐不已。1761年，苏丹与达尔林普尔拟定了一项协议草案。他允许东印度公司在自己的领土（包含婆罗洲北端）上设立代理商站点。居住在那里的华人将受英国管辖。英国和中国商人可在苏禄领土上拥有自由贸易场所。苏禄的商人热烈欢迎这一方案，希望英国人的庇护能让他们恢复与中国的贸易。他们相信自己的商品在中国市场可以卖得好价钱。达尔林普尔接下来的尝试是把苏禄的胡椒卖到广州，结果却没赚到钱。但他仍相信这项协议是有价值的。他回到马德拉斯后轻松说服当地政府给予支持。1763年，他带着东印度公司签署生效的协议重返苏禄，苏丹把距离婆罗洲北端20英里的巴兰邦岸（Balambangan）岛移交给他代管。

达尔林普尔的方案传到了伦敦。在听说巴兰邦岸岛被吞并的消息之前，东印度公司就决定从与西班牙的战争中牟利，因此急于进攻菲律宾首都马尼拉。1763年，一支英国舰队出其不意地驶入马尼拉湾，并轻而易举地占领了这座城市。但该公司未能像预想的那样将整个群岛都纳入英国统治。英国和西班牙签署和平条约后，占领马尼拉的消息才传到欧洲。由于这份条约没有提到马尼拉，它被依法还给西班牙人。征服菲律宾失败一事却让巴兰邦岸岛的定居点更具吸引力，而达尔林普尔很快就能扩大自己的成果。

他在英占时期到过马尼拉，并在那里发现了一个处于半囚禁状态的老人，此人是苏禄的合法苏丹。而他的侄子即代理苏丹是篡权上位的。达尔林普尔迅速把这位流落在外的苏丹带回苏禄，并得到了他忠实臣民的认可。但这位老苏丹无意重掌政权，而是属意侄子继续做苏禄实际的统治者，可谓皆大欢喜。达尔林普尔的声誉也显著提升。

最终，苏禄和东印度公司之间的协议得到修改。基马尼斯（Kimanis）河与基纳巴唐岸河之间的婆罗洲北部沿海，还有巴兰邦岸岛、巴拉望（Palawan）岛和更北边的地方，以及纳闽（Labuan）岛（但严格说来，这座岛属于文莱苏丹而非苏禄苏丹），全被割让给东印度公司。老苏丹的儿子塞拉弗丁（Seraf ud-Din）以东印度公司臣属的身份管理这些地区。

达尔林普尔胜利回到伦敦。但在那里，他发现东印度公司内部出现分歧，并在忧虑如何接管这片广袤的土地。虽然荷兰和西班牙强烈反对，他还是费了很大力气说服公司至少在巴兰邦岸建一个定居点。但是他没能让董事会接受他对于定居点性质的意见，于是愤然辞职。该公司任命一位叫特罗特（Trotter）的船长接替他开办代理商行，然后前往苏禄，确保最近的协议得到了履行，并大致报告婆罗洲北部的商业前景。特罗特出色地完成了任务。他的报告全面而细致地总结了这个地区的政治和民族情况，以及经济潜力。他建议公司继续推进这项计划,即使荷兰人一定会全力阻挠。他的报告于1770年送达伦敦,促使公司派出一艘装载了价值2万英镑货物的船"不列颠号"(Britannia),其指挥官约翰·赫伯特(John Herbert)的目的是建立殖民地并担任首席驻扎官(Chief Resident)[①]。赫伯特于1773年12月到达巴兰邦岸岛,并立刻开始修建房屋、仓库和码头。同时,东印度公司任命爱德华·科尔斯(Edward Coles)为驻苏禄朝廷代表,约翰·杰西(John Jesse)为驻文莱朝廷代表,威廉·康斯希尔(William Cornshill)为巴拉望驻扎官。

起初一切顺利。这一举动让附近的王公们大为震惊。棉兰老岛的大苏丹派人去见赫伯特,邀请公司在自己的领土上建贸易站。1774年,一位极为积极的殖民者福里斯特(Forrest)船长搭乘一艘10吨的快速帆船去跟苏丹交涉,看看其他岛屿哪些有商业潜力。他的旅程持续了两年。他曾乘着一艘船员全是马来人的小船抵达棉兰老岛,当地苏丹把一座小岛交给公司使用。然后他往东南方航行,经过哈马黑拉(Halmahera)岛,到达新几内亚的北部沿海,最终带着大量有价值的信息回到巴兰邦岸岛。

他的努力白费了。那时,代理商行只剩一片烧焦的废墟。赫伯特并非像表面那样是个出色的管理者。他从雇主东印度公司那里骗走了3.5万英镑还不知足,又惹怒了苏禄的商人。起初他高估了他们的农作物和初级产品的情况,因而慷慨地向他们发放信贷。当他愤然要求他们付款时,这些商人变得蛮横凶暴。附近的海盗痛恨英国人在马鲁杜湾的入口建的定居点。他们乐意跟恼火

[①] 驻扎官(Resident)一译为府尹。而在新加坡,驻扎官一职在1826年因海峡殖民地成立而改称参政司。

的商人结成同盟。1775年2月,苏禄人和海盗组成的一支武装力量在岛屿另一头登陆。赫伯特完全不知道自己的政策带来了多大的危险,对此大吃一惊。英国人及其雇员勉强逃回船上。他们的代理商行被洗劫一空,烧得一干二净。

赫伯特及其同伴退到了纳闽岛。他在那里给伦敦写了一份很长的报告,对巴兰邦岸岛的灾难轻描淡写,尽管他承认这件事十分不幸。他声称纳闽岛更加适合建贸易站,并暗示他搬到那里是预先计划好的明智之举。东印度公司并不相信他的说辞,他们已经怀疑赫伯特做的账有问题。知晓了整件事后,公司发现他们在这次冒险中总共损失了约17.5万英镑。赫伯特立刻被开除。为了弥补这项损失,英国皇家海军的护卫舰"海豚号"(*Dolphin*)在舰长约翰·克拉克爵士(Sir John Clarke)的指挥下前往苏禄,索要4万西班牙银圆作为赔偿。但约翰爵士虚张声势的做法不适合用在与苏禄人的谈判上。他拒绝了对方出于常规礼节送上的礼物,让苏丹大为恼火。当苏丹说他只能给出1万银圆的赔偿时,约翰爵士用大英帝国的势力来威胁他。苏丹指出约翰爵士现在在他手中,约翰爵士反驳道,要是自己出了什么事,"海豚号"的大炮会把苏丹的宫殿炸成碎片。最后,约翰爵士安全地回到船上并乘船离开,连苏丹可能会付的1万银圆都没有带走。[14]

约30年后的1803年,东印度公司又想在巴兰邦岸岛建立代理商行,但派出的代理人都没能联系上苏禄商人或中国商人。两年后,快饿死的他们放弃了这座岛。马鲁杜湾又落入海盗手中。[15]

英国人想在婆罗洲北部立足时,荷兰人也想在南部立足,就在英国人忽视了100多年的地区。1787年,荷属东印度公司趁着当地内战吞并了整个班贾尔马辛苏丹国。5年前,该公司将其候选人扶植为坤甸的傀儡苏丹,并助他将领土扩展至西海岸大部,同时在坤甸等地建立贸易站。但是,和英国人一样,荷兰人发现控制婆罗洲土地并没有带来多少好处。1790 年,西海岸的贸易站都关了。1797 年,班贾尔马辛和周边地区重回苏丹手中。荷兰人在婆罗洲所保有的除了若有若无的宗主权,就只剩下位于班贾尔马辛河口的塔塔斯(Tatas)的小要塞。

英国人成功于 1785 年在槟榔屿(Penang)建立殖民地,从而弥补了从婆罗洲北部撤离的损失。荷兰人撤离南部则是出于更为严重的经济原因。荷兰参与了美国独立战争,想要从战败的英国那里分一些战利品。然而英国人不仅迅速占领锡兰,还用舰队严密封锁了爪哇,以致和平协议签署之时,爪哇的出口贸易难以找回已失去的市场。此外,除了吞并锡兰,英国在和平会议上获得的少量特权之一是将印尼海域开放给各国商人。荷兰人的贸易垄断被打破了,而英国人是最主要的获益者。英国人并不是唯一的敌人。垄断在存续期间也不断受到中国人的破坏。中国的船队每年都来婆罗洲,不仅购买欧洲商人想要的胡椒和黄金,还购买欧洲人不屑一顾的燕窝、海参和鱼翅。而且,因为无穷无尽的中国市场比欧洲市场近得多,管理费用和人工费用都比较低,中国人给婆罗洲的出价通常远高于荷兰人。只要中国人在,就没有哪个本地王公急着和欧洲人签订商业协议。[16]

在世纪之交,荷兰被卷入法国革命战争,几年后,拿破仑的部队占领了荷兰本土,使其成为法兰西帝国的附属国。荷兰因此陷入了与英国的战争。英国迅速利用了这个局面。荷属东印度公司的财产已被法国控制,因此英国攻击他们就成了正当行为。1806 年和 1807 年的两次决定性行动中,英军在爪哇海岸将荷兰舰队摧毁。1808 年，一支英国舰队攻占了摩鹿加群岛。拿破仑派他信任的一个荷兰亲法军官丹德尔斯（Daendels）元帅去爪哇任总督，命他组织当地防御、管理当地资源，以便有朝一日协助法国人攻下英属印度。然而丹德尔斯很快就发现自己在爪哇完全处于守势，既无人力也无船只。1809 年，他认为必须关闭婆罗洲仅存的一个荷兰定居点，并派专员撤离塔塔斯驻军，将这个要塞移交给班贾尔马辛的苏丹。苏丹忧心不已。他虽然不愿遵守与荷兰人的商业协议，但却把荷兰人当作同盟和保护者，荷兰人能让他凌驾于婆罗洲的其他苏丹之上。要是荷兰人因害怕英国人而将他抛弃，他就必须赢得英国人的支持。他急忙派密使去槟榔屿的英国殖民地，然而英国人当时并不感兴趣。好在他于 1811 年早些时候派往马六甲的第二位密使得到了更令人满意的答复。

马六甲有个名叫亚历山大·黑尔（Alexander Hare）的商人，他自私自利，但满怀雄心壮志。1809 年，他曾在东印度公司的建议下短暂拜访婆罗洲。他听说荷兰人撤离了塔塔斯要塞，便派两艘船去班贾尔马辛，想要与苏丹开展贸易。此次行动一无所获。但苏丹的使者抵达马六甲后曾向黑尔求助，黑尔于是把他们引荐给一位熟人，他知道此人会乐意接受他们的提议。这个人就是马来联邦（Malay States）总督的代理人斯坦福·莱佛士。[17]

莱佛士当时 30 岁。他年纪轻轻就加入了东印度公司，1807—1810 年驻扎在槟榔屿。他在当地期间致力于探索关于马来半岛和印尼群岛的一切。他兴趣广泛，对人类学、植物学、动物学以及历史学皆有研究。但最重要的是他富有政治远见，在实务管理方面颇具天分。他在 1810 年去过加尔各答。在那里，他说服东印度公司属地的总督明托勋爵（Lord Minto），是时候兼并东方的整个荷兰殖民帝国了。他在马六甲部署对爪哇的进攻。他不仅有代理人送来关于爪哇军事和政治情况的报告，还努力与群岛上的苏丹们结盟，从而进一步孤立荷兰人。与班贾尔马辛苏丹交往，并在那里建起一座英国代理商行，都非常符合他的计划安排。他一直对婆罗洲很感兴趣。他仔细研究过一些岛屿的政治和经济潜力，其中婆罗洲似乎潜力最大。1811年夏天，他在马六甲给明托勋爵写信称："婆罗洲是座大岛，人们对其海岸仍未全然了解，其内陆养活的农业人口比通常认为的要多。"他不只提到那里产的胡椒和藤条，还提到"上等蜂蜡、燕窝、鹿角、蹄筋、兽皮和木材"。他声称婆罗洲"不仅是世界上最富饶的地区之一，产出的黄金和钻石也是最多的"。他估计婆罗洲每年实际出口的黄金价值超过50万英镑。因为他关注的是爪哇而不是中国贸易，所以他最感兴趣的是婆罗洲南部。但他补充道："虽然航运较少经过北部地区，但这并不意味着北方在商业上不重要……这些人（虽然近来过分参与海上劫掠）的航海事业可以被轻松导入正途。"他也认为（虽然只是私下谈及），战争结束时，可能得把爪哇（要是能攻得下）还给荷兰人，但荷兰人已经放弃了婆罗洲。签署和平条约后，英国人在岛上建立的殖民地都能保留下来。[18]

因此，莱佛士支持班贾尔马辛苏丹，而明托勋爵在攻占爪哇的途中经过马六甲时同意建立联盟。爪哇的荷兰人于1811年9月18日向英国人投降。在莱佛士的建议下，投降条款明确规定，荷兰的指挥官只是移交其部队仍控制的那部分爪哇领土。爪哇岛西部，以及其他已由英国占领或已遭荷兰遗弃的岛屿，如摩鹿加群岛和婆罗洲，则被明确排除在外。莱佛士希望签署和平条约时能把这些岛屿归到跟爪哇岛不同的类别里去。[19]

莱佛士在占领爪哇的过程中出力甚多，因此当上了爪哇副总督（Lieutenant-Governor）。他首先做的一件事就是履行与班贾尔马辛苏丹的约定。黑尔于9月底前抵达班贾尔马辛，随行人员包括一位名为范德瓦尔（van de Wahl）的荷兰裔助理驻扎官、一名警官和他率领的一队马来警察、两名医生、几个办事员以及更多的工匠和苦力。他接到的命令是协助镇压当地的海盗，规范婆罗洲南部的贸易，并且传播文明。从这个目的来看，这支队伍规模不大，但还是受到苏丹的欢迎。苏丹像一般东方人那样犹豫并推迟了一段时间，最终于10月1日签署条约，完全割让给东印度公司的土地包括塔塔斯要塞、原本的荷兰属地、南婆罗洲的达雅克地区，以及一片界线不甚明晰的土地——其中包含了大部分位于东部和南部沿海的附属小国。他不必再履行与荷兰人订立的协议，这项条约还特别指出此事与英国占领爪哇一事无关。英国人将保护苏丹，助其对抗来自亚洲和欧洲的一切敌人，因此要在附近驻扎一支小型舰队。收入盈余由苏丹和爪哇的英国当局平分。苏丹征收任何新的税款或通行费都要征得驻扎官的同意。胡椒贸易垄断将会持续。除了预留给苏丹的一些地方，英国当局可以随处砍伐木材、挖掘金矿和钻石。若未征得爪哇副总督的同意，苏丹无权任命高级官员。[20]

这一条约类似于之前的苏丹与荷兰人签过又废掉的众多条约。条约内容对双方来说都不甚明确。苏丹给了东印度公司一大片不受其管理的土地，换来相当模糊的庇护承诺。但苏丹看起来很满足，爪哇方面也欢呼其为外交上的胜利。莱佛士决定容忍黑尔和苏丹私下达成的协议，该协议要求苏丹将首都南部的一片约1400平方英里的区域全权移交给黑尔本人及其代理人。黑尔是代表东印度公司的驻扎官，但他也将成为一位君主（Sovereign Prince）。莱佛士允许黑尔以个人身份进行贸易，只是规定他在适当的时候应将领地移交英国当局，并获得合理的赔偿。此外，莱佛士很感激黑尔让他注意到了班贾尔马辛，也感激黑尔接受驻扎官一职并签署正式条约。他觉得不必限制黑尔的个人交易行为，因为这可能对大家都有好处。

确实，一如黑尔明确所知，这项条约只有在为各方都带来经济效益的情况下才会生效。苏丹不会满足于含糊的庇护承诺，除非他的财富也在增长。前车之鉴也让东印度公司不想保留亏损的贸易站。莱佛士不惜一切代价保留贸易站完全是出于政治原因。黑尔则希望既能赚钱又能享受当东方君主的乐趣。新的殖民点红红火火地开建了。黑尔带来了充足的钱，即使他不怎么区分自己和政府的钱，只要一切仍顺利进行，就没人会在意。他计划增种胡椒、开辟稻田，甚至兴建盐厂。更多欧洲人加入他的行列，其中有个苏格兰人，名叫约翰·克卢尼斯-罗斯（John Clunies-Ross），简直跟他一样充满雄心壮志和浪漫幻想。[21]

班贾尔马辛殖民地确保了英国在婆罗洲南部沿海的势力。莱佛士接下来将注意力转到西部沿海。当地的两个重要政权是坤甸苏丹国和三发苏丹国，而文莱苏丹国的势力则顺着北海岸延伸，几近岛屿的西北角。就在这个西北角，三发和文莱的势力交会的地区，蕴藏着婆罗洲的大部分金矿。这些矿山由华人开采，他们大约于1740年开始在这里定居，到1760年时已经有钱有势，足以建起名为"公司"（kongsi）的自治团体，并且只是在名义上服从马来苏丹。荷兰人虽无法禁止华人移居婆罗洲，却仍极力阻挠，但在1784年海域开放以后，他们也就放弃了。从地理上看，三发应该是黄金贸易的出口处。但欧洲商人一直更喜欢坤甸，而不是三发苏丹所控制的港口，因为坤甸港更容易进入。为了把金子卖给欧洲人，然后换回欧洲商品，华人开始频繁进出坤甸，不管他们的矿山在不在三发都是如此。坤甸日益富裕自然让三发心生嫉恨，三发苏丹发现自己被挤出合法贸易，便开始资助海盗。海盗随即猖獗起来。不管荷兰人对海盗在婆罗洲水域兴起负有怎样的责任，他们的战舰多少也控制住了海盗行为。但当地荷兰海军在1806年和1807年被英国人摧毁，这项警务随之停止。而英国人激战正酣，除即时战略所需的船只外再无多余的船。不久，英国贸易就遭了殃。[22]

1810年，莱佛士仍在马六甲时，英国商船"商业号"（Commerce）在婆罗洲海岸附近遭到破坏，漂流到伦杜（Lundu）附近的一座岛屿。莱佛士听说后即给坤甸苏丹去信，问他能够提供什么消息。苏丹回信中说"商业号"是"婆罗洲的一个小附属地沙捞越（Serawa）的海盗跟三发的海盗联手"劫持的。就是在这样不愉快的情况下，沙捞越首次被写进英国历史。莱佛士随即派办事员伯恩（Burn）先生前往坤甸密切关注英国的商业利益，特别要留意海盗问题，并与坤甸苏丹建立友好往来。对于后面这项任务，伯恩做得非常成功。他知道莱佛士想通过提升坤甸的地位来整顿西海岸的众多小国，因此轻而易举地说服苏丹去寻求英国的庇护，并请英国人在坤甸建立贸易站。这一贸易站可以悬挂英国国旗，驻扎24名士兵，并与苏丹分享地租和港口税。作为回报，英国人必须帮助苏丹对付三发，并向其领地内的华人"公司"收取贡金。苏丹进一步声明他对荷兰人没有义务，就算荷兰当局重返爪哇也不能影响这一协定。

莱佛士乐见其成，并准备参与抗击三发。伯恩对处理海盗这一任务完成得没那么好。他在坤甸得知"商业号"的确是被沙捞越的一位拉惹在三发海盗的协助下劫持的。拉惹想把这艘船卖给坤甸苏丹，遭到拒绝后就洗劫了货物，并把船员卖到文莱当奴隶，只有二副被处死了。伯恩发现，其他一些失踪的船只也遭遇了类似的下场。他在坤甸的时候，满载锡（价值1.4万银圆）的"马六甲号"（Malacca）遭到洗劫，肇事的船只属于三发苏丹。日益发展壮大的海盗集团显然将大本营设在了三发，因此必须将三发控制住。

但这不是件容易的事。1812年10月，英国的一支小规模海上远征军受命沿三发河而上，准备摧毁整座城镇。但他们在河口处遭到潜伏的海盗突袭，于是耻辱地被迫撤退。1813年6月派出的一支更强大的军队取得了更好的成效。虽然海盗大头目本基兰（高级贵族头衔）阿诺姆（Anom）逃往内陆，但整座城镇被占领，苏丹遭到俘虏并被罢黜。成事之后莱佛士随即推出行政措施。5月，他任命约翰·亨特（John Hunt）为驻坤甸代理人。8月，他任命罗伯特·加纳姆（Robert Garnham）船长为特派员，前往婆罗洲的西部和北部沿海。加纳姆先去了三发，提出可以帮助被罢黜的苏丹重登王位，条件是苏丹要接受一位英国驻扎官的辅佐。随后，他前往沙捞越，给拉惹写了封信，警告他要改正错误，否则沙捞越会跟三发一个下场。紧接着，他前往文莱，文莱苏丹急忙表示全心归顺。莱佛士决定，除了本地沿海船运外，所有进出婆罗洲的贸易只能在班贾尔马辛、坤甸和文莱这三个港口进行。他希望这样能有效管理进出港口的情况，从而制止海盗行为。加纳姆的部分任务就是把这一政策告诉各位苏丹。管理这三个港口的苏丹都很高兴。文莱以满脸微笑回应加纳姆，而亨特和黑尔也分别在坤甸和班贾尔马辛获得当地的许可。三发苏丹没有资格提出抗议。加纳姆从文莱回到三发，发现苏丹愿意认可英国的宗主地位，并接纳英国驻扎官。双方签署了一份条约，规定爪哇的副总督有权干涉三发的一切财政事务，若他愿意还可控制王位的继承。[23]

1813年底，莱佛士已让英国的权威遍布婆罗洲沿海（最远的东北端除外）。他知道，东印度公司和英国政府都不关心他的方案，并预料到爪哇可能会回到荷兰人手里。但他相信自己在婆罗洲的部署会继续存在，并将为英国在群岛构建商业帝国提供核心力量。可惜他的朋友明托勋爵在1813年离开了印度。继任总督之位的人与东印度公司的关系更为紧密，也更了解政府的态度，他就是莫伊拉勋爵（Lord Moira）。莱佛士的方案让他忧心忡忡。他听闻莱佛士在婆罗洲实行的政策后，便立刻写信让其停手，等待进一步指令。莱佛士的回应则是发去一份简报，指出有必要将英国占领爪哇时依附荷兰的国家与那些只跟英国签了条约的国家区别开来。若要将领土交还荷兰人，后面这些国家应不受影响。莫伊拉勋爵回了一封长信，批评莱佛士的整个政策。他写道，若是东印度公司要保留爪哇，就没必要在婆罗洲搞那么多费钱的事情。若是要把爪哇还给荷兰人，那么英国在婆罗洲的殖民地只会引起摩擦，而且在荷兰人的敌视下也难以维持。他还补充说，自己并不相信婆罗洲的王公们真的想要英国的庇护，而提供有效的庇护需要付出大量的人力和财力。他会保留班贾尔马辛殖民地，其他的必须抛弃。此外，限制商业活动是违法的，爪哇的英国当局也无法实施，必须立刻解除封锁。莱佛士不得不服从这些命令。他认为自己本可进行干预并在三发建起一个令人满意的政府，但这些命令随之到来，让他痛苦万分。三发苏丹刚刚去世，摄政们强烈要求英国驻扎官主持大局。由于没人出现，海盗头子本基兰阿诺姆当选苏丹，而莱佛士被迫同意。至少阿诺姆是三发王公中最有能力的，但想让他戒绝旧习简直是奢望。[24]

莫伊拉勋爵只是在附和伦敦的意见。东印度公司从来都不关心占领爪哇一事，支持此事也只是因为担心法国人会占领该地，然后威胁印度。现在法国人战败了，危险解除。莱佛士的宏伟大计可能会在遥远的将来产生丰厚收益，但此刻这些计划耗资甚巨，而且会带来很多意想不到的麻烦。东印度公司觉得待在印度次大陆就够了，不想再往东去，尤其不想涉足像婆罗洲这样曾给他们带来不幸遭遇的地方。英国政府也是这个看法，但理由不同。英国政府认为有必要在欧洲保留一个强大的荷兰，以备将来抵御法国人的进攻。为此不仅要让不情愿的比利时人加入新的荷兰王国，还要归还荷兰之前的部分殖民地，从而保障其经济繁荣。在过去的战争中，英国人从荷兰人那里得到很多好处。他们占领了南非的开普殖民地（Cape Colony）、亚洲的锡兰、马六甲、苏门答腊岛的部分地区和马拉巴尔（Malabar）海岸的荷兰城镇，以及圭亚那与加勒比海的一些岛屿，当然还有爪哇。南非和锡兰有战略意义，英国皇家海军十分重视开普敦（Capetown）和亭可马里（Trincomalee）的海港。西印度的糖商游说政府保留了圭亚那大部。拿下马拉巴尔的城镇可以完善东印度公司在大陆上的属地。现在英国人在马六甲和苏门答腊的明古连（Bencoolen）站稳了脚跟。但伦敦没有人对爪哇感兴趣。英国和荷兰于1814年8月签订了一份条约，将荷兰人在1803年所拥有的殖民地［开普殖民地和达马拉兰（Damaraland）除外］都还给他们。这意味着爪哇、摩鹿加群岛和其他在印尼的领地都回到了荷兰人手中。条约完全没提到婆罗洲。莱佛士最终把大家的关注点吸引到了班贾尔马辛殖民地上,莫伊拉勋爵是认可这个殖民地的,可英国和荷兰签署协定的时候,没有人了解这个殖民地。因此无人赞成将之保留。[25]

莱佛士现在只是明古连副总督,看到自己的政策崩盘无疑是个沉重的打击。这并不是意料之外的事,但他原以为至少能保住婆罗洲。他没时间在文莱或者三发设立办事处了,他派往坤甸的代理人必须撤离。现在班贾尔马辛也不得不被放弃。他要是早发现派往该地的亚历山大·黑尔有问题,可能就不会那么悲伤了。虽然黑尔起初干劲十足,但他既没有打理好东印度公司的殖民地,也没有经营好自己的私人领地。问题在于人手。要实施方案、耕种土地就需要大量苦力,这超过了班贾尔马辛苏丹能提供的人数。那里人口不多,当地马来人好逸恶劳,觉得做苦力有损尊严,而内陆的达雅克人则不适合这份工作。黑尔于1812年底造访爪哇,希望莱佛士从那里帮忙招募劳工。莱佛士同意了,1813年通过的一系列法令先后要求退伍士兵和爪哇土著前往婆罗洲,去黑尔的种植园干活,而且开始是邀请,后面就成了强迫。班贾尔马辛后来成为罪犯流放地,犯有轻微罪行的人会被送到那里。而黑尔的代理人则把妇女拐来给移民当妻子。虽然被转运到婆罗洲的各族劳工总计超过3000人(其中主要是罪犯),但他们的效率不高。班贾尔马辛苏丹也不乐意引进那么多不良分子,他不久便抱怨这些人粗暴地将他的子民赶离家园。

就算黑尔是个经验丰富的种植园主,或是个优秀的管理者,他的任务也难以完成。而他两样都不是。尽管他富有奇思妙想、擅长说服别人,但却对日常工作感到厌烦。他把自己当作东方君主，享受这一角色带来的乐趣。他把精力都用在兴建宫殿、招收奴隶和填充后宫上。他的副手约翰·克卢尼斯-罗斯写道："他最大的特点就是纵情享乐。"到了1816年，班贾尔马辛的英国代理商行和黑尔的私人领地都乱作一团。胡椒几乎绝产，账目也未保留，劳工渐渐逃离，苏丹自然逐渐失去耐心。黑尔大部分时间在爪哇悠闲度假，把殖民地交给3个人共同管理，分别是他无能的兄弟约翰、忠心耿耿却万念俱灰的约翰·克卢尼斯-罗斯，以及涉嫌收受苏丹大臣贿赂，不久便被辞退的范德瓦尔。

也就是在这一年，荷兰才派一个委员会从英国人手里接收爪哇岛。两国间的协定要求把荷兰人在1803年所拥有的领地全部归还，委员会认为该协定自然也适用于班贾尔马辛地区。英属东印度公司无意保留一个从未创造利润的代理商行，也不关心它的命运。但在爪哇，莱佛士的继任者、负责把爪哇移交荷兰的约翰·芬德尔（John Fendall）却担心法律问题。英国在1812年与苏丹签订的条约承诺会保护苏丹免受外国势力侵害，而且双方确信荷兰人已自觉撤出了爪哇，将来无论爪哇发生什么都不会影响苏丹或是英国人。此外，即使黑尔声名狼藉，他还是有一定的权利。英国与荷兰人的协定特别声明，对于选择留在被转让领土的个人，其财产不受影响。在未了解黑尔当时拥有哪些特许权的情况下，芬德尔不会交出班贾尔马辛。而且苏丹突然宣布自己虽然会保护欧洲的商人，却不想要英国或荷兰的庇护，他会自行管理国家。这让事态愈加复杂。芬德尔未收到东印度公司对此问题的任何指示，他疲惫地指出，保留英国殖民地似乎和将之移交荷兰一样行不通。鉴于苏丹的态度，荷兰人想要跟英国人而非苏丹谈判。

芬德尔决定将英国的武装力量撤出殖民地，让荷兰人随便怎么跟苏丹交涉。他将自己的行动告知荷兰的委员们，然后派自己的委员会去班贾尔马辛指导撤离行动，并调查黑尔的情况。他派出的3位委员于1816年9月抵达代理商行。黑尔留在爪哇并未给他们带来什么便利，黑尔的兄弟约翰也拿不出账本或是记录。与此同时，苏丹坚称自己留存的那份与黑尔签订的协议副本丢失了。最终，委员会关闭了代理商行。但那些从爪哇来的劳工只能被送回去，苏丹拒绝让他们留在自己的领土上，把他们送往槟榔屿或孟加拉（那里有刑事罪犯流放地）也行不通。因此，无论是有前科的人还是自由人——黑尔没有做任何记录，因此也无法区分他们——都被送往爪哇，他们会给新建立的荷兰政府带来无穷无尽的法律和管理问题。苏丹随后改变了对于外国庇护的看法，与荷兰人签了一份新的条约。他将此前割让给英国人的土地又割让给荷兰人，同时在矿产和木材的开发上给予他们大量特权。苏丹要任命大臣须经荷兰人同意，且不得与其他外国势力建立外交关系，也不得给予外国商人特许权。荷兰人会掌控苏丹之位的继承。作为回报，荷兰人会帮助苏丹抗击国内外的敌人，而苏丹可以自行管理本国臣民。这是个间接统治体系，让荷兰人与苏丹对彼此做出承诺，而且双方都满意。英国当局也没有反对。

然而黑尔强烈反对。可是苏丹"丢失了"那份与黑尔所签的协议副本，而东印度公司（庆幸已与班贾尔马辛撤清关系）也没有给他支持。他前往婆罗洲，让克卢尼斯-罗斯用武力对抗任何想把他逐出马卢卡（Maluka）大本营的行为，然后又回到爪哇纠缠荷兰人，要求以爪哇的地产来补偿他，此举无果后，他向东印度公司在印度的管理机构请愿，恳求其维护自己的合法权利。同时，克卢尼斯-罗斯准备用武力阻止荷兰人接管马卢卡。但黑尔只是白费心机。爪哇的荷兰当局有点强硬地宣布，黑尔无法就他的特许权索取法律赔偿。莫伊拉勋爵在从印度寄来的信中表示，他绝不会支持一个"在我们眼中行为不端的人"。黑尔的恶名和劣迹非常不利于他的此番诉讼。伦敦的东印度公司随后在会议记录中指出，黑尔有一定的权利要求赔偿。但他一无所获。几个月后，克卢尼斯-罗斯撤退，把马卢卡留给荷兰人，然后去别的地方寻求更好的前程。他后来担任科科斯群岛（Cocos Islands）之"王"直至生命终结。黑尔则留在爪哇进行请愿和抗争，直到1820年被荷兰人驱逐。几年后，他到科科斯群岛投奔克卢尼斯-罗斯，却因财产问题与之发生争执，于1831年被迫离开。1833年，他在苏门答腊去世。他是首个成为"白人拉惹"的英国人，但他的经历谈不上鼓舞人心。[26]

虽然在班贾尔马辛达成了官方协议，但是英国人和归来的荷兰人在印尼的关系并不和谐。对后者来说，莱佛士是个棘手难题。他于1819年买下新加坡岛，让他们非常恐慌。英荷势力范围似乎到处有重叠，能避免冲突完全是因为英国政府和荷兰政府渴望保持良好关系。最终双方于1824年在伦敦签署了一份条约，把马来半岛给英国，把苏门答腊和"新加坡海峡以南"的所有岛屿划归荷兰。这一措辞含糊不清，它究竟指的是海峡以南的小群岛还是所有岛屿？婆罗洲近半位于新加坡以北。英国人可以自由地殖民婆罗洲北部吗？没有人知道答案。英国和荷兰的全权代表都不想提及婆罗洲，原因各有不同。他们将这一条款的解释留待后世解决。[27]

英属婆罗洲的总规划者斯坦福·莱佛士担任明古连副总督至1824年。他壮志未酬。就连他最伟大、最持久的一项成就，也就是建起一个不久后成为东南亚贸易中心的城市，一开始看着也不太会成功。最后他返航回家时，乘坐的船遭遇火灾，他的财产和精心收集的笔记大多毁于一旦。但他从未忘记婆罗洲。他继续记述这座广袤岛屿的富饶和发展潜力，直至退休4年后过早去世。他有一群忠实的读者，其中有个比他小22岁的人，名叫詹姆斯·布鲁克（James Brooke）。

第二部
拉惹詹姆斯

第三章

准　备

1803年4月29日，詹姆斯·布鲁克出生于贝拿勒斯（Benares）郊区的锡克劳尔（Secrole）。他的父亲托马斯·布鲁克（Thomas Brooke）是东印度公司的一名文官，官至贝拿勒斯高等法院法官。他的母亲安娜·玛丽亚·斯图亚特（Anna Maria Stuart）在年少时双亲过世，随后离开家乡苏格兰，前往印度投奔她的弟弟詹姆斯，他也在东印度公司工作。在那里，她遇到了彼时丧妻无子的布鲁克先生，并嫁给了他。他们过得非常幸福，生了6个孩子，分别是亨利、哈丽雅特、艾玛、安娜、詹姆斯和玛格丽特。

布鲁克一家自称是英格兰西南部望族布洛克（Broke）家族的后代，那个家族的产业在很久以前就传给了沃里克（Warwick）家族。布鲁克家族其实连续几代都住在伦敦，他们最引以为傲的先人是托马斯·维纳爵士（Sir Thomas Vyner），他曾任伦敦市长，1654年在市政厅接待过奥利弗·克伦威尔。布鲁克先生的祖母伊丽莎白·科利特（Elizabeth Collet）是托马斯爵士女儿的后代。托马斯·布鲁克本人长得高大帅气，有老式的宫廷做派，他博学而健谈，尽管那个时代的人并不觉得他特别聪明。他的妻子安娜·玛丽亚也很漂亮，有一双蓝色的眼睛，面容白皙姣好，她一直安静又羞涩，总是穿简单却昂贵的衣服。她的孩子都很爱她。这些孩子中，在东印度公司的武装部队当候补军官的亨利在印度英年早逝，而哈丽雅特和安娜在英格兰夭折。艾玛于1822年嫁给萨默塞特郡怀特拉金顿（White Lackington）的教区牧师查尔斯·约翰逊（Charles Johnson），几年后，玛格丽特嫁给了安东尼·萨维奇（Anthony Savage）牧师。[1]

詹姆斯·布鲁克一直跟随父母在印度生活，直至年满12岁。在热带长大的英国孩子通常会更早一点回国，因为人们觉得在东方待太久会对孩子的健康和教育产生影响。就詹姆斯的情况看，他的健康和教育都没有受到负面影响，或许是因为童年时期在印度待得太久，他觉得自己的生命属于东方。然而在1815年，随着拿破仑战争结束，他的父母认为他需要去英国学校接受教育。他被送到英格兰，由生活在赖盖特（Reigate）的祖母照顾，但他的父亲让生活在巴斯（Bath）的老友查尔斯·基根（Charles Kegan）先生当他的监护人。放假时他就在两家轮流住。詹姆斯在巴斯生活得很愉快。基根先生和众多亲戚住在一起，其中就有3个小侄女，詹姆斯和她们成了好朋友。他喜欢上了英格兰西南部，之后从未改变，在他的姐姐艾玛嫁到萨默塞特郡后更是如此。布鲁克老太太在赖盖特的家则更为朴素。老太太支持慈善事业，经常让詹姆斯把自己的布丁省下来，送给周围贫困的邻居。詹姆斯总是能吃到肉食，因为人们普遍认为这是长身体的男孩需要吃的。要是布丁非常诱人，他有时也会自己吃掉，但总摆脱不了负罪感。

祖母的慈善行为给他带来的不适跟他在学校的遭遇相比根本不值一提。英国上流社会接受的传统教育有一大好处，那就是任何一个经历过这些的人都知道，之后再也不必承受这样的痛苦了。被送到诺里奇文法学校（Norwich Grammar School）就读时，詹姆斯·布鲁克还不理解这种好处。跟大多数男孩一样，他只对自己感兴趣的科目下功夫。他对画画有点积极性，教画画的老师是不亚于老克罗姆（Old Crome）①的画家。但在学术性较强的学科上，他的表现不怎么样。校长瓦尔皮（Valpy）先生后来为他这个学生感到骄傲，当年却对他没什么好评。但是詹姆斯的学生时代并未荒废。男孩们可以在文瑟姆（Wensum）河上驾船航行，他在那里学会了操纵船只。他的人格力量让其他男孩钦佩不已，觉得他天生就是领袖人物，而他拒绝说谎这一点则让老师们印象深刻。他虽然在那里交到了几个终生好友，但却并不快乐。在那里待了两年后，他最好的朋友乔治·韦斯顿（George Western）离校航海去了，于是他也决定逃离。一个同学借钱给他，于是他乘马车前往赖盖特，但不敢进祖母的家门，直到一个仆人看见了他并向老太太报告。老太太把他领进门，并把基根先生从巴斯叫过来。他匆忙赶到，把詹姆斯拖回了诺里奇。但是瓦尔皮先生已经受够他了。于是詹姆斯开开心心地跟基根先生回到巴斯，直到数月后他的父母从印度回来，并在巴斯开始退休生活。詹姆斯再也没有接受任何正式的学校教育。家人也试过每天请家教上门，但是老师因詹姆斯不尊敬他而辞职了，家人之后就没有再请。由于詹姆斯家里鼓励阅读和其他文雅的消遣活动，他的通识教育并未受到太大影响。²

---

① 指英国风景画家约翰·克罗姆（John Crome），他被称为"老克罗姆"，其子约翰·伯尼·克罗姆（John Berney Crome）被称为"小克罗姆"。

家里认为詹姆斯应该像他哥哥亨利一样，在东印度公司的武装部队干出一番事业。1819年5月11日，他被任命为孟加拉军队的少尉（Ensign）。几个月后，16岁半的他启程前往印度。他是个表现不错的候补军官。两年后，即1821年11月2日，他获得中尉军衔。他想当骑兵军官，但在1822年5月被任命为副助理军需长（Sub-Assistant Commissary-General）。他不喜欢这个工作，也难以胜任。他的工作表现报告虽然表扬了他的能力，但也表示希望他能"早日了解稳定和决心的必要性"。他很快就回到骑兵部队，并自荐去培训印度志愿骑兵，这些人负责大部队到来前的侦察工作。第一次英缅战争于1824年3月爆发。次年1月，詹姆斯·布鲁克的部队准备投入战斗。1月25日，他在阿萨姆（Assam）邦的伦格布尔（Rangpur）附近率部向缅甸人发起冲锋。此役大获全胜，战报中提到詹姆斯的表现"最为出色"。

两天后，詹姆斯再次率部攻击正在撤退的敌军，并又一次大获全胜。但在战斗过程中，他肺部中弹，摔下马背，倒在地上等死。直到战斗结束，部队的上校才找到他，发现他还活着。詹姆斯被送往加尔各答，在医院里躺了一段时间。随后，医生坚持要他回英格兰家乡休养几个月。他将终身享有70英镑的年金。

詹姆斯在1825年夏天抵达巴斯，看起来恢复得很好。但1826年初，他的伤口再次裂开，病情危重。是父母的悉心照顾让他得以渡过难关。经过手术，留在他体内的那枚子弹被从他的脊柱里取出，此后，他的母亲就把这枚子弹当作纪念物保存在一个玻璃盒里，放在壁炉架上。[3]

这一次他恢复缓慢，他的假期被延长到1830年初。他漫长的康复期主要是在位于巴斯的父母家度过的，他阅读了能找到的所有有关东方的资料，特别是莱佛士的作品，并凝神畅想比印度次大陆更远的那些大岛。1829年7月，他从伦敦启程返回印度。但他搭乘的船"卡恩布雷号"（*Carn Brae*）在怀特岛附近失事。虽然无人丧生，但詹姆斯的所有家当都随船沉没，而他承受的心灵打击和日晒雨淋损害了他的健康。东印度公司的董事们将他的假期又延长6个月，但警告他要是1830年7月30日之前还不回印度报到，就会被开除。议会法案规定东印度公司的官员不得离岗超过5年。1830年初，詹姆斯打算启程，但是风暴不断，没有一艘东印度商船驶离英格兰。直到3月，他才得以乘"亨特利城堡号"（*Castle Huntley*）出发。他需要在5个月内抵达孟加拉，通常情况下这时间是够的，但这次又受到了天气的干扰。"亨特利城堡号"先是因逆风而延误，然后又因无风而停航，直到7月18日才抵达马德拉斯。詹姆斯要在12天内去加尔各答报到。走陆路行不通，他很快发现在这一期限内没有去往加尔各答的船。他向当地的副官长（Adjutant-General）办公室通报自己到了马德拉斯，请求暂时在这里任职，直到能继续前行，这样一来就可以算作按时回公司就职。但他遭到了粗暴的拒绝，这让他很愤怒，自尊心受损。他没有坐等被解雇，而是主动写信给加尔各答方面，要求辞去职务。

他本不需要这样仓促行事。他的父亲担心"亨特利城堡号"出发晚了，因此已取得伦敦的董事会的同意，只要詹姆斯在5年期满之前踏上印度的土地就行。他们已经向加尔各答发送了官方信函，规定只要布鲁克中尉遵守这个条件，就保留他的职位。我们或许以为他若是知道此事，便不会递交辞呈。但他决定得如此爽快，没有丝毫后悔，说明他已经不再认同公司。他在漫长的康复期所阅读和思考的东西致使他对公司的手段和目的感到厌恶。对于东方,他有自己的想法。

即便托马斯·布鲁克先生因自己的努力白费而感到不快,或是因儿子的冲动而心生不满,他也从未表现出来。詹姆斯从未受到责备。与此同时,詹姆斯预订了乘"亨特利城堡号"回英国的船票。他喜欢这艘船,并在船上结交了朋友。这艘船在掉头向西之前还要继续前往中国,因此他会进一步见识东方世界。8月底,他身处槟榔屿,9月又来到新加坡,"亨特利城堡号"在当地的港湾里安然躲过两场台风。10月初,他抵达广州,并一直待到年底。他在那里得了很严重的流感,久久未愈,其间,他得到了"亨特利城堡号"上的外科医生克鲁克香克(Cruikshank)先生的精心照顾,后者这时已成为他的密友。"亨特利城堡号"似乎是直接从广州开往伦敦的,中途仅在苏门答腊沿海和圣赫勒拿(St Helena)岛补充淡水。1831年暮春,詹姆斯回到巴斯与家人团聚。[4]

詹姆斯·布鲁克是个孜孜不倦、无拘无束的书信和日记作者,迫切地想把一路随想诉诸笔端,任人阅读。他的率直在随后的几年里给他带来了麻烦。他在写给母亲和姐妹的长信里详细描述了这趟东方之旅,这些信件大多留存至今。它们是奇特的杂录,记录了青年人的玩笑话,也生动描绘了风光景色和自然现象,还有他到访的诸国的习俗。有些部分是哲学和神学思考,读了《约翰福音》后,他对三位一体的教义产生怀疑。他还猛烈抨击宗教的不宽容。但最有意思的内容是他对于东方政治的看法。他对东印度公司日益增长的厌恶既源于切身体会,又源于对莱佛士的钦佩。东印度公司没有支持他心目中的英雄,对此他无法原谅。但他有自己的看法。他认为东印度公司忽视了印度的发展,只因从中国贸易中获利更快。他在广州看到清朝官员对东印度公司商人的羞辱,看到这些商人为了赚钱而屈服,这让他感到愤慨,认为他们不应对祖国的声望如此漠不关心。但这种沙文主义又因他非常关注本地人的福祉而得以缓和。他觉得跟欧洲人接触太多只会给本地人带来伤害。他自己就在印度说过,会讲英语的印度人是最不可靠、最堕落的人群。他对本地人的品性不抱幻想:马来人背信弃义,印度斯坦人懒散懈怠。他对华人不感兴趣。后者在他眼中既丑陋又笨拙,肤色像死人一般。但他还是赞赏了华人的勤勉和他们对教育的重视。然而,他虽然讨厌东印度公司及其目光短浅、令人窒息的垄断行为,却并未忽视商业利益。他认为,槟榔屿应由独立自主的欧洲种植园主和商人来殖民,此地之所以合适既是因为气候,也是因为原住民较少。要是欧洲人不去那里定居,这块地方就会被勤勉的东方人瓜分。他始终愿意纠正自己的偏见。与美国传教士雅裨理(Abeel)先生交谈之后,他认为基督教准则所引领的传教活动"可能不会有什么危害,只有异教徒才会否认它带来的好处"。[5]

返回英格兰后的几年过得很慢。他的家人热情地迎接他,他的父亲一直给他提供经济支持。但他渴望回到东方,至少也要继续航海。他曾在"亨特利城堡号"上与朋友们长谈未来,其中有外科医生克鲁克香克、大副詹姆斯·坦普勒(James Templar)、哈里·赖特(Harry Wright)和他在爱尔兰拜访过的肯尼迪(Kennedy),以及一个年纪更小的男孩斯通豪斯(Stonhouse),此人拒绝给他写信,让他难过不已,但他很高兴在苏格兰与之见面。他向众人吐露自己有意购置一艘纵帆船,然后乘着它去一些遥远的地方做生意。但是买船需要钱,而詹姆斯没有资金。他的父亲也不赞成。绅士不从事商业活动。在他父亲看来，从印度军队辞职，转而去当商船船长不算正途。詹姆斯继续构想着自己的船。他继续阅读关于东方的书，并撰写出版了一本小册子，敦促英国政府在与荷兰人交涉时强硬一些。他还插足政治，又匿名出版了一本小册子，指出仅凭政治改革不足以平息当前的不满情绪。他唯一的消遣是打猎。他不太认真地考虑过娶巴斯一位牧师的女儿，也就是他妹妹玛格丽特的密友，但此事无果而终。大约与此同时，他与另一位年轻女士初次见面，此人未来对于他的意义会更为重大，她就是安杰拉·伯德特－库茨（Angela Burdett-Coutts）小姐。她比他小11岁，当时还不是显赫的女继承人。她永远不会忘记詹姆斯给她留下的印象。[6]

1834年2月，詹姆斯·布鲁克听说有艘条件不错的双桅帆船在利物浦低价出售。他已过而立之年，如果要过自己设想的那种冒险生活，就必须开始行动了。他在伦敦给父亲写信，希望父亲能够同意并给他买船的钱。托马斯·布鲁克年纪大了，身体也不好。他不赞同整个计划，一开始拒绝帮助儿子，但在布鲁克夫人的斡旋下，他还是让步了。于是詹姆斯买下了"芬得利号"（*Findlay*），并装上各种各样适合远东市场的货物。据詹姆斯描述，这是"一艘轻快的贩奴船，载重290吨"。詹姆斯说服了"亨特利城堡号"上的一些朋友加入他的队伍。肯尼迪任船长，哈里·赖特当大副。他们在利物浦招募了船员，而詹姆斯本人担任货物管理员。

这次航行糟糕透顶。他们于1834年5月6日从利物浦启航。不出数日，詹姆斯便与肯尼迪爆发了激烈的争吵。他一直不善于克制自己的脾气，而肯尼迪给船员定下的严苛纪律让他十分不快。

到达东方后，他们的货物并不好卖。最后，他在澳门把这艘船以及船上剩余的货物都亏本卖了，并尽量慷慨地付清肯尼迪的薪水，然后回了家。这段经历虽然损失惨重又丢人现眼，但并非一无所获。他对朋友们，也对自己坦承自己干了件蠢事。他下定决心，下次要买艘小点的船，不装货物，而且由自己全权掌控。但这意味着要等一年。托马斯·布鲁克生命垂危，就算他愿意拿出更多的钱，他的儿子此刻也不能离他远去。詹姆斯买了一艘载重17吨的小快艇"伊莱扎号"（*Eliza*）聊以自慰，凡是不需要陪在父亲身边的时候，他便驾船沿着英格兰南部海岸航行。这几次航行增加了他的航海知识。[7]

托马斯·布鲁克于1835年12月去世。他留给妻子一笔丰厚的遗产，又给3个在世的孩子各留了3万英镑。詹姆斯真诚地为他感到悲伤，但这笔遗产来得正是时候。在母亲和姐妹们的大力支持下，詹姆斯有足够的钱去全力投身冒险行动。[8]

他不久就用上了这笔钱。1836年3月，他给克鲁克香克写信，说自己正在交涉，想买下载重142吨的纵帆船"保王党人号"（*Royalist*）。不到一个月他就达成了交易。詹姆斯决定环地中海航行试试水。9月，他启程前往直布罗陀，同行的有大副哈里·赖特和临时招募的船员们，他还带上了15岁的外甥约翰·布鲁克·约翰逊（John Brooke Johnson），也就是他姐姐艾玛的大儿子。他们在冬季和次年春季一直航行，远至士麦那（Smyrna），并在北非沿海各港口停靠，最终于6月返回英格兰。他对这艘船的性能十分满意，并策划着前往东方的更漫长的旅程。[9]

准备工作并不草率。1838年初，詹姆斯定居格林尼治（Greenwich），以和伦敦保持更密切的联系。他最近读了旅行家乔治·温莎·厄尔（George Windsor Earl）写的一本书，讲的是厄尔在1834年沿婆罗洲海岸航行的经历。詹姆斯对此印象深刻。他还记得莱佛士笔下关于这座岛屿的那些激情澎湃的文章，并重温了一遍。婆罗洲逐渐变成他的主要目标。下定决心之后，他就着手收集能找到的所有相关信息。他与厄尔会面交谈，还向海军部和大英博物馆请教，二者都愿意提供帮助，但他们对这一主题了解得都不多。在给未来制订宏伟计划的同时，引起公众的兴趣不失为明智之举。于是他撰文说明自己的意图，目的是在未来有需要时获得政治和资金支持。这篇文章的摘要发表在了1838年10月13日的《雅典娜》（Athenaeum）杂志上。[10]

这份文件虽然冗长，却不无效果。詹姆斯·布鲁克开篇简述了近几百年来马来群岛的衰败。他盛赞莱佛士，并哀叹其政策未获支持。他严厉抨击荷兰政府，斥其暴虐、自私、危害无穷。"我们确信，荷兰人的政策让这个'东方海域的伊甸园'如今沦为混乱无序之地，既违反人性，又不利于商业繁荣。"他们得以统治群岛是因为莱佛士离开后英国人"犹豫且软弱"。他随后探讨了领土占有和商业繁荣的问题，并认为二者不可分割。莱佛士曾断言，若不占领土地，商业殖民便无法成功。占有领土既方便管理，又可打破贸易壁垒。但是"为此目的而建立的政府必须考虑到本地利益的提升和本地资源的开发，而不是建立一大堆欧洲殖民地，只想着占有而不顾原住民不可剥夺的权利"。

他本人的特定目标是去探查位于婆罗洲东北端的马鲁杜湾。他声称马鲁杜湾的优势在于：第一，这已经是英国人的领地，已由苏禄苏丹移交给东印度公司；第二，周围没有大规模的马来人和布吉人（Bugis）定居点；第三，那里或许可以直接连通内陆的达雅克人定居点；第四，方便往返中国；第五，它是群岛的西部（原文如此，实际为东北部）边界。他随后从广阔的地缘政治学角度讨论了群岛的整体境况。英国人这时已掌握了新加坡，并在位于群岛东部边界的埃辛顿港（Port Essington，位于澳大利亚北部沿海）建立了殖民地。但他更希望英国人能向葡萄牙人购买帝汶岛，该岛更适合作为东部的基地。此外，为了进一步保卫北部，他建议向西班牙人购买琉科尼亚岛〔Leuconia，菲律宾称吕宋岛（Luzon）〕。在他看来，西班牙和葡萄牙都会愿意出售或交换这些领土。同时他会航行到马鲁杜湾，沿着注入海湾的某条河逆流而上，寻找他听说过的一个名叫"基尼巴洛"（Keeney Balloo）的大湖，并与达雅克人建立友好关系，顺便研究一下该地区的植物、动物和矿产资源。接下来，他会前往群岛的重要商人布吉人的家乡西里伯斯岛（Celebes）①，去看看可否在那里建一个殖民地，荷兰人还未渗透到此处。然后他将继续航行，前往新几内亚、阿鲁群岛（Aru Islands）和埃辛顿港。他特意指出，他的"保王党人号"隶属于皇家快艇队（Royal Yacht Squadron），因此可享受皇家海军船舰的待遇。

在其中一个段落，他雄辩滔滔，质问为什么英国的传教团体只关注非洲，在东方就没有值得帮助的蒙昧者吗？他究竟有多支持传教工作还不好说，他个人的宗教观倒是让他在巴斯的女性朋友们感到担忧。但他知道，19世纪的英国人总是热衷并资助传教工作，这在日后自有用处。

这是一本令人难忘的小册子。其中很多细节都是错误的。至

---

① 今苏拉威西岛。

少，英国人对婆罗洲北部的所有权是不明确的，而马鲁杜湾是依拉农（Illanun）海盗的主要集结地，那里的河流无法通航，基纳巴卢没有湖，只有印尼群岛的最高峰。西班牙和葡萄牙也不太可能轻易割舍经营多时的地盘。但在伦敦，人们对情况的了解都不及詹姆斯·布鲁克。他的计划在那里引起了广泛的关注。荷兰公使馆迅速将一份小册子副本寄往海牙，提醒当局警惕这个危险的冒险者。[11]

"保王党人号"原定于1838年9月启程前往东方。但在8月，詹姆斯生了一场大病。9月，这艘船航行到泰晤士河最后一次装载粮食时，被一艘荷兰船撞伤，船长表现得过于惊慌失措，因此被解雇。最终快到10月底的时候，詹姆斯确信一切准备就绪。他很欣赏他的新船长和船员。他找了一位船只检查员与之同行，此人曾以检查员的身份陪同菲茨罗伊（Fitzroy）船长[①]在南美海域航行。他的船上装载了充足的给养、用于交换或是赠送的商品，以及科学仪器。"保王党人号"于10月26日星期四驶离伦敦。他本人打算在南安普敦（Southampton）登船。但周末刮来一阵强风。"保王党人号"在唐斯（Downs）安然躲过，但不得不停靠拉姆斯盖特（Ramsgate）进行整修。天气持续恶化，詹姆斯再次推迟出发时间。11月时他身在伦敦。12月初，"保王党人号"缓慢朝南部海岸行驶。詹姆斯在德文波特（Devonport）登船。12月16日，船只顺利出海。[12]

前往新加坡的旅程耗时超过5个月。他们在里约热内卢待了

---

① 指英国海军中将罗伯特·菲茨罗伊（Robert Fitzroy），他曾指挥"小猎犬号"与达尔文展开环球航行。

两周,又在开普敦待了两周。直到1839年5月底,"保王党人号"才通过巽他海峡和邦加(Bangka)海峡,进入新加坡的港口。在这几个月里,詹姆斯得以观察他的船员。船员共计19人。詹姆斯对船长大卫·艾恩斯(David Irons)十分满意,他完全认可詹姆斯的权威,也跟后者一样厌恶过于严格的纪律。但他在开普敦主动卸下指挥权,让大副科林·哈特(Colin Hart)取而代之。哈特是詹姆斯在"芬得利号"上的老朋友,他有些傻,但脾气温和、乐于助人。检查员安德鲁·默里(Andrew Murray)一开始给人的印象不错,是个聪明机智又不知疲倦的员工。但他经常偷偷喝酒,在航行结束时因酒后的冒犯之举而遭到同船船员的嫌恶。外科医生兼博物学家威廉·威廉斯(William Williams)是这群人中文化水平最高的。但他爱幻想、不可靠,喜欢自怜自伤,而且缺乏毅力,因此在新加坡便被解雇了。詹姆斯对其他人都很满意。他有时观察风景,有时与其他船员协作,也花了很多时间读书。他带上了自己收集到的所有关于东方的书籍和一些文学作品。《雾都孤儿》给他的印象尤为深刻,这本书是在他离开伦敦的不久前出版的。

"保王党人号"在新加坡受到热烈欢迎。詹姆斯在航行后期身体不适,而船也需要整修。不久,詹姆斯康复,船也修好了。此次探险的目的已传至新加坡,而新加坡商人和他们的女眷都很高兴能款待这位相貌英俊、举止文雅的冒险家。总督伯纳姆(Bonham)先生对整场冒险都很感兴趣,并给詹姆斯提供了在伦敦得不到的建议和信息。詹姆斯听取了他的意见,也聆听了其他人向他讲述的婆罗洲的情况。他在新加坡待了9周,研究了这座岛屿及岛上的华人和马来人居民,但他迫不及待地想继续前进。7

月27日，他完全康复了，于是再次起航。他带上了一位新医生，是个叫韦斯特曼（Westermann）的丹麦人，还有一位有一半马来血统的年轻翻译，名叫威廉森（Williamson）。但他们不是前往马鲁杜湾，而是去沙捞越河，后者离新加坡更近，约在西南方600英里处。[13]

第四章

确立统治

在文莱苏丹保留的领土中,沙捞越省位于最西部。它在约200年前被攻占,因其蕴藏金矿和锑矿而受到重视。可惜文莱苏丹国自征服者哈桑(Hasan)苏丹的时代起便走向衰落。哈桑是该王朝的第9任苏丹,17世纪初曾统治婆罗洲全岛,其势力范围北起菲律宾,南至爪哇岛。他去世后不久,群岛上的其他苏丹和苏禄苏丹全都重获独立。而哈桑的孙子穆希丁(Muhyiddin)被迫将婆罗洲北端割让给苏禄,以回报苏禄在一场内战中提供的帮助。文莱在18世纪迅速衰落。根据伊斯兰传统,统治者去世后,王位并不是传给他的长子,而是传给王室内最年长的男性成员。聪明的君主,例如奥斯曼帝国的大多数苏丹,为了防范此事便会将所有兄弟连同其子嗣一并处决,这样他的长子便是当之无愧的继承人。在马来人的国度,已故君主的长子有时根基深厚,足以夺取王位,铲除对手。但在通常情况下,王子们及其党羽通过谈判、密谋和一两次适时的谋杀来决定谁继承王位。

文莱经历了很多次这样的王位之争。1839年,就在詹姆斯·布鲁克驶离新加坡的时候,时任文莱苏丹是奥马尔·阿里·赛义夫丁（Omar Ali Saifuddin）。他大约50岁，智力稍有残疾。他的父亲贾马卢·阿兰姆（Jamalul Alam）是王朝的第20任苏丹，而他的外祖父兼叔祖父根祖·阿兰姆（Kanzul Alam）是第21任苏丹。他注定要继承祖父的王位，但他绰号阿皮（Api，意为火）的舅舅穆罕默德·阿兰姆（Mohammed Alam）篡夺了王位。阿皮残忍到几近疯狂，对外甥非常凶残，但还是留了他一命（大概是因为外甥非常愚钝）。1828年，阿皮的姐姐，也就是奥马尔的母亲发动宫廷政变，阿皮被抓并被判处死刑。在等待绞刑（专门针对王子的处刑方式）期间，他叫围观者观察他的尸体将会倒向哪一边。若是倒向左边，则预示着文莱将遭逢厄运。他的身体确实倒向了左边。

奥马尔·阿里随后即位，但他智力低下，而且右手畸形，多长了一小根拇指，因此从未正式登基，也无法使用"Yang di Pertuan"（最高元首）这一指代文莱君主的头衔。他管不住自己的亲戚，他们推举他的另一位舅舅哈希姆（Hashim）担任拉惹木达（Rajah Muda，意为王位继承人和摄政）。他即位不久，沙捞越省就爆发了一场反抗总督本基兰玛科塔（Mahkota）的叛乱。大约在1837年，拉惹木达哈希姆前往沙捞越，想让其重新归顺。[1]

考虑到文莱苏丹及其顾问所采用的政府体系，叛乱的发生并非意外。沙捞越省充斥着贪污腐败和巧取豪夺。文莱贵族不算计彼此的时候，就会联合起来欺负较为弱势的原住民，榨取他们的财物。该省的陆地达雅克人深受其害。当地的马来酋长按惯例有权向达雅克人索取贡赋，但他们将所有马来国家都知晓的强制贸易体系（serah）推行到了令人不堪忍受的极致。达雅克村落的所有农产品，无论是稻米、蜂蜡还是燕窝，都要卖给酋长，而且价格由酋长来定。要是他买不了那么多,他的亲戚和该地区的其他马来人便能以相同的价格购买剩余的商品。要是产量无法满足马来人的需求,就要把村里的孩子卖作奴隶来填补差额。达雅克人还被强迫购买马来人想卖的任何东西。马来酋长经常把一根铁棒送到村落的头人那里,要求他以高得离谱的价格买下。达雅克人的财产所有权也得不到保障。要是某个马来人看上了达雅克人的船,便会在船舷上刻一个记号,表明这艘船是他的了,要求达雅克人在几天之内把船交给他。其他想要这艘船并刻下痕迹的马来人将根据船的价格得到相应的补偿。陆地达雅克人几近饿死,人数迅速减少。他们尽可能地退回山里,以期离敲诈者远一点。

性情温和的陆地达雅克人最容易成为受害者。毛律族也遭遇了类似的暴虐行径。他们住在林梦,与文莱相距不远。较为凶猛的部落,如卡扬人和海上达雅克人,则受到不同的对待。马来人把武器卖给他们,鼓动他们去攻击较弱的邻族,条件是要把战利品分一半给文莱朝廷。文莱朝廷总是先向弱势的部落承诺会保护他们免受强邻侵害,借此向其索要钱财,然后又允许强大的部落攻击他们,并拿走一半的收益。海上达雅克人和他们的同族都喜欢猎人头,所以很容易响应文莱朝廷的这种鼓动。借助海上达雅克人,这一手段还能得到更广泛的应用。越来越多的海上达雅克人越过婆罗洲中部的分水岭,朝着西北沿海的河口进发。他们是水上居民,善于操纵船只。来到海边后,他们便从马来人那里得知当海盗获利甚丰。[2]

虽然詹姆斯·布鲁克在他宏伟的计划书里没有详述这件事,但是婆罗洲海域的海盗十分猖獗。马来人当海盗的历史很长。与更往北的苏禄表亲不同,如今文莱的马来人无力积极投身海盗活动。当时最臭名昭著、野心勃勃的是依拉农海盗，他们来自菲律宾南部的棉兰老岛，在苏禄苏丹的庇护下行事。他们对三四个月的航行习以为常，时刻准备在马来半岛或爪哇岛周边的海域抢劫。他们最中意的藏匿点是詹姆斯曾想殖民的马鲁杜湾。他们往往不去袭击欧洲商船，而更喜欢祸害华商或布吉商人。但在1838年，马来半岛东部海岸附近发生了一场大战，东印度公司的商船"戴安娜号"（Diana）和一艘英国的单桅帆船联手打败了一支依拉农舰队，该舰队当时正在攻击中国商船。海上达雅克人所使用的细长快速帆船并不适合进行这样的长途航行。他们主要袭击在婆罗洲沿海航行的船只，并得到文莱朝廷的完全批准，因为他们把一大部分战利品赠送或卖给文莱朝廷。海盗日益猖獗，正常贸易便逐渐萎缩。岛上农产品的销路越来越差。越来越多的部落因此抛弃农业生产，转而加入海盗的行列。沿卢帕河及其支流以及萨里巴（Saribas）河定居的部落早就因海盗行为而声名狼藉。要是周围没有多少外国船只，他们就会袭击住在其他河流上游的部落。他们偶尔还会攻击马来人。大约在1830年，萨里巴的达雅克人洗劫了卡图邦（Katubong），那是当时沙捞越河边最重要的马来城镇。[3]

就在这场乱局中，沙捞越爆发叛乱。要是总督玛科塔满足于按照以往的方式来剥削陆地达雅克人，也许就不必遭此一劫。但他过分地索取，什么也没给本地马来酋长留，而他也瞧不起这些酋长。沙捞越的地方官员都来自当地的马来望族，这一家族骄傲地宣称他们与文莱和柔佛的统治家族同宗同源。遭文莱流放的一位本基兰尤索普（Usop）答应会带来三发苏丹的援助，于是这一家族的成员与绝望的达雅克人合力发起叛乱，让拉惹木达哈希姆无力招架。他们知道这些叛乱者正通过三发苏丹向后者名义上的宗主荷兰人求助。哈希姆深谙世界政治局势，明白要与英国人交好才能与之对抗。1838年，一艘英国船在沙捞越河口失事，于是他的机会来了。哈希姆听说了船员们的困境，便把这些人召来，好吃好住地款待，还自掏腰包把他们尽快送回了新加坡。

他的举动给新加坡的交际圈留下了良好的印象。船员们述说了他的仁慈和友好。总督伯纳姆先生觉得，这似乎是让詹姆斯·布鲁克的探险队发挥作用的良机。"保王党人号"应前往沙捞越，向拉惹木达表达总督和新加坡商会的谢意，并着手在其朝廷中确立英国人的影响力。新加坡很可能高估了哈希姆的权势和魅力。他虽是文莱苏丹国的法定摄政王，在文莱却没什么实权，在沙捞越既镇压不了叛乱，甚至也管不了总督玛科塔。[4]

詹姆斯·布鲁克带着人们寄予的厚望在8月1日登陆，并于当天晚些时候登上丹戎达都（Tanjong Datu，这一海角是沙捞越的西部边界）的西侧。他发现在航海图上这个地方朝东北方向偏了75英里。天气很差，风暴不止。直到8月5日他才绕过海角，并在塔朗-塔朗岛（Talang-Talang）附近抛锚停泊。同时，他对海岸进行勘测，改正了图纸上的错误。在岛上，他遇到一位奉哈希姆之命前来收集海龟蛋的马来官员，此人告诉他一支由依拉农和达雅克海盗组成的舰队刚刚才离开这个海湾。8月12日，"保王党人号"停靠在山都望（这座山巍然俯视着沙捞越河西面河口）山脚下，并派一艘小船前往上游约20英里处的拉惹住所。次日，一位本基兰代表拉惹正式表示欢迎。然后"保王党人号"沿蜿蜒的河道缓缓逆流而上，途中发出声响，还一度撞上岩石。8月15日，"保王党人号"停靠在古晋城外的河岸边，为拉惹鸣放了21响皇家礼炮。[5]

达雅克人洗劫了卡图邦后，玛科塔总督新近建立了古晋。城内约有800个居民，除若干华商外都是马来人。本地马来贵族还是更喜欢住在上游的裕恒山（Lidah Tanah）。古晋的大部分区域都是宫殿，供拉惹、玛科塔及侍奉他们的贵族使用。按照马来人的习俗，房屋都是在泥地里打桩修建的。谒见厅——詹姆斯到访的那个早晨在此受到接见——是个很大的棚屋，但是悬挂着华美的帷幔。这是一场正式的谒见，就是给拉惹行礼和献礼而已。但那天晚上，拉惹私下召见詹姆斯，表达了自己对英国人的好感。但他质疑：英国人真的比荷兰人强吗？哪个是猫、哪个是老鼠？詹姆斯向他保证英国是猫。拉惹不愿意就此话题详加讨论了。但第二天早上，他不太正式地参观了"保王党人号"。当天晚上，詹姆斯忽然接到玛科塔的消息，对方提醒他荷兰人对文莱和沙捞越有所图谋，要是他们来袭的话，英国会介入吗？詹姆斯回答得很谨慎。他指出，荷兰人只有在某个国家内开设了贸易站后才会想要占领这个国家，最好的方法是不要让荷兰商人进来。玛科塔也提到了英国商人在这里的良好开端。詹姆斯对哈希姆和玛科塔都有好感。在他看来，哈希姆是个羞怯、懒散而且相当可怜的中年男人，而玛科塔更年轻、更英俊、更有活力，是个聪明人，显然也很坦诚。

哈希姆和玛科塔都向詹姆斯保证叛乱并不严重。于是他请求去乡下看看。玛科塔曾带着一个来自伦杜的达雅克人拜访过他，他兴致勃勃地通过这个人了解其习俗和词汇。詹姆斯迫切地想亲眼看看达雅克人的村落。他获准前往，条件是他得待在和平的地区。8月21日，他搭乘"保王党人号"附载的大艇（Skimalong）出发了，随行的有两艘马来帆船，各由一位本基兰指挥。他们顺着沙捞越河的支流莫拉塔巴斯（Moratabas）河行进，然后向东行至三马拉汉（Samarahan）河河口，再溯游而上。不久，他们就从马来人居住的区域进入了达雅克人的地盘，两位本基兰求他返航，因为接下来他们就不能再保证他的安全了。4天后，他返回了古晋，在这期间他欣赏了当地的风景和动物群，却没怎么了解本地人的生活。几天后，他再次出发，沿着伦杜河向上游走，去拜访玛科塔向他引荐的那位友好的达雅克首领。这次考察激起了他更大的兴趣。他在溯河向上18英里处的"Situngong"首次见到了达雅克人的长屋。这间屋子长594英尺，居住着一个约400人组成的部落，他们是实巫友人（Sibuyoh），看起来是生活在陆地达雅克地区的海上达雅克人。人们热情款待他，并带领他参观这间屋子，但他看到挂在椽上的30颗风干人头时还是有些不安。然而，询问了首领之后他明白了——可能理解有误——这些只是在战斗中获取的敌人首级。即使得知一名年轻男子必须猎到一颗头才能结婚的风俗，他的信念也未曾削弱。詹姆斯由此步行前往丛林，在路上摔瘸了腿。他偶然发现一个小型的华人聚居地，刚建立几个月，但井然有序，这让他印象深刻。

回到古晋后，詹姆斯不得不去治疗腿伤，但这也让他有机会与哈希姆深入交流。临近9月底，他准备前往新加坡。他向拉惹辞行并沿莫拉塔巴斯河顺流而下。抵达河口处他便换乘大艇，在两位本基兰的陪同下行至沙东河，去拜访一位公开表明身份但却很友好的海盗首领。首领热情款待了他，并直言不讳地说起自己干的行当，装饰着长屋的众多男女颅骨证明他所言不虚。登上"保王党人号"后，他向两位本基兰告辞，但有位彭里玛（panglima，军官）还是驾着一艘快速帆船护送他出海。9月28日晚上，全体人员突然遭到一群萨里巴海盗的袭击。"保王党人号"开炮吓退了袭击者，但在此之前，这位彭里玛就受伤了。詹姆斯把他送回古晋，在那里受到了拉惹木达的紧急召见。他搭乘大艇回访，溯河而上，拉惹木达用一场奢华的宴会款待了他和他的部属。次日清晨，这些马来东道主与他依依惜别，并送给他一只猩猩。随后他便返回"保王党人号"，径直驶往新加坡。[6]

詹姆斯受到新加坡商人的热烈欢迎。但当他在总督府述说他的旅行时，伯纳姆先生就没那么热情了。开放贸易关系是一回事，政治又是另一回事。詹姆斯太大意了，要是他说的话传到荷兰人的耳朵里可怎么办？詹姆斯发现——并非最后一次——自己的事业并未受到官方的赏识。他因受到指责而感到痛心，但这并未改变他的主张或意图。[7]

他打算等沙捞越的战争结束便回去。同时，他进行着计划的第二部分，也就是绕西里伯斯岛航行。"保王党人号"于1839年11月20日从新加坡出发，1840年5月29日返回。詹姆斯很享受这段旅程。此行让他接触到很多饶有趣味而且大体上很友好的族群及其统治者。他看到了不少优美的景象以及众多奇异的动植物。但他回来时多少有些沮丧，彼时他身体状况不佳，资金也所剩无几。他决定再去一趟沙捞越，去看看朋友们，接着去马尼拉和中国，最后从那里回英格兰。[8]

他在8月29日回到古晋，觉得意兴阑珊又筋疲力尽。哈希姆和马来贵族友善地迎接他，但叛乱并未平息。相反，达雅克叛军此刻距离古晋城不到30英里。看来是没办法前往内陆了，留在古晋也无事可做。然而，每当他想辞行，拉惹木达都会含泪恳求他留下，直言自己信不过其他人。他恳求詹姆斯去视察他的军队，这支军队在玛科塔的指挥下驻扎在河流上游的裕恒山。他的现身可以鼓舞士气、震慑叛军。詹姆斯兴致勃勃,搭乘着一艘满载补给的船前往前线。他发现这支军队很不一般,主要由马来人和一些达雅克人——他们更热衷相互争吵而不是抗击敌军——以及一小撮纪律较好的华人组成。敌人的围栏近在咫尺,可他们还躲在自己的围栏后面。确实,双方的战斗活动主要就是猛烈谩骂。玛科塔及其麾下的将领们急切地吃下了詹姆斯带来的补给,却无视了他的建议。他回到沙捞越后,发现自己的一名船员死了,还有一名奄奄一息。他再次决意离开,而哈希姆再次恳求他留下。他高声喊道:一位英国绅士怎能在此时弃他而去?此外,有迹象表明,一些因饥饿而衰弱的达雅克部落愿意向政府投诚。詹姆斯被说动了,答应返回前线,并安排人将"保王党人号"上的一些枪炮带到上游。叛军感到恐慌。但是玛科塔表面上很积极,其实已经决定了什么也不做。他和他的军事会议既不抗击敌军,也不让詹姆斯与他们谈判。詹姆斯再次失望地回到古晋。

11月4日,詹姆斯去见拉惹木达,宣布自己去意已决。哈希姆悲痛不已地做了最后一次挽留:要是詹姆斯留下来,哈希姆就把新尧湾(Siniawan)和沙捞越给他,让他掌管当地的政府和贸易,并暗示他可以得到拉惹的头衔。詹姆斯心动了。他很谨慎,没有立刻接受这一提议,但他也没有拒绝,而是同意留下。

他回到军队,发现情况有所好转。哈希姆的弟弟巴德尔丁(Badruddin)来到了营地,这位王子不像他的大多数亲戚那么懒散。詹姆斯明确要求亲自掌握最高指挥权。他发现巴德尔丁是个可靠的助手,既有勇气又锐意进取。队伍变得活跃起来,并进攻了敌方的主要围栏,要不是华人部队的一位首领在错误的时间大声祈祷，他们本可以出其不意地将其占领。但是，由于玛科塔使了阴谋诡计，哈希姆召回了巴德尔丁。事情一拖再拖，军队唯一的积极行动便是建了一座碉堡。但这让詹姆斯有了机会。这座由伦杜的达雅克人驻守的碉堡其实挡不住敌军，詹姆斯他们必须在附近打一场仗，从而为碉堡解围。叛军被引出寨子，詹姆斯和他的英国船员得到了一位来自棉兰老岛的马来冒险家西唐都（Si Tondo）的帮助，向他们发起猛攻。敌军惊慌失措地逃进丛林，舍弃了自己的营地、补给和弹药。

经历了这场溃败，叛军主动求和，但他们只跟詹姆斯谈判。詹姆斯答应保证来使的安全，于是一位名叫马杜仙（Matusain）的叛军首领便孤身一人、不带武器前往总督营地展开谈判。叛军愿意投降，条件是保全他们的性命。詹姆斯说自己无法保证这一点，这得交由拉惹木达定夺，但他可以运用自己的影响力。听到这话，叛军便心满意足地放下武器。他们信任这个英国人。

但这个英国人与哈希姆的谈判则困难得多，后者受玛科塔揎掇，不愿意赦免叛军。詹姆斯再次扬言要离开，哈希姆就此让步。叛军的财产被没收，他们的妻儿被送到古晋当人质，但没有人被处死。[9]

接下来的问题是怎么落实哈希姆所许诺的好处。他只是文莱的假定继承人和摄政，无权割让文莱的领土，那得经过苏丹批准才行，于是哈希姆开始有了疑虑。他很想回文莱，以确保自己能继承王位。长期在外使他在文莱的影响力下降，可人们若是知道他要把一些地区交给英国人，他的影响力只会进一步下降。但他不能把一片混乱的沙捞越留给玛科塔，此人肯定会激起一场新的叛乱。他对詹姆斯支吾搪塞，能给詹姆斯的文件只有沙捞越的居留许可。詹姆斯提出抗议，哈希姆则说这只是初步措施，是为了让苏丹习惯沙捞越有个英国人。詹姆斯开始不相信哈希姆。

他已经不相信玛科塔了。有几个本基兰想洗劫一座原属于叛军的村庄,但被武力吓退。詹姆斯发现他们受到了玛科塔的怂恿。与此同时,玛科塔回了一趟文莱,想在都城玩弄阴谋诡计。哈希姆害怕这些诡计得逞,于是更急于跟他同行,把沙捞越留给詹姆斯妥善看管。他是真情实意的,但仍旧迟迟不表态。最后,詹姆斯说自己必须得去新加坡,但要是在他离开期间给他建一座房子、收集一批锑块,并为他准备一份等待苏丹签字的任命书,那他便会回来。他会带回一船的货物来交换这批锑块,希望借此开启固定贸易。这时的他已经决定留下来做沙捞越的统治者。[10]

在他动身前不久,古晋又收到了海盗在沿海活动的消息。一个本基兰奉命前去调查,并回报称海盗首领请求觐见拉惹木达。有人怀疑他们意图夺取"保王党人号",但是詹姆斯很想见见他们,于是便鼓动哈希姆接见他们。不久,由18艘依拉农船只组成的舰队浩浩荡荡地沿河驶来。这些都是好船,驾驶船只的人员体格健壮、举止合宜。詹姆斯对几艘船进行了考察,并与首领交谈。他们直言对这一行当的热爱,不过他们认为现在已经和祖先的时代截然不同了。他们在海上游弋了3年,很多船只都是从布吉人那里抢来的。这番交谈让詹姆斯明白,海盗——更甚于恶政——是婆罗洲的祸根所在。要是放任海盗打击本地贸易,那么欧洲人只保护自己的船只和港口便远远不够。[11]

1841年的2—4月,詹姆斯一直待在新加坡。他还需要一艘船,但却发现只有一艘纵帆船"雨燕号"(*Swift*)待售。这艘船不太适合运载货物,而且很贵。他只能买下这艘船,并装上自己能弄到的一切货物。总督伯纳姆先生私下里仍然热情友好,但却因詹姆斯涉足政治而感到忧虑。[12]

荷兰人也很忧虑。1840年11月,三发的助理驻扎官布卢姆(Bloem)先生给詹姆斯写信,对他干预婆罗洲的政治表示抗议。这些谣言也传到了海牙,但经过一番调查,荷兰驻伦敦的公使报告称布鲁克先生似乎只是在为皇家地理学会工作。[13]

詹姆斯回到古晋时发现房子没建、锑块没有收集、他的职位也没有得到进一步安排。玛科塔已经从文莱返回,权势丝毫未减。詹姆斯还发现,一支海上达雅克人远征军——无疑得到了玛科塔甚至是哈希姆的默许——准备去打劫陆地达雅克人的部落和华人定居点。此外,他忠实的朋友、曾和他一道攻打叛军的西唐都已被哈希姆下令处死。詹姆斯有两艘船要修,而且"雨燕号"的货舱漏水了,他得赶快把货物卸下来并处理掉。他的怒火促使哈希姆行动起来。他们迅速为他建起房子、收集锑块,并叫停了远征军。最后这件事让哈希姆十分不快,他以生病为借口,闷闷不乐地在房里待了好几天。但他仍想得到詹姆斯的帮助,詹姆斯也仍想当总督,并意识到自己需要耐心。他的声望很高。陆地达雅克人和华人把他当作救世主。他对华人的观感越来越好。他认为这些人会是宝贵的盟友。同时,他也收集着与这个地区的部落和习俗有关的信息。[14]

7月,有消息称一艘英国船在文莱附近海域失事,船员被苏丹扣留。哈希姆承诺会调查此事,但什么也没做。于是詹姆斯在怒气冲冲地与哈希姆会谈之后,便决定用"雨燕号"把收集到的锑块运往新加坡,同时派"保王党人号"去文莱打听被俘船员的情况。他则独自待在家中,并深信没人敢伤害自己。8月2日,詹姆斯收到了失事船只"苏丹娜号"(*Sultana*)的大副吉尔(Gill)

先生写的信，信中说他和另外两位船员被释放了，可以回新加坡，但是船的桅杆断了，他们也因害怕海盗而不敢前行，包括一些妇女在内的其他船员仍被关在文莱，并受到粗暴的对待。不久，"雨燕号"和"保王党人号"都回来了。"保王党人号"的人员在文莱遭到冷遇，无法探视被俘船员，但是"雨燕号"的人员向新加坡当局汇报了这一情况，促使其派遣东印度公司商船"戴安娜号"前往文莱。这艘船用武力震慑了苏丹的幕僚们。被俘船员最终获释。[15]

这起事件令詹姆斯的声望大增。因为"保王党人号"受到无礼对待后不久，全副武装的"戴安娜号"就抵达了文莱，这让文莱政府相信詹姆斯得到了英国官方的支持。而"苏丹娜号"的船员说起詹姆斯在婆罗洲的影响力，让新加坡民众对他钦佩不已。但詹姆斯痛苦地知道自己并没有官方支持。1841年4月，他给母亲写了一封长信，对她说起自己最近的冒险经历，并坦白了自己有多么渴望获得骑士称号。就算她会笑话，难道她不会为此奔忙吗？这会大幅度且永久性地提高詹姆斯的地位。[16]

同时，玛科塔的敌意越来越明显。詹姆斯发现，很多马来人因畏惧玛科塔的暗探而不愿意拜访他。当一个暗探在饭里下毒，打算毒死他的马来翻译时，矛盾到了激化的时候。他下令将"保王党人号"上的大炮瞄准王宫，然后带着一支全副武装的分遣队上岸，要求立刻与哈希姆会面。在那里他揭发了玛科塔针对哈希姆和自己实施的阴谋诡计。他声称正是玛科塔以总督的身份巧取豪夺才引发了近期的叛乱。他还表示，自己和达雅克人以及本地的马来酋长一向关系极好，必要时这些人会支持他反抗玛科塔。

哈希姆既害怕又松了口气。他无法承受一场由詹姆斯·布鲁克领导的新的叛乱，他本人也不信任玛科塔。他当众真诚地说自己行事光明磊落，最终起草并签署了一份文件，指派詹姆斯去管理沙捞越及其附属地，而詹姆斯每年要给文莱苏丹交一小笔钱，并保证尊重当地的法律和宗教信仰。这份文件正式签署后盖印，然后发布。1841年11月24日，詹姆斯·布鲁克被正式封为拉惹和沙捞越的总督。[17]

新任拉惹的统治确立了，但地位还不稳固。玛科塔暂时落败，而且他的党羽公然抛弃了他，但他仍有影响力，苏丹也未撤销他的总督之职。哈希姆代表苏丹继续留在古晋，詹姆斯要向其纳贡。而苏丹还未正式批准此番调动。虽然詹姆斯在面向沙捞越民众的公告中自称拉惹，但对外还未使用这一头衔。[18]

英国社会还未意识到一个英国公民当上了一块他国领土的统治者。荷兰人倒了解得更清楚。1841年底，东印度群岛副总督写的一份报告被送至海牙，报告中说一个英国人定居在了沙捞越并干涉当地的管理。身为荷兰臣属的三发苏丹忧心忡忡，唯恐开放沙捞越会影响他的贸易活动。当地的助理驻扎官布卢姆先生因此煽动叛军，这种过于积极的举动致使他被调到了别的岗位。因为荷兰官方和新加坡的伯纳姆先生一样，不喜欢自己的公民去干涉当地的政治。但是报告中说应当采取行动来遏制"像布鲁克这样野心勃勃的冒险家"。然而，他们什么也没做。荷兰人无法花这么大的代价去干涉婆罗洲事务，这也可能会影响与英国政府的关系。詹姆斯·布鲁克就这样开始了统治，荷兰政府和英国政府都没有什么异议。[19]

第五章

开始执政

单枪匹马地接管一个陌生地区的政府并非易事。詹姆斯·布鲁克没有行政管理经验，过去经商也不顺利。此外他还没熟练掌握马来语。他身边除了"保王党人号"和"雨燕号"的船员就没有其他欧洲同胞了，而且这些船员还经常外出，以保证他与新加坡的交流畅通。随船的丹麦外科医生韦斯特曼偶尔留在岸上陪他，年轻的翻译威廉森也是如此。他设法从新加坡招来一名秘书，名叫威廉·克林布尔（William Crymble），此人之前是一位商人的办事员，此后将为詹姆斯效力多年。出身皇家海军的青年布卢姆菲尔德·道格拉斯（Bloomfield Douglas）——已加入"保王党人号"——也经常留在岸上，且很适合作为行政官员培养。同时还有个叫麦肯齐（Mackenzie）的朋友陪着他。马德拉斯工兵队的埃利奥特（Elliott）上尉在1842年春天看望过他，并为他建了一座瞭望塔。[1]

詹姆斯没有知难而退。他很久以前就想好了施政方针。1842年，他给英格兰寄去一本很厚的宣传册，想引起注意并得到支持。宣传册里阐明了他的处境和目标，把他经常写在家书里的内容重复了一遍。他会坚持建立一个公正的政府，保护受压迫的达雅克人，鼓励华商，并欢迎所有不危害本地人利益的商业活动。他希望英国的贸易公司对沙捞越感兴趣，也希望教会派个传教团过来——尽管他私下觉得美国的传教士比英国的好。[2] 他迅速颁布了一部法典，把自己的想法付诸实践。这部法典仓促间以马来文在新加坡印制，其中含有8项条款。谋杀和抢劫之类的罪行将按照文莱的传统律法（ondong-ondong）进行处罚。所有人——无论是马来人、华人还是达雅克人——都可以自由经商或工作并享有收益。公路和水道对公众开放，不设限制。贸易全面开放，政府专营的锑矿除外，但政府不会实施强制劳动。不得侵扰达雅克人，也不得强行压价购买他们的产品。只要达雅克人向相关官员纳了税，便可在任何地方、以任何价格自由售出商品。税率是固定的，每年支付的款项都要清楚地记录在案。政府将会颁布关于标准度量衡和小面额货币的规定。最后他警告所有人，这些法律将被严格执行，不喜欢它们的人最好搬到要求更宽松的地区。[3]

他的第一项举措就是坚持释放之前叛军队伍里的妇女儿童，这些人一直被关押在古晋。这让达雅克人很高兴，却得罪了不少马来人。有些达雅克女孩已经沦为马来人家庭的奴隶，他只能让她们留在那里。接着，他坚持要给本地的三位主要马来王公复职，让他们继续领导马来社区并管理达雅克部落。这三人分别是拿督巴丁宜（Datu Patinggi）、拿督班达尔（Datu Bandar）、拿督天猛公（Datu Temanggong），自叛乱爆发后就流亡在外。这三位拿督虽然一开始害怕触怒玛科塔，但还是成了詹姆斯的忠实拥护者，尽管他们因长期以来对达雅克人的剥削受到限制而心生怨气。他们的管理并不是很有成效，特别是拿督天猛公。此人虽然性格开朗，却非常不可靠。但他们了解这个地区的行事方式，而且詹姆斯也没有其他人可用了。[4] 他跟华人的关系起初非常好，并表示他们自始至终都是他的重要盟友。他非常希望他们能移民过来，而且他们的"公司"展现出的高效和民主让他十分钦佩。不久，他就得改变看法了。有一家叫三条沟（San Ti Qu）的"公司"在沙捞越做生意，并获准在沙捞越河上游的右支流区域开采金矿。另一家叫申福（Sin Bok）的"公司"被迫离开三发后，申请来沙捞越采矿，然后就拿到了沙捞越河左支流区域的采矿许可。三条沟提出抗议，说他们拿到的许可证授权他们在左右两支流区域采矿，而且不准其他公司在这一地区采矿。詹姆斯召集三条沟公司的领导开会，然后发现许可证的中文译本平白无故地加了这些内容。经历了两日没有结果的争论，他不得不用武力威慑迫使三条沟公司屈服。为了保住颜面，他们设法取得了一两项小的让步，例如免除上一年还没缴纳的贡赋。此后，詹姆斯与华人相安无事地过了很多年。华人源源不断地涌入定居，其中一些是从婆罗洲的其他地方来的，还有不少是从马来半岛甚至是中国来的。他欢迎他们，但设法监视他们的政治活动。[5]

达雅克人待人友好，但是辛杰（Singé）部落①中的一支趁此机会反抗詹姆斯和哈希姆。他们退回一座山顶，要降服他们必须通过持久战。最后，在1842年9月，他们的首领帕林班（Parimban）和帕图莫（Pa Tummo）被擒。哈希姆坚持要将他们刺死。詹姆斯有些苦恼，但还是认为这个处罚很有必要。[6]

他已经碰到了其统治生涯的主要问题，那就是消灭海盗。1

---

① 达雅克人中的一族。

月初，他听说桑普罗（Sanpro）和索乌（Sow）达雅克人遭到沙东和实哥郎（Skrang）达雅克人的攻击，后者是沙里夫木拉（Sherif Mullar）和沙里夫沙哈普（Sherif Sahap）这两兄弟派去的。詹姆斯正准备讨伐海盗部落，一位实哥郎酋长前来觐见，他叫马塔里（Matari，意为"太阳"）。马塔里问詹姆斯是否真的想制裁海盗和猎头活动。在得到肯定的回答后，他又可怜兮兮地问自己是否可以偶尔偷几颗头，然后继续央求"只偷一两颗"，就像学童索要苹果一样。[7] 4月，沙捞越河河口又出现了海盗活动。当时詹姆斯不在内陆城市古晋，但哈希姆派拿督天猛公去拦截海盗，克林布尔先生也同他一起。拿督和克林布尔难以说服下属去攻击这些劫掠者，但好在敌军退回了海上。詹姆斯回来后就乘船出海穷追不舍，终于在塔朗-塔朗岛附近追上他们。他费了点时间来确定他们的位置，但最后还是捉住了他们的两个头目——一个是叫贝德尔丁（Bedreddin）的本基兰，在古晋有不少亲戚，另一个是彭里玛依拉农。两人被带到古晋，哈希姆不顾詹姆斯的反对，坚持要把他们绞死，这是针对贵族的刑罚。贝德尔丁至死都在抗辩，认为自己不能因为只杀了几个华人就被处死。他的同伴则默默受死。这一段小插曲让海盗们明白沙捞越的新任统治者要动真格了。[8]

政府的日常工作很快就大致步入正轨。詹姆斯在古晋的时候，任何人都可以去他家拜访他。必要时他亲自执行审判——他就坐在他家的大厅里，两边坐着拉惹木达的兄弟们，沙捞越的拿督们则坐在桌子末端；双方当事人及其证人相对而坐。他发现不得不根据自己对涉事人员的评估来判案。人们很少说真话，但又不擅长撒谎。对同一方的证人进行单独讯问时会发现他们讲的东西差别很大。但当人们意识到詹姆斯想要对富豪和权贵执行判决时，道德水准就慢慢提高了。刑事案件相对较少。诉讼主要涉及借款、遗产继承以及土地或奴隶的所有权。[9]

财政事务不太好打理。詹姆斯不善于算术，他自己记的账或是克林布尔帮他记的账都是一团糟。他估算的地区收入有时是5000英镑，有时是6000英镑。他得用这些钱来支付行政人员的薪金报酬，负担自己的生活开支，还要维护他那两艘船。这些钱不够用，他时不时就得通过在新加坡的代理人来动用日渐减少的个人财产。他并不担心超支。他坚信这个地区拥有丰富的矿产资源和农业发展潜力。他虽然游历各处，但没有意识到大部分地区不是沼泽就是山区，没有多少空间来建造他设想的大农场和种植园。他以为金矿和锑矿是无穷无尽的，还对钻石生意寄予厚望。他听说沙捞越河上游的三塔（Santah）有个废弃的钻石矿场，便用一种比较落后的方法重新开采，还在旁边给自己搭了间小屋。这间小屋给他带来不少乐趣，但矿场却没什么收益。钻石很少而且质量差，他还被哈吉·易卜拉欣（Haji Ibrahim）骗得很惨。此人是个华人穆斯林，是他矿场的领班，这个老滑头一直深得宠信。[10]

哈希姆一直留在沙捞越是件挺尴尬的事，因为没人知道该听谁的。对詹姆斯来说，解决办法是显而易见的，那就是哈希姆应该回文莱接管那边的政府。他相信哈希姆——尽管他软弱无力又支支吾吾——是自己以及英国人真诚的朋友。但哈希姆犯愁了。在他离开文莱的那么长时间里，他的敌人本基兰尤索普和本基兰穆奈姆（Munim）在苏丹身边得势。近期又有一艘英国轮船"墨尔本勋爵号"（*Lord Melbourne*）在文莱附近海域失事，船员中的有色人种被扣留。"苏丹娜号"上的印度船员似乎一直没有被释放。詹姆斯决定前往文莱，让苏丹正式认可他的职位，也为哈希姆的回归铺路，并解救那些不幸的印度水手。

1842年7月，詹姆斯乘"保王党人号"前往文莱，同行的有哈希姆的兄弟巴德尔丁和马卡勒（Markarle）。哈希姆以为再也见不到他们了，于是含泪向他们告别。7月21日，"保王党人号"停靠在文莱河，詹姆斯派使者向城里通报自己和本基兰们到了。从次日凌晨2点起，文莱的诸位本基兰及其随从便纷纷出城拜访，他们都自称是哈希姆的朋友和支持者。巴德尔丁在那天下午上岸，他急于确保詹姆斯得到妥善的接待。次日返回时，他说接待詹姆斯和哈希姆回归的事都已安排妥当。7月25日，詹姆斯乘着满载礼物的大艇前往王宫。苏丹是个面貌丑陋、平平无奇的小个子，收到多少礼物都不满足。但他对詹姆斯极其亲切，不论是在正式的接待仪式上，还是在下一周进行的较为私密的谈话中皆是如此。詹姆斯有幸留宿王宫，但住得不舒服。苏丹为了炫耀自己的语言天赋，总是叫他"amigo sua"①，他声称自己非常希望哈希姆舅舅回来，也很乐意让詹姆斯接管沙捞越。他爽快地释放了"墨尔本勋爵号"的船员。"苏丹娜号"的3个印度船员则牵扯到一个难题，因为他们已经被卖作奴隶了。詹姆斯只得花25个银圆赎回他们。现在唯一的问题就是苏丹的贪婪。他想把詹姆斯为本基兰们准备的礼物全都据为己有，还相信"保王党人号"上藏有更多礼物。直到詹姆斯承诺会从沙捞越进贡英国商品和食物，特别是绵白糖，而且会在斋月前送到苏丹手中，苏丹才满意。詹姆斯与本

---

① 葡萄牙语，amigo意为朋友，sua意为你的、你们的，但这个词组不合语法。

基兰们打交道就没那么容易了。最有权势的本基兰穆奈姆礼貌却冷淡，还找借口不见他。尤索普更活跃，詹姆斯与他进行了坦率的交谈，虽然有些怀疑，但还是希望他能把自己当朋友。[11]

到了8月1日，所有事情都了结了。印度船员全都安全地登上了"保王党人号"。苏丹托詹姆斯给哈希姆带去一封信，信中诚恳地邀请他回到文莱。他还起草了一份文件，并加盖印章，正式任命詹姆斯为沙捞越的拉惹。詹姆斯的职位如今手续完备、不容置疑。[12]

詹姆斯对文莱没什么印象。整座城是在淤泥里打桩建起的，水位低时淤泥便发出恶臭。他估计那里的人口接近1万，但除了苏丹和本基兰们，所有人都很穷。王宫很大，但是肮脏且摇摇欲坠。只有尤索普的房屋干干净净、陈设精美。然而那里的景色十分优美，在河对岸非常适合建一座城镇。[13]

"保王党人号"最终在8月5日从文莱河起航，10天后抵达古晋。哈希姆很高兴能看到詹姆斯和两位兄弟胜利归来。8月18日，苏丹任命詹姆斯为拉惹的文件被当众宣读，在场的人被告知，要是对这个任命有异议，就得当场提出。哈希姆随后当面询问玛科塔和他的两个主要支持者是否接受。他们急忙表示听从苏丹的旨意。然后哈希姆就宣布抗旨不从的人会被劈开头骨。他的10位兄弟随即跳起战舞，把匕首指向玛科塔。幸好玛科塔一动不动，因此没有发生流血事件。[14]

然而，哈希姆花了近2年的时间才下定决心前往文莱。他虽然想要苏丹之位，但胆小怯懦，觉得待在古晋更安全。詹姆斯现在非常希望哈希姆能带走他庞大的家族。他们并不想干涉这里的政府工作，但他们的存在削弱了政府的权威。马来人一向非常尊崇王室，若詹姆斯的命令会得罪或损害哈希姆，他们便迟迟不肯服从。而且这个家族也不可能突然就抛弃贪污腐败和勾心斗角这些长期的习惯。詹姆斯不怎么需要哈希姆的兄弟们，只有他喜爱敬佩的巴德尔丁除外。但是巴德尔丁在文莱比在古晋对他更有帮助。[15]

在职位得到保障后，詹姆斯就准备从英国争取更明确的政治和财政支持。在伦敦他需要一位代理人，几番调查后，他任命了亨利·怀斯（Henry Wise）先生，此人供职于宽街（Broad Street）的梅尔维尔和怀斯公司（Melville, Wise and Co.），他精力旺盛、有进取心而且诚实，作为一位能干的商人和谈判官而受到强烈推荐。和怀斯之间的通信让詹姆斯很满意，虽然詹姆斯并不总是赞成他的方案。怀斯是个精明的实干家，不了解当地的条件和需求。但他若亲自来此地看看，便会了解这些。与此同时，他的工作有效地引起了英国政府和伦敦金融城的关注和支持。[16]

詹姆斯在1843年开年不顺。他的朋友麦肯齐病入膏肓，他的欧洲员工皆已离开，外科医生韦斯特曼刚刚退休回家。所幸"保王党人号"从新加坡带回了一位新的外科医生，名叫约翰·特雷彻（John Treacher）。这个年轻人曾跟詹姆斯一起环游西里伯斯岛，之后将与他共事多年。麦肯齐康复时，詹姆斯独自去了新加坡。距他上次离开婆罗洲已过去2年。他想跟伯纳姆先生谈谈，看看他在商界的朋友能帮上什么忙。他在那里待了3个月，从2月到5月。起初他感到挫败，在近几个月写给怀斯和约翰·坦普勒等老友的信中，他恳求官方对他的事业表示一点支持。他想让沙捞越成为英国的保护地，甚至愿意将之让予英国，只要让他担任总督就行，必要时他也可以退休。他恳求英国官方给予资金来开发沙捞越的资源。他的要求是让民众的利益和安全得到保障，并适当拨款给政府和接替他职位的"正直之人"，也给追随他的那些人一些资助或是就业机会。[17]但英国政府似乎只是稍微有点兴趣，而怀斯想建一家大的公司，詹姆斯却担心这样的公司会对沙捞越进行剥削而不是开发。他尝试了另一种方法。他在文莱时听说纳闽岛上发现了煤矿，皇家海军要是知道有这么一个与中国来往便利的加煤站肯定会很高兴。这方面进行得更顺利。他在新加坡时听说爱德华·贝尔彻爵士（Sir Edward Belcher）指挥的测量船皇家海军"萨马朗号"（Samarang）即将被派往婆罗洲海岸。[18]

4月的最后一天，有消息传到新加坡，称有一支大规模的海盗船队在婆罗洲沿海活动。当时有一支皇家海军中队驻扎在槟榔屿，驻地议员（Resident Councillor）丘奇（Church）先生派人去提醒该中队的指挥官凯帕尔上校。詹姆斯想结盟合力抗击海盗，于是亲自赶往槟榔屿。亨利·凯帕尔是阿尔伯马尔伯爵（Earl of Albemarle）的小儿子，是个有进取心、有主见的军官。他立刻就喜欢上了詹姆斯，而且马上提出要送他回古晋，并跟他一起去打击海盗。两人由此开启了终生的友谊。[19]

凯帕尔上校和詹姆斯搭乘的皇家海军"狄多号"（Dido）于5月15日抵达古晋。凯帕尔对他看到的一切都很感兴趣。他很享受正式拜见哈希姆的过程。令他佩服的是，詹姆斯只有少数欧洲人相助。其实沙捞越的欧洲人数量最近已有所增加了。怀斯没有跟詹姆斯商量，就买下并派出了另一艘船，名为"阿里尔号"（Ariel）。曾担任"保王党人号"船长的大卫·艾恩斯指挥这艘船抵达。詹姆斯并非全然满意，但船上有个年轻人是他的熟人，名叫亚瑟·克鲁克香克（Arthur Crookshank），他高兴地将之纳入麾下。他还招到了一个讨人喜欢的年轻助理，叫作鲁佩尔（Ruppell）。此外，两名商人及其办事员也从伦敦赶来帮詹姆斯处理商业事务，他们的名字分别是斯图尔德（Steward）、史密斯和梅登（Maiden）。稍后有位亨蒂希（Hentig）先生加入了他们。

欧洲人团体鲜少齐聚古晋。有些人乘船前往新加坡，售卖锑和其他本地产品，并购入欧洲商品。为此，詹姆斯最近把"雨燕号"换成条件更好的"朱莉娅号"（*Julia*）。其他人可能是在内地监管矿场或是确保达雅克人的福利。詹姆斯很信任他那些奔走各地的官员。凯帕尔到的时候就只见到了特雷彻医生、威廉森和年轻的布卢姆菲尔德·道格拉斯，还有两个很能干的退休海员，一个是军械师，另一个叫查理（Charlie）的则担任管家兼勤杂工。[20]

凯帕尔和詹姆斯都急于对付海盗。他们从新加坡过来的途中曾偶遇海盗船。一艘快艇随后便从伦敦带来了邮件。凯帕尔觉得理应派人去跟这艘船会合，但他自己的舰载艇正在维修。詹姆斯最近在当地造了艘汽艇，叫"快乐单身汉号"（*Jolly Bachelor*），他在船上装备了大炮。"狄多号"的亨特中尉借来了这艘船，乘着它顺流而下。那天夜里，海盗误以为这是艘本地的船，便突然袭击了它。最终他们被击退，其首领被杀死，而这艘汽艇被安全护送到古晋。显然，海盗并非本地人臆造出来的。

凯帕尔在古晋待了几天后，拉惹木达哈希姆给他寄去一封正式的信函，恳请他帮忙对付萨里巴河跟实哥郎河一带的海盗。凯帕尔的职责可能是镇压公海的海盗，也就是依拉农人。但是，正如信中所述，这些达雅克部落无疑在干海盗的营生。他们不愿效忠文莱或是任何一方，还破坏了沿海的商业活动。可能是詹姆斯鼓励哈希姆写了这封信,他极力说服凯帕尔应下,并提出要跟他一起去。他认为攻打海盗部落的老巢是降服他们的唯一途径。

听闻他们即将发起征讨,实哥郎和萨里巴的达雅克人准备抵抗。但与古晋距离更近的许多有前科的部落立刻保证以后会好好表现。玛科塔趁此机会悄悄逃离古晋,去拜访他的朋友——沙东的沙里夫沙哈普,此人答应释放仍关在他手里的索乌达雅克人,并送给凯帕尔两支漂亮的长矛和一头豪猪,而且在他和詹姆斯路经此地时会设宴招待他们。古晋的马来酋长听闻詹姆斯也要加入远征军时惊恐不已。他们求他留下,但只是徒劳。

这第一场战役为后续的多场战役树立了榜样。这是一支混合队伍。"狄多号"贡献了舰载艇、两艘小汽艇和一艘轻便快艇,再加上"快乐单身汉号",这些船上共配有约80人。沙捞越的达雅克人提供了两艘船,文莱的马来人装载了另一艘船。还有些来自古晋,由马来人操纵的小船,和载有约400人的达雅克船。整支队伍将近700人。凯帕尔和詹姆斯搭乘另一艘轻便快艇跟在后面,而第3艘快艇由贡内利(Gunnell)中尉指挥,负责维护这支小舰队内的沟通和纪律。特雷彻医生和鲁佩尔先生与他同行。这支远征军于6月4日从古晋出发,向萨里巴河河口驶去。

此行的目标是萨里巴地区的3座设防村庄,即干流边上的帕第(Paddi)以及支流上游的砂南坡(Paku)和仁木巴斯(Rembas)。雨下个不停,河上每日都会出现危险的潮涌。在两岸的沼泽地中稍微结实点的地方,部落成员成群结队地冲下山坡,呐喊着向路过的船只猛掷长矛。这期间出现了一次严重险情,远征军队伍的尾部似乎受袭了。但打前阵的是林牙(Lingga)达雅克人,他们长期与萨里巴人不和,是来帮助远征军的。他们没有多大用处，因为他们更喜欢打劫而非战斗。最后，他们抵达了帕第，一间长屋坐落在支流与干流的交汇处。长屋有栅栏围挡，交汇处的下方则有一个横跨在河上的障碍物。萨里巴人坚守着这一障碍物，导致几人伤亡。遭到强攻后，他们就逃进了丛林。于是远征军轻松拿下了帕第，将其付之一炬，然后队伍又退回去沿着支流前往砂南坡和仁木巴斯。敌军趁他们涉过浅滩的时候发起袭击，但徒劳无功。次日，帕第的首领派人来请求停战。詹姆斯接见了他们，并警告称除非他们不再做海盗，否则就把他们的房子再烧一遍，林牙达雅克人也会去踩躏他们。他们同意改变自己的谋生方式，但是不能担保砂南坡和仁木巴斯也会如此。这支小舰队接着前往砂南坡，此地投降后，居民收到了同样的警告。仁木巴斯抵抗得比较顽强，但远征军没付出什么代价就将其攻克，然后又进行了劫掠和焚烧，居民则逃进了丛林。他们次日也派人议和，并保证遵守规矩。远征军大获全胜，返回古晋。他们的胜利激动人心。牺牲的人数极少。虽然敌军村落被毁，但是达雅克妇女儿童均未受伤。詹姆斯的声望尤其高，因为达雅克人都认为是他止住了涌潮，在最关键的几天里，涌潮从没有这么小过。

凯帕尔想跟詹姆斯一起继续出征，但他很快就收到命令，要将"狄多号"开往中国站（China Station）。他和詹姆斯遗憾分别，后来他们的友情持续终生。[21]

詹姆斯跟下一位访客就没那么合得来了。凯帕尔离开3周后，皇家海军"萨马朗号"在爱德华·贝尔彻爵士的指挥下抵达古晋。他过来是为了就婆罗洲的情况向官方报告，詹姆斯急于给他留下好印象，但他不为所动。另一方面，有些年轻船员被詹姆斯和他那传奇般的经历吸引。其中一位海军军校学生弗兰克·马里亚特

（Frank Marryat）是《马斯特曼·雷迪》（*Masterman Ready*）作者的儿子，他用生动的笔触和专业的画工形象描绘了当时欧洲人在古晋的生活。他有足够的时间进行观察，因为"萨马朗号"正沿河行驶，准备送贝尔彻和詹姆斯去视察文莱和婆罗洲海岸的时候，在离城一英里处触礁了。当时河水退潮，船向右舷侧翻并很快就灌满了水。船员只能先放弃这艘船，之后再打捞。詹姆斯让军官住在自己家里，并找房子安顿海军军校学生、军士以及船员。他盛情款待他们，并安排他们深入考察这一地区。因此船被捞起来的时候，军校学生们反而一点也不高兴。[22]

詹姆斯已经不住在哈希姆于1841年匆匆为他建造的房子里了。那座房子离拉惹木达在城里的宫殿很近。"狄多号"一离开，他就搬到了河左岸的一栋更大的房子里，玛科塔的房子也在这边。他家里有个用作会客室和餐厅的大厅，出了大厅是几个小房间，供仆人和访客居住。在一边还有他自己的套房，包括卧室、起居室、书房以及下面的浴室。这座房子是用木头建的，让到访者想起瑞士的农舍。房子四周环绕着3间木屋，其中一间是主屋的附属建筑，另一间住着翻译员威廉森，还有一间住着商人亨蒂希。特雷彻医生和鲁佩尔先生一起住在河对岸的一座大房子里。这些欧洲人仿佛过着集体生活。早上7点，他们在詹姆斯家一起吃早餐，日落时又一起吃晚餐。詹姆斯是个真诚而周到的主人，其居所的舒适感和好品味让到访者钦佩不已。[23]

"萨马朗号"是被当地人捞起的，但失事后新加坡曾派船来营救。这艘船最终在8月23日驶离古晋，它又撞上了同一块石头，但损失不大，为其保驾护航的有英国皇家海军的两艘双桅帆船"哈乐昆号"（*Harlequin*）和"漫游者号"（*Wanderer*），东印度公司的两艘轮船"戴安娜号"和"雌狐号"（Vixen），以及"保王党人号"和"阿里尔号"。这支浩浩荡荡的船队在6天后抵达文莱近海。苏丹看到那么多艘船后惊叹不已。他极有礼貌地接待了詹姆斯和贝尔彻，并庄严宣布将沙捞越永久授予詹姆斯及其继承者。他恳求让舅舅哈希姆回到他身边。他以书面形式承诺会打击海盗，并将开放港口，让英国人来做生意。

詹姆斯应该对此次任务感到满意，只有一件事是例外。贝尔彻觉得文莱没什么了不起的，操心它的未来简直愚蠢。詹姆斯劝他，现在就应该催文莱政府把纳闽岛或对面海岸的麻拉（Muara）海角割让给英国，但他毫无兴趣。几天后，他亲眼见到了纳闽岛也没有改变主意。他短暂一瞥，就认定那里没多少煤，然后继续航行。天花正在文莱境内肆虐，他想要躲远点。[24]

詹姆斯回到古晋后不久，就知道贝尔彻在报告里写了什么。这让他大发雷霆。贝尔彻声称纳闽岛上的煤炭开采不了，建议不要动它。而且，他称文莱苏丹为野蛮人。詹姆斯虽然觉得苏丹是个不靠谱的笨蛋，但是听到有人说这个延续了300年的王朝野蛮还是勃然大怒。[25] 同时，怀斯一直要求成立个大公司来对婆罗洲进行开发，这让詹姆斯心烦意乱。[26] 若不是放眼望去能看到沙捞越日益繁荣，看到这里的达雅克人"确实挺胖而且一脸幸福"，他恐怕早就陷入了抑郁消沉之中。结果他在圣诞节期间突然发烧，并在1月前往新加坡休养。在那里，他听闻母亲去世，又遭打击。他很爱自己的母亲，总是写信向她倾诉自己的计划、志向和烦恼，却不清楚母亲的病情。这对他是一个沉重的打击。[27]

为了转移注意力，他决定去槟榔屿看看，他曾听说那里的舰队各部由海军上将威廉·帕克爵士（Sir William Parker）指挥。帕克非常友善。他很赞赏凯帕尔抗击海盗时表现出的积极性。他自己也打算派军队去抗击苏门答腊的海盗,并邀请詹姆斯加入。詹姆斯欣然同意。苏门答腊的海盗是马来人,比达雅克人更强悍。在穆尔都(Murdu)的大本营失守前,他们奋战了5个小时,而在猛攻围栏的过程中,詹姆斯的眉毛被划伤,一只胳膊中弹。这些英国水手很敬佩他的勇敢,但战斗结束后,他在新加坡与凯帕尔见面时却受到严厉指责,说他的职责是管理沙捞越,而不是去苏门答腊以身犯险。[28]

他很高兴见到凯帕尔,后者希望与他一起乘船前往古晋。但是"狄多号"得先去加尔各答。詹姆斯刚把"保王党人号"卖了,他让新的纵帆船"朱莉娅号"先走,自己想跟凯帕尔一起走,结果因此滞留新加坡,直到5月,黑斯廷斯(Hastings)上校指挥的英国皇家海军"哈乐昆号"奉命来送他回家。他是该回去了。他在1月离开时,沙东的沙里夫沙哈普受来访的玛科塔怂恿,造了大概200艘船。现在,他凭借手下的马来人和达雅克人,及其兄弟木拉手下的实哥郎达雅克人,劫掠和封锁了沙捞越的整个沿海地带。他不敢攻击"哈乐昆号",这艘船把詹姆斯安全送回都城。虽然詹姆斯请求与黑斯廷斯上校临时合作讨伐沙东,但后者拒绝违背立即返程的命令。詹姆斯只能等"狄多号"7月到来。同时他尽力阻止劫掠,但成效不大。"狄多号"的到来受到热烈欢迎,因为船上有个海军候补军官是詹姆斯的外甥查尔斯·约翰逊。东印度公司的轮船"地狱火河号"(*Phlegethon*)也于几天后抵达。

沙哈普的大本营在卢帕河上游的普图三(Putusan),与现在的城镇成邦江(Simanggang)相距不远。木拉住在乌杜普(Undup)河边,这条河在上游15英里处汇入卢帕河。8月5日,

"狄多号""地狱火河号"以及"快乐单身汉号"和一支小型马来舰队从古晋出发。哈希姆的兄弟巴德尔丁坚持要一同出征,让马来人大感意外。他们难得看见王室子孙主动参战。沙哈普没想到攻击来得这么快。普图三的防御还不完善,经受短暂的攻击后就失守了,随后它被烧毁。参战的达雅克人很高兴能在那里收集到大量的人头。接着,沙哈普位于上游2英里处的住所被烧,玛科塔在附近的住宅亦是如此。两人的房子都装饰华美,而且在玛科塔的家里,詹姆斯认出了自己送给他的不少礼物。沙哈普和玛科塔逃往乌杜普河上游。尽管木拉在河上设了障碍,凯帕尔的船只还是强行通过了。乌杜普的定居点和上游的一处营地皆被摧毁。附近发生了一场小规模的战斗,"狄多号"的韦德(Wade)上尉牺牲了,而他们也无法继续前进了。远征军就此撤退,任由沙哈普、木拉和玛科塔躲藏在丛林之中。随后又有一支小型远征军奉命向实哥郎河上游进发,这条河比乌杜普河更早汇入卢帕河。远征军由拿督巴丁宜阿里领导,商人斯图尔德先生也违令加入进来。此行不太成功。拿督的船遭遇伏击,他和斯图尔德以及他们的大部分同伴都被杀死了。

最终,这支队伍有近30人丧命,60人受伤,他们回到古晋时,詹姆斯一行听说沙哈普和玛科塔去向林牙的沙里夫贾法尔(Sherif Jafar)求助了,于是急忙派船过去。沙哈普及时逃脱,流亡到荷属婆罗洲的坤甸,不久便死在那里。木拉也逃了,但流亡多年后还是在家乡死去。玛科塔被捕又获释,被允许返回文莱。詹姆斯和哈希姆都不打算处决他。此役令当地人信服。不久,实哥郎和萨里巴的达雅克人派了一位名叫林奇(Linggir)的首领去古晋投诚。他们保证以后会安分些,并信守了近一年的承诺。[29]

这支小型舰队返航时遇到了皇家海军"萨马朗号"。爱德华·贝尔彻爵士比以前更友好了，而且很遗憾没来得及参战。他希望能帮到詹姆斯。由于"狄多号"要奉命回英格兰，詹姆斯便让他帮忙把拉惹木达哈希姆及其亲属送到文莱。哈希姆最终鼓足勇气离开了沙捞越，而詹姆斯也非常希望他走，这既是为了让自己的地位更稳固，也是为了在苏丹的宫廷里有个有权势的朋友。"萨马朗号"去了一趟新加坡，又在10月回到古晋。贝尔彻受印度政府之托去调查一桩传闻，据说有位欧洲贵妇被囚禁在安邦（Ambong）。这项任务正好与他的文莱之行顺路，于是他搭乘"萨马朗号"出发，并让"地狱火河号"随行，两艘船运送哈希姆和他的兄弟们，外加各家妻妾、亲戚和侍从，以及詹姆斯和他的一些手下。苏丹犹豫了一阵，还是友好地接待了他们。哈希姆在朝中的敌人穆奈姆和尤索普声称愿意承认哈希姆的权威。詹姆斯将他留在那里，他虽然觉得满意，但对未来不太乐观。詹姆斯劝贝尔彻再去一次纳闽岛，发现他不像之前那么消极了。于是他们一同继续前往安邦，这是婆罗洲北部沿海的一个破败村落，当地没人听说有欧洲贵妇被关在这里。詹姆斯返回古晋时心情舒畅了不少。[30]

他现在觉得自己在沙捞越至高无上。每个人都把他看作无可争辩的拉惹，而且也没人再背着他跟哈希姆密谋了。接下来的几个月里，他基本上都在巡视自己的领地，空闲时就撰写与海盗有关的论文，以供英国当局参考。但他对自己在英国方面的地位感到担忧。他想获得官方支持，想得到某种正式官职，并希望英国承诺会关注婆罗洲。驻扎在东方的皇家海军事实上已经认可他了，但这还不够。他在伦敦的代理人怀斯和约翰·坦普勒不断在首相罗伯特·皮尔爵士（Sir Robert Peel）和其他有权有势的社会名流面前提他的事情。但在身处沙捞越的詹姆斯看来，他们都谨慎得令人发笑。政府想弄清楚岛上资源的情况，所需的详细统计数据他又拿不出。但最主要的问题，也就是英国是否要利用这个良机让本国的势力和贸易进入婆罗洲，仍悬而未决。[31]

事实上，伦敦发生的事情比詹姆斯知道的要多。海军的报告中频繁提及他的名字。坦普勒和怀斯的努力正取得成效。1845年2月，贝休恩（Bethune）上校指挥的皇家海军"驱动者号"（Driver）载着怀斯抵达古晋。他们带来了阿伯丁勋爵（Lord Aberdeen）①的一封快件，任命詹姆斯为女王陛下派驻婆罗洲的密使。这份任命书措辞委婉，它确实给了詹姆斯一个官方身份，但其确切含义晦涩不明。贝休恩也带来了英国政府给文莱苏丹的一封信，信中表示想要与他合作抗击海盗。詹姆斯与贝休恩一起把这封信送到文莱。苏丹客气地接过信，哈希姆也很是激动。如今在婆罗洲近海活动的海盗首领是个叫奥斯曼（Osman）的沙里夫。这个冒险家已经成了一伙依拉农海盗的头目，他们的据点设在马鲁杜湾。他跟哈希姆的头号敌人尤索普取得联系。两人都发誓要消灭英国在婆罗洲的势力。奥斯曼公然立誓要杀掉拉惹詹姆斯。哈希姆看起来神清气爽，但他有很多兄弟并不高兴。他们苦苦哀求，希望可以回到安全的沙捞越。[32]

詹姆斯和贝休恩、怀斯一起离开文莱前往纳闽岛，贝休恩答应妥善解决此事，接着他们前往新加坡。在与怀斯交谈的过程中，他希望怀斯明白耐心的重要性，在婆罗洲一夜暴富是不可能也不

---

① 时任英国外交大臣。

可取的。詹姆斯的构想更多是为当地人谋福祉，而不是为自己、怀斯或是哪家伦敦企业谋私利。[33]

远东舰队司令官、海军上将托马斯·科克伦爵士（Sir Thomas Cochrane）当时正在马六甲，詹姆斯急忙赶去见他。他认同詹姆斯对海盗的看法，并承诺跟他一起征讨马鲁杜湾的海盗。詹姆斯搭乘"地狱火河号"返回文莱。他们发现美国护卫舰"宪法号"（Constitution）刚刚造访该城镇，想跟苏丹签订友好条约，以换取这片土地上的独家贸易权和采煤权。幸好，美国人找的那个翻译是个因醉酒而被詹姆斯解雇的仆人。他夸大了他们的要求，导致那些要求立马被拒。要是他将那些条款据实以告，苏丹可能会不顾哈希姆的反对而答应下来。7月底，詹姆斯和贝休恩在马六甲与海军上将会合，并护送他前往文莱。

他们带着7艘船抵达文莱。这位海军上将首先要求释放据说被关押在这里的两个英国国民——印度水手。苏丹责怪尤索普扣押这些人，而尤索普拒绝出面回应指控。海军上将下令炮轰他家屋顶。尤索普开火还击，随后又改变主意，逃离了城市。他的家被占领，那两个被关押的人获释。然后这支舰队继续前进，去马鲁杜湾攻打沙里夫奥斯曼。

舰队于8月18日驶入马鲁杜湾，于是奥斯曼派出一位特使，特使特地请求与詹姆斯议和，但他提出的条件令人无法接受。次日清晨，舰队派出24艘船，载着约550名水兵和陆战队员逆流而上，奥斯曼的堡垒就建在这条小河边。在接下来的激战中，这座堡垒受到猛烈攻击，敌人四散而逃。英军有6人死亡，17人受伤，而敌军的伤亡达数百人。奥斯曼本人受了致命伤，几天后死在了丛林里。

他们中途去了趟巴兰邦岸岛——詹姆斯和贝休恩都觉得纳闽岛比这地方更适合建定居点，然后这支舰队就返回了文莱。他们发现他们不在的这段时间里，尤索普企图占领这座城，但是被巴德尔丁领导的军队击败。尤索普已逃往他位于文莱湾对岸基马尼斯的领地。苏丹在哈希姆的请求下命令当地首领把尤索普勒死。詹姆斯回到古晋时心情大好。马鲁杜湾的海盗已被剿灭。哈希姆在文莱的头号敌人死了。贝休恩上校准备给伦敦写份报告，建议兼并纳闽岛并在上面殖民。[34]

1845年的冬天，詹姆斯过得很开心。古晋的规模已变成他刚来时的4倍。贸易开始扩大。锑和金子——但数量还是让人失望——得以出口，外销的还有蜂蜡和燕窝，而且达雅克人也拿到了应得的利润。进口产品卖得很好，尤其是在哈希姆和他的族人离开之后。在那之前，买家总是担心自己新买来的东西会被某个马来王公觊觎并没收了去。詹姆斯骄傲地说自己在一天之内卖出了400打白瓷盘，次日又卖出500打。多亏了来此的商人，商业活动如今井然有序，账目也得到了更妥善的记录。詹姆斯不必再耗费自己的财产。他时不时去探访陆地达雅克村落，或是去三塔看看自己的小屋。新年那天有盛大的独木舟比赛。当时出现了一些有趣的插曲，例如他受邀审理关于一只鳄鱼的案子，这只鳄鱼因吃了一个人而被捕。这只只是按照自己的天性行事的王家异兽应该被处死吗？还有些事十分惊险，例如萨里巴首领林奇突然带着80个全副武装的人在晚饭时间闯入詹姆斯家，显然是想在这群人起身离桌时杀了他们。詹姆斯用英语小声吩咐仆人赶快把拿督们召来。很快，拿督天猛公就带来了30个人，拿督班达尔也带着80人赶到。林奇看见自己败下阵来，就溜回家了。他来到河边时公然宣称早晚要取拉惹的首级，还展示了他用来装首级的篮子。

另一个不速之客是玛科塔。他突然现身古晋，问詹姆斯借钱——2000雷亚尔（real）[①]，或者1000，甚至是100、50、5雷亚尔也行。詹姆斯冷漠回绝，但性情更和善的鲁佩尔先生借给了他3雷亚尔。[35]

詹姆斯把自己自初到东方以来就断断续续写的日记拿给凯帕尔上校，凯帕尔决定摘取一些内容，加到描述"狄多号"功绩的一本书中。此书于1846年初面世。詹姆斯很高兴，但也担心这本书的反响，尤其是怀斯提醒说这本书于他弊大于利的时候。从长远来看，怀斯可能是对的。但在当时这本书受到了大众的喜爱，它几乎同时出了3个版本。詹姆斯起初是个名不见经传的东方殖民者，皇家海军之外鲜少有人听过他的名字，现在他迅速变成了一位民族英雄。[36]但他还来不及陶醉于自己最近赢得的声誉，便被文莱传来的坏消息分去了心神。

令他遗憾的是，科克伦上将无法留下一艘船来警戒婆罗洲海岸。2月，实哥郎海盗再次兴起，劫掠了几座平静的村庄，还抢走了几艘船。詹姆斯希望芒迪上校能率领皇家海军"艾丽斯号"（Iris）过来帮助他惩治海盗。但"艾丽斯号"接到命令要先前往印度。4月，科克伦派皇家海军"哈泽德号"（Hazard）来探查婆罗洲的事情进行得如何。这艘船直接驶向文莱，但在即将进入海湾时，有个年轻人划着独木舟来阻拦。他恳求船长不要往前走了，因为有人叛变，船长应该马上前往古晋，去见那位白人拉惹，自己有个消息要给拉惹。船长信了，于是"哈泽德号"前往古

[①] 旧时葡萄牙和巴西的货币单位。

晋。在那里，这个男孩——他是巴德尔丁的一个侍从——说出了实情。科克伦和詹姆斯离开文莱后不久，苏丹便受制于他名义上的儿子哈希姆·贾拉勒（Hashim Jelal）——众所周知此人不是他的儿子，而且还娶了尤索普的女儿，而他又受制于一个名叫哈吉·西曼（Haji Seman）的冒险家。西曼利用苏丹对哈希姆——上一次英国人来访后，他便被封为苏丹木达（Sultan Muda），也就是法定的继承人——的妒忌，最终获准发动政变。一天夜里，在苏丹的默许下，武装分子攻击了哈希姆、巴德尔丁及其所有兄弟的住宅，并闯了进去。王子们大多被当场杀害。巴德尔丁曾暂时击退入侵者，但最终还是绝望地用一小桶火药把自己连同妹妹和其中一个妻子炸死了。只有奴隶贾斯帕（Jaspar）逃了出来，把他的遗言带给了皇家海军"哈泽德号"。哈希姆在受了伤的情况下逃到河对岸。他想通过谈判留得一命，但是失败了，他也想把自己炸死，但没成功，只是加重了自己的伤势。于是他举枪自杀了。

关于此次悲剧的第一波传到新加坡的传言说苏丹的军队正在进攻古晋。此事传到印度后，"艾丽斯号"的芒迪上校获准即刻起航前往东方。新加坡总督已经派"地狱火河号"前往沙捞越，船上的詹姆斯借机巡视了海岸，发现文莱的新政权并没有获得多少大众支持。6月，科克伦上将率领由7艘船组成的小型舰队抵达沙捞越河河口附近，其中就有"艾丽斯号"。科克伦上将和芒迪上校一起去古晋见詹姆斯，并从奴隶贾斯帕口中得知了这场屠杀的真相。芒迪跟很多水手一样非常迷恋詹姆斯，后来对凯帕尔的版本中未收录的詹姆斯日记内容进行了编辑。次日，整支舰队启程前往文莱。他们停靠在拉让河，而詹姆斯、科克伦和芒迪一起乘坐"地狱火河号"溯游而上，来到卡诺维特（Kanowit）。萨里巴的海上达雅克人最近朝拉让河上游扩散，并将之作为海盗活动的据点。这支队伍突然出现，让他们感到畏怯。他们一开始急忙拿起武器，但发现自己未受攻击时，便立即向这些英国人示好。7月6日，舰队停靠在文莱湾入口处的麻拉。在那里，科克伦收到苏丹的一封信，信是两个穿着本基兰装束的下等侍臣送来的。奥马尔·阿里抱怨皇家海军"哈泽德号"未能如约于2月抵达文莱。他表示会接待科克伦，但后者只能带两艘小船过来。科克伦没有掉进这个愚蠢的陷阱。7月8日，舰队中的小船和"地狱火河号"一起向上游的城市行进。河流的每个转弯处都设有炮台，可以开火射击。"地狱火河号"吃水线以下的部分遇袭受损，但此外没别的伤。他们抵达文莱的时候，苏丹和朝臣已经带着一大批人逃走了。他们最后发现了两个本基兰。一个是哈希姆的兄弟穆罕默德，他在那次屠杀中伤得很重，但是逃过一劫，并与苏丹讲和；另一个是哈希姆的妹夫穆奈姆，此人虽不是他的朋友，但也不喜欢新的政权。他们证实了政变的情况。科克伦捣毁了要塞，并发布公告，请苏丹及其臣民回来，承诺不会伤及任何人的性命。不久城里又填满了人，但苏丹仍躲在丛林里。一支队伍追了他近30英里，但无功而返。

几天后，这支舰队继续前往马鲁杜湾。那里的依拉农海盗趁着文莱政变再度活跃起来。他们在几周前摧毁了安邦的村子。舰队前去攻打他们，烧了他们在海湾现有的两个据点，即坦帕苏克（Tampassuk）和盆达三（Pendassan）。海盗们进行了几番商讨后逃进了丛林。少数人被抓住了，一些被从菲律宾救出的西班牙俘虏指认了他们。

皇家海军"哈泽德号"和"地狱火河号"留下守卫文莱。听闻哈吉·西曼住在离基马尼斯不远的一座房子里,"地狱火河号"便向那里驶去,不久,詹姆斯乘坐的"艾丽斯号"也与它会合。经过一阵短暂的战斗,他们占领了西曼的房屋。屋外的花园布置得很漂亮,由华人囚犯打理,但屋内却堆积了大量的人头。西曼逃走了。再回到文莱的时候,詹姆斯劝流亡在外的苏丹回来。奥马尔·阿里既害怕又愧疚。他被迫在被杀害的叔伯墓前忏悔,还给维多利亚女王写了一封低声下气的道歉信。他确认了詹姆斯对沙捞越的所有权,把主权交给他,也不要求他纳贡,而且还把整个地区的采矿权都给了他。詹姆斯尴尬地接受了,他知道自己随时可以把这些权利移交给英国政府。穆奈姆被派去管理文莱政府,因为穆罕默德的经历暴露了他的愚蠢。穆奈姆也没好到哪里去。他在年轻时相当活跃,但现在上了年纪,而且他跟大多数亲戚一样优柔寡断又好逸恶劳。詹姆斯随后返回古晋。但在接下来的几个月里,芒迪上校多次造访文莱,以确保一切正常。12月,英国的新任外交大臣帕默斯顿勋爵(Lord Palmerston)发布授权书,将纳闽岛并入大英帝国。芒迪上校告诉苏丹,这是为取得女王原谅而付出的代价。其间出现了一些争执,因为苏丹的幕僚们认为英国应该给文莱一些钱,作为割让纳闽岛的补偿。但芒迪暗示科克伦上将就在附近,要是烧了苏丹的新宫殿就可惜了。于是苏丹屈服了,甚至说若是需要的话,他可以亲自来纳闽岛参加交接仪式,不过他希望可以不来,因为他容易晕船。最终他获准不出席。12月24日,芒迪在岛上升起英国国旗,随后举办宴会,本基兰穆奈姆是主宾。英国和文莱签署了一份条约,确认割让这块领土,并让英国负责镇压婆罗洲北部沿海的海盗。次年5月,英国政府增补了该条约，他们让詹姆斯去签署另一份条约，内容是保证会保护文莱领土。作为交换，未经英国政府同意，文莱不能将领土让与英国之外的任何势力或个人。[37]

这一年对詹姆斯而言是悲伤的一年，哈希姆的离世让他悲痛不已，巴德尔丁的离世更是如此。但这一年似乎也有好事。英国人最终采纳了他针对纳闽岛的建议，并因此保证会密切关注文莱。圣诞前夕，他渡海来到新加坡，与即将回国的科克伦上将告别，并与其继任者英格费尔德（Inglefield）少将见面。他在那里收到文莱苏丹的消息，说哈吉·西曼已经被捕。他回信说不妨饶其一命。他认为西曼已经构不成威胁。5月，他借来东印度公司的轮船"复仇女神号"（Nemesis），准备再次去打击海盗，这次的目标是巴拉尼尼人（Balaninis），他们在婆罗洲沿海活动。荷兰当局已经提醒新加坡注意这些人的活动。他在麻拉附近海域追上了他们，抓获了他们的3艘船，还释放了近百名俘虏。去文莱签署了新的条约后，他在6月回到古晋。在那里，一切都显得井然有序、平静无波。他面临的主要问题是安置哈希姆及其兄弟的妻儿，这些人被他从文莱接了过来。7月，他把行政管理工作交给亚瑟·克鲁克香克，自己则回新加坡赶上去英格兰的邮船。[38]

他在10月2日抵达南安普敦，并开心地见到了阔别7年的家人和朋友。他发现自己成了大众英雄，这同样让他很开心——虽然他不太愿意承认。[39]凯帕尔的书大获成功，让他的名字和成就广为人知。英国政府对他很友好。英国外交部在过去的18个月里被荷兰外交部针对他而提出的抗议搞得很恼火。1845年12月，荷兰人抗议称"布鲁克先生"在婆罗洲定居得到了英国的默许，这违反了1824年的条约。阿伯丁勋爵回应称布鲁克先生是以合法、公开的方式取得土地所有权的，而且他致力于镇压海盗、传播文明。他可能妨碍了荷兰人在他所管辖的地区扩张势力，但这是唯一可控告他的地方。英国并没有默许这种不正当的事情，而英国人在那些海域开展的活动就只有完全合法的抗击海盗行为。他们还给出了一份海盗名单。荷兰外交大臣 M. 德德尔斯（M. Dedels）回应说抗击海盗的行为令人敬佩，要是请荷兰人参与就更礼貌了。但是在婆罗洲内陆建立英国定居点违反了1824年的条约，因为这必然会引发持续的冲突。要是文莱苏丹（他确实有权自行处置自己的领土）只是短暂地把土地租给布鲁克先生，那自然没有问题，特别是布鲁克先生还表现得很出色。但是把这个地方永久地送给他又是另一回事了。阿伯丁勋爵的回复很强硬。他的顾问在1824年的条约中没找到哪一条说不允许英国国民在婆罗洲北部沿海，即赤道以北地区定居。这份条约并没有赋予荷兰管控整个婆罗洲的权利，而且他不明白为什么布鲁克先生定居在那里就一定会引发冲突。英国政府肯定会采取预防措施避免冲突。他最后还恶毒地奚落道：若想终止妒忌和纠纷，那么他要问，"若荷兰政府在东方海域实行的政策更符合当代商业精神、更符合其他国家的习俗，是不是就更容易实现这个目标"。[40]

因此，詹姆斯能感觉到他背后有英国外交部的支持。他不太需要这样的保障。抵达3周后，女王邀请他到温莎城堡住一晚。女王和阿尔伯特亲王都极其真诚地与他交谈，亲王问了他很多深挖细究的问题。宾客中还有罗伯特爵士和皮尔夫人，而且罗伯特爵士特别友善。[41]

接着，他在市政厅为他举办的盛宴中获得伦敦金融城荣誉市民称号，不久之后又获得金匠公会和渔业公会的荣誉成员称号。

包括雅典娜俱乐部（Athenaeum）和三军会（United Services）在内的很多社团都邀他担任荣誉会员。牛津大学授予他法学荣誉博士学位。就连他之前的学校——他曾经从这所学校逃走，而且学校还不让他回来——现在都为他办了场晚宴。政府也正式认可了他的工作，任命他为纳闽岛总督兼婆罗洲总领事，年薪高达2000英镑。女王还高兴地授予他爵级巴斯勋章。[42]

这可能是詹姆斯一生中最快乐的日子。他情不自禁地享受所获得的荣誉，在参加典礼的间隙，他还有时间去看看亲人和朋友，其中既有约翰·坦普勒这样的老朋友，又有凯帕尔这样的新朋友。他继续与伯德特-库茨小姐交往，而且发现她对自己的工作很感兴趣。他最喜欢跟年轻人打交道。在牛津参加校庆的时候，他频频溜出去见大学生朋友们。他在海军军校学生中有很多朋友，是他在海军圈子里结识的。他一直在留心寻找想到婆罗洲工作的年轻有为之士。现在他有一个独立国家可以传承，他需要一个继承人。大约就在这个时候，他向姐姐艾玛和她的丈夫提出，要把他们的长子约翰·布鲁克·约翰逊培养成自己的继承人。[43]

宗教也是个问题。虽然他自己的宗教观并非正统，但他始终认为达雅克人应接受基督教的福音，只要不干涉信仰伊斯兰教的马来人就行了。他已有朋友想去沙捞越传教。1847年11月，一场大会在伦敦召开，温彻斯特主教主持会议，詹姆斯在会上发言，他描述了达雅克人的生活，并为传教活动募捐。阿德莱德王后（Queen Adelaide）①带头响应，捐出50英镑。基督教知识协会

---

① 英国国王威廉四世之妻，维多利亚女王的伯母。

（Christian Knowledge Society）①和海外福音宣道会（Society for the Propagation of the Gospel in Foreign Parts）给予资助。最后他募集到了足够的钱来开展传教活动，可以办个四五年。为监管资金而设立的委员会选择让牧师弗朗西斯·麦克杜格尔（Francis McDougall）来领导传教活动。他之前是个医生，接受圣职是因为他的意中人哈丽雅特·班永（Harriette Bunyon）小姐曾发誓自己非牧师不嫁。他也在汉诺威广场大厅召开的会议上讲过话。据说他说话的语气"让布鲁克叹气"，但人们希望他到了婆罗洲会更为宽容。他和夫人在1847年12月30日启程前往古晋，并带了一个小孩和一个助手W. B. 赖特（W. B. Wright）牧师。他们从新加坡搭乘"朱莉娅号"，在6月29日抵达古晋，拉惹詹姆斯随后到达。[44]

詹姆斯此次出访非常成功。但他仍担心两件事。第一件事是，他跟怀斯先生相处得不是很好。怀斯认为，不去利用大家现在的兴趣和热情实在是很愚蠢。他希望创办一个大型股份公司，并在其中占有一半股份。这家公司会从拉惹手里买下沙捞越，但还是让拉惹进行管理，利润共享。这个地区会得到适当开发，给所有人带来经济利益。他不明白拉惹为什么不喜欢这个方案。詹姆斯绝对不允许任何人利用沙捞越人民赚钱，考虑到这一点，他想要的经济支持确实不容易拿到。最终詹姆斯允许怀斯开公司，同意给他在沙捞越和纳闽岛的独家贸易特许权，条件是该公司要募集到3万英镑。怀斯只能同意，但他愤愤不平，而且他不满的理由

---

① 该组织具体信息不明，疑似为基督教知识促进会（Society for Promoting Christian Knowledge）。

还不止这些。詹姆斯写给约翰·坦普勒的信常常难以看懂，于是坦普勒办事处的一个有事业心的职员就把部分信件拿给怀斯看，希望他能辨认出一些模糊不清的名字和日期，但这个职员不知道，信中有些内容表达了詹姆斯对怀斯日渐增长的怀疑和厌恶。怀斯表面上仍然亲切友好，却开始在亲信面前攻讦詹姆斯。[45]

詹姆斯担心的第二件事是，虽然他现在是纳闽岛总督兼婆罗洲总领事，但英国政府尚未确定他在沙捞越的地位。他未被承认为拉惹和一个独立国家的统治者。他请求让沙捞越成为英国保护地，但此事被搁置了。他似乎得到了非官方的认可，但这无法保障沙捞越的未来。他死后该怎么办？英国政府的犹豫是情有可原的。判定一个获得外国领土统治权的英国公民的法律地位本就很难，而且英国要考虑世界整体局势，他们真的想对一个建立在婆罗洲的政权负责吗？须知这个地区在伦敦的政治家眼中远不像在詹姆斯眼中那样重要。占领纳闽小岛是一回事——必要时可以轻易抛弃，但接管沙捞越又是另一回事。

英国政府可能犹豫不决，但对拉惹仍很尊敬。在他启程前往东方的时候，英国政府把皇家海军"迈安德号"（*Maeander*）交给他和他的同伴支配，这艘船由他的老朋友凯帕尔上校指挥。它在1848年2月1日驶离英格兰。[46]

第六章

艰难岁月

这段旅程很愉悦。拉惹由新上任的私人秘书斯宾塞·圣约翰陪同，此人后来为他写了传记。是怀斯举荐了他——生意场上一位老相识的儿子，但圣约翰一家开始怀疑怀斯的人品。船上还有刚被任命为纳闽岛副总督的威廉·内皮尔（William Napier）先生和他的妻女，以及休·洛（Hugh Low）先生，他是植物学家，在沙捞越待了快3年，现在被任命为纳闽岛的辅政司（Colonial Secretary）。船上的候补军官包括詹姆斯的外甥查尔斯·约翰逊和詹姆斯莫名喜欢的一个男孩，叫查尔斯·格兰特（Charles Grant），他是在詹姆斯的劝说之下加入的。虽然（相当严肃的）查尔斯·约翰逊和（非常严肃的）圣约翰并不认同，但这些候补军官还是跟詹姆斯没大没小，把他住的船舱当作娱乐室。那些高级军官大为震惊，但詹姆斯的魅力把所有人都迷住了。他和凯帕尔都很健谈，圣约翰描述了拉惹和一位军官跳波尔卡舞的欢乐场面，之后他又跟内皮尔夫人跳了华尔兹。在这次旅途中，内皮尔小姐和洛博士订婚了。[1]

这群人在新加坡受到盛情款待。他在那里的时候恰好收到被赐予骑士称号的官方证明，总督正式授予他这个勋位。他参加了内皮尔小姐的婚礼，大家还为他举办了很多场晚宴。他在9月初回到古晋。两周后他的大外甥到了。布鲁克·约翰逊签了一份单边契约，把自己的姓改为布鲁克，并基本上——尽管不是正式地——被视为拉惹继任者。马来人称他为"大老爷"（Tuan Besar）。查尔斯·约翰逊已经回家了，但兄弟俩曾在新加坡一起待过几天。[2]

欧洲人团体还有其他新成员。查尔斯·格兰特离开海军队伍，留在了拉惹身边。以前也是候补军官的威廉·布里尔顿（William Brereton）是布鲁克一家的远房亲戚，曾搭乘"萨马朗号"来过沙捞越，他大概也在同一时间加入拉惹麾下。一起加入的还有艾伦·李（Alan Lee）先生和亨利·斯蒂尔（Henry Steele）先生。麦克杜格尔一家住在当地政府大楼里，同时拉惹也在城区后面的山上为他们建了一座房子和一个教堂，供教会永久使用。[3] 一些商人也来到这里，其中有一伙人从怀斯及其合伙人手上租来了锑矿的开采权。然而这些人并未在古晋待很久。他们拿到租约未经詹姆斯同意，而且詹姆斯发现他们手中的资金太少，无法长期采矿，因此他撤销了合同。[4] 他在新加坡给怀斯写了信，表示不再给他特许权，并让他提供过去3年的账目。怀斯刚刚成立了一个东群岛公司（Eastern Archipelago Company），准备开发沙捞越和纳闽岛，他处境艰难，并开始公开表示不满。詹姆斯予以反击。1848年，"梅尔维尔与斯特里特公司"（Melville and Street）破产，詹姆斯损失了一大笔钱，大概1万英镑。他怪怀斯把他牵扯进来，到年底便与怀斯断绝了一切关系。[5]

他不在的时候，除了锑矿之外一切安好。事实证明亚瑟·克鲁克香克是个高效、公正、备受尊重的管理者，没闹出什么乱子。詹姆斯受到马来人和达雅克人群体的热烈欢迎。得到帕默斯顿勋爵的允许后，他做的第一件事就是为沙捞越确定一面国旗，上面有个半红半紫的十字，取自布鲁克家族的盾徽图样，底色为黄色。这面旗在聚集的古晋市民面前庄严地升起，同时，"迈安德号"上的乐队奏起了《天佑女王》(God Save the Queen)。拉惹也以婆罗洲总领事的身份在其官邸升起英国国旗。看到这些旗帜升起，荷兰外交部给伦敦发了封抗议信。[6]

沙捞越平静无波，但拉惹不在的时候，他在文莱的敌人和海盗都在伺机行动。玛科塔恢复了在文莱朝廷中的势力，还联系上了萨里巴的达雅克人——沙里夫木拉回归了。劫掠行为又渐渐增加，这次不是针对沙捞越领土，而是针对和平的达雅克部落和东海岸的马兰诺村庄。詹姆斯无法立刻处理这个问题，他得去管理纳闽岛。他在岛上待了两个月，其间的遭遇让他感到幻灭。他如此重视的这个岛上的气候非常糟糕。他本人生了重病，几乎所有同伴都发烧了。他在家书里抱怨得越来越多。修建排水系统会改善气候，当地还需要条件好的营房和办公室，但他缺乏劳动力和充裕的资金。接着他气愤地听到一个消息，原本他希望能为己所用的"迈安德号"接到指令要开往中国站，他只能将就使用东印度公司的轮船"复仇女神号"——这艘船定期往返于新加坡、古晋和纳闽岛，空闲时间可以给他用。在这样的条件下，他如何能履行领事的职责？此外，"迈安德号"非常适合用来打击海盗，但"复仇女神号"不行。1848年12月，"迈安德号"仍受他调遣时，他乘这艘船去拜访苏禄苏丹。他发现苏丹很友好，而且信誓旦旦地要跟自己的海盗臣民断绝关系。离开苏禄后，他继续前往菲律宾的棉兰老岛，并受到三宝颜（Zamboanga）的西班牙总督的热情招待。他探查了依拉农海盗的老巢依拉农湾，西班牙人完全控制不了这些人。"迈安德号"在1月底回到纳闽岛，凯帕尔上校——打算用这次巡游来恢复精神——欣喜地发现他更为开朗了，而且岛上的定居者看起来更幸福、更愉快了。但接着凯帕尔和"迈安德号"就得前往中国，而詹姆斯要回古晋。[7]

在那里，有关海盗活动的报告使他惊骇不已。萨里巴达雅克人有了个新首领，是个叫拉克萨马纳（Laksamana）的马来人。在过去的3个月里，他们烧毁了很多村子，还杀了大概300个人。2月底，他们突袭沙东河，趁着当地马来人采收的时候杀了100个人。他们打算袭击格东（Gedong），却发现该地有所防备，于是就乘船离开了。他们的下一个目标是拉让河河口周围的马兰诺村庄。满载马兰诺流民的独木舟开始由马都（Matu）河和卡拉卡（Kalaka）河来到沙捞越，这些人讲述着家园被毁的经过。3月底，友善的瓦拉赫（Wallage）中校带着"复仇女神号"来了，詹姆斯便趁机深入萨里巴地区——此前詹姆斯就想出征抗击海盗，但因天气而无法成行。大多数海盗都忙着外出劫掠。他烧了几间长屋，但没能与他们正面交锋。他的行动收效甚微，只能等待组织一场更大规模的远征。他需要英国海军的帮助，而对方也答应了在7月出手相助。同时詹姆斯又去了纳闽岛和苏禄。苏禄苏丹与英国签署了一份商业协议。[8]

7月24日从古晋发起的这次远征是他的历次远征中最成功也是最出名的一次。海军上将弗朗西斯·科利尔爵士（Sir Francis Collier）派出皇家海军"信天翁号"（Albatross），同行的是"保王党人号"，而且"复仇女神号"也可以用。"信天翁号"体积太大，开不进海盗所在的浅水域，但是船上附载的大艇可以跟"保王党人号""拉妮号"和"复仇女神号"一起出发。詹姆斯带来了由18艘帆船组成的舰队，领头的是他自己的战船"拉惹辛格号"（*Rajah Singh*）。有50多艘帆船加入了他们，驾驶它们的是伦杜河与巴劳（Balau）河的海上达雅克人以及三马拉汉河与沙东河的马来人。队伍驶入卢帕河时得知萨里巴的掠夺者已在两天前全部驶向北方。詹姆斯打算在他们回程时进行拦截，具体方式是把他们可能经过的3条河都封锁起来。他乘着帆船在卡拉卡河里等着，"复仇女神号"和主力部队待在萨里巴河，而"保王党人号"则守着卢帕河的入口。

7月31日傍晚，"拉惹辛格号"发射信号火箭，通知全队海盗的舰队出现了。这支舰队本想袭击马都城，却发现该地防守很严。他们刚毁了一座村庄，就听说拉惹的远征军到了，打道回府似乎是明智之举。他们发现卡拉卡河被封了，于是绕过较低的岬角驶入萨里巴河。此时天色渐暗，他们直接撞上了敌人的主力部队。这场战役在马鲁河（Batang Maru）的沙嘴附近打响。海盗很快就被"复仇女神号"和较小的海军舰艇上的炮火打乱了阵形。他们无法逃往萨里巴河的上游，拉惹的帆船掉头过来阻止他们进入开阔海域。他的马来盟友和达雅克盟友一直想报复这个长期迫害他们的部落，因此毫不手软。明月当空，海盗顽强战斗了5个小时。一群人在林奇的领导下极力想登上"复仇女神号"，但他们乘坐的独木舟翻了，很多人被这艘轮船的桨轮削成碎片。最后，他们损失了近100艘船和近500人，但其主力部队仍有约2000人，这些人设法登上了上游约10英里处的一个半岛。拉惹本可以在那里拦截他们，不让他们逃入丛林，但他觉得他们已经受到了教训。

事实上，海盗在逃回家园之前，大约500人因受伤或受冻而丧命。

远征军跟着他们前往上游，再次烧毁他们在砂南坡的据点，然后转向北方，沿拉让河来到卡诺维特，他们摧毁了实哥郎达雅克人的几个村子，这些达雅克人搬到此地还打劫邻居。队伍在8月24日返回古晋。[9]

这次战役取得了惊人的效果。萨里巴的部落被摧毁了，并派人来宣布投降。他们虽顽固不化，但直到很多年后才又开始劫掠，而且规模远不如从前。实哥郎达雅克人彻底怕了。拉惹派克鲁克香克先生去卢帕河沿岸靠近实哥郎河河口的地方修筑了一座堡垒，于是他们也投降了。这座堡垒在当地友好部落的帮助下建了起来，由沙里夫马杜仙掌管，拉惹信任这位年迈的马来人。然而当地的部落不信任他，想要个英国人来管理。当时20岁的布里尔顿就被派了过去，在那里住了几年，他最近的同胞在林牙，而林牙也建了一座堡垒，由艾伦·李掌管。[10]

一个新的时代似乎开启了。沿海居民可以安心地播种和收获。沿海贸易逐渐恢复。古晋一派祥和气氛。麦克杜格尔夫人虽然生了场大病，还差点丧了命，但还是欢快地在家书里描述了当地愉悦的社交生活。拉惹每周二晚上在家接待所有英国居民，大家跳舞、猜字谜。聚会结束时众人齐唱"Rix Rax"，它几乎成了沙捞越的国歌。麦克杜格尔夫妇每周四在家设宴，而拉惹每个月请他们共进一次晚餐。他经常请教会学校的孩子来他的花园玩。小布鲁克开朗又和善，人人为之吸引。詹姆斯出征萨里巴的时候让他代管沙捞越，而他表现得很好。但詹姆斯的身体状况不佳，而且他记挂着纳闽岛和商业情况。东群岛公司效率不高，他希望能解决这个问题。他到现在还不知道英格兰正发生着什么。[11]

英国自由党人的良知一直引人注目。它往往不受人喜爱，带有自以为是、自私狭隘、愚昧无知、无所顾忌的特征。但它仍然很有价值。如果说在过去的两百年里，英国的殖民政策已从一种时而偏向商业，时而偏向政治的扩张主义变成"殖民地只是受我们代管，直到本地人可以自行管理为止"这样一种观念，那它主要得益于19世纪自由主义人士的不懈努力。他们一直关注英国的海外殖民地，以确保那里没有对原住民的残酷剥削和对他们人权的践踏。土著保护协会（Aborigines Protection Society）等组织在维护英国良好声誉方面发挥的作用令人敬佩。可惜，在婆罗洲的问题上，英国自由党人的良知发挥了最坏的作用。詹姆斯虽然使用自己的治理方式，但其根本看法与自由党人一致，没人比他更坚定地认为原住民不应被剥削或压迫。但他的性情——尽管从广义上讲也秉承自由主义——与大多数维多利亚时代的自由党人并不一样，因为他有虔诚的清教徒背景。他是个冒险家，虽然有慷慨无私的一面，但还是个自我主义者。此外，他热衷于草率地写出自己的想法，前后不一定一致，而且非常愿意出版自己的作品。其中有些词句脱离语境来看可能会让正人君子不高兴，比如说"我真的喜欢战争吗？——我扪心自问，而我的回答是——当然，毕竟谁不喜欢呢"。自然，英格兰很多正直的慈善家都觉得他难以理解，甚至有点难以容忍。

即便如此，也很难说针对他的恶毒攻击就是有道理的，特别是考虑到幕后主使者既不仁慈也不虔诚。亨利·怀斯在生詹姆斯的气，因为詹姆斯不助他致富，还在背后批评他。这种敌意因东群岛公司的不景气而愈演愈烈。怀斯没能得到什么正经商行的支持，原因在于他提出的薪资要求。东群岛公司资金短缺，其为数不多的赞助者又想快速盈利。詹姆斯没有伸出援手。他断然拒绝加入董事会，并粗暴地把该公司的承租人赶出沙捞越。而且，虽然该公司早在1848年就拿到了纳闽岛的特许采煤权，但那里的煤并不容易开采。该公司的代表詹姆斯·莫特利（James Motley）发现，表层的煤全被一个叫威廉·亨利·迈尔斯（William Henry Miles）的人开采了。此人于1847年现身纳闽岛，他开了一间大型酒吧，并从内皮尔先生那里拿到了为期两年的开采权。煤矿位于岛的北端。政府拒绝修一条通往那里的路，而该公司没钱修。莫特利缺人手，也没有什么治安保障。他跟内皮尔先生吵了起来——这不是难事，因为内皮尔跟谁都吵，包括他女婿。政府本身也缺钱，不会为煤掏钱。狂热情绪并不普遍。凯帕尔上校在1848年8月来岛上要煤，却发现没有多少，他的手下还得自行装载。他虽然喜欢詹姆斯，但还是报告称纳闽岛不适合作为加煤站。稍晚来到纳闽岛的科利尔上将在其报告中用词更加刻薄。莫特利放弃挣扎而与迈尔斯合作。迈尔斯很快就找到了巴结怀斯先生及其公司的办法。[12]

对詹姆斯·布鲁克的攻击是从合法的角度开始的。1848年8月21日，也就是他在新加坡被授予骑士称号的前一天，英国下议院要投票决定纳闽岛的维护费，包括总督2000英镑的薪水。蒙特罗斯（Montrose）的自由党议员约瑟夫·休姆（Joseph Hume）先生——这个老头爱做两件事，就是挖掘公共开支和殖民政府中的丑闻——说给的薪水太高了。他提议降薪，此举得到格莱斯顿（Gladstone）先生的支持。首相约翰·罗素勋爵（Lord John Russell）也为这一提议辩护，于是休姆的朋友汤普森（Thompson）上校接着站起来说，拉惹詹姆斯无疑是个了不起的人，但是读到皇家海军在打击所谓的婆罗洲海盗时犯下的屠杀罪行，有点人性的人都会不寒而栗。然而休姆的提议未获采纳，暂时没有人再提。[13]

詹姆斯自己引发了新一轮冲突。他在1849年秋天去了纳闽岛，发现内皮尔正在那里与人争吵。内皮尔的对手在詹姆斯面前指控他经商。迈尔斯刚刚离开，并把他的酒吧卖给了内皮尔的办事员梅尔德伦（Meldrum），而内皮尔为梅尔德伦的一些小额购买行为提供担保。詹姆斯仓促判定内皮尔有罪。他得知内皮尔在离开英格兰之前曾向怀斯借钱，便更加生气。他草率地解除了内皮尔的副总督职务。内皮尔离开后，纳闽岛这地方确实变得更加快乐。但内皮尔其实是无辜的。继任副总督一职的斯科特（Scott）能力更强，性情也更温和。[14]

差不多就在此时，马鲁河之战的经过传到英格兰。对大多数英国民众而言，这是英军创造的又一个辉煌传奇。但休姆不这么认为。是怀斯让他开始对婆罗洲产生兴趣。凯帕尔出版詹姆斯的日记时曾请教怀斯，是否应该出版某些似乎在颂扬詹姆斯抗击海盗的章节。怀斯建议不要出版，但保留了相关章节的副本。他给休姆寄过文章片段，这些内容脱离了上下文无疑会给人留下非常血腥的印象。休姆很信任怀斯，后者显然知道很多关于布鲁克和婆罗洲的事情，而且还给近期成立的土著保护协会提供了很大的帮助，这同样值得钦佩。他看完文章确实大为震惊。很明显，这个所谓的拉惹——他的商业活动被怀斯描写得骇人听闻——正利用皇家海军来屠杀无辜的未开化之人，以霸占他们的土地。休姆跟理查德·科布登（Richard Cobden）进行了商议，科布登与他志同道合，是个远比他精明老练的政客。1849年，芒迪上校出版了新一版的詹姆斯·布鲁克日记，其中收录了凯帕尔删去的一些血腥片段，这让休姆等人掌握了更多证据。[15]

不久，科布登和休姆便得到一个在议会上公布他们观点的良机。乔治四世时期通过的一项法案规定，每艘参与抗击海盗的皇家海军船舰都会得到赏金，每杀一名海盗赏20英镑，战斗现场每出现一名海盗则赏5英镑。财政部觉得这项开支太大，政府打算修改这项法案。未来每次行动的赏金将视具体情况而定。有人曾就贝尔彻上校因1844年抗击依拉农海盗而索取的赏金提出抗议。这个案子直到1849年才解决，最后他拿到1.2万英镑。如今，法夸尔（Farquhar）上校及其手下在马鲁河之战后可以拿到2万英镑以上。新加坡法官（Recorder of Singapore）克里斯托弗·罗林森爵士（Sir Christopher Rawlinson）受理了这一诉求，并向财政部索要10万英镑来支付1849年要给的赏金。

调整赏金的议案在1850年2月11日进行了第二次宣读。休姆和科布登匆忙举办了一次公众集会，这显然是通过和平协会（Peace Society）① 筹办的。虽然某个叫亚伦·史密斯（Aaron Smith）的船长（他本人即是婆罗洲水域海盗活动的受害者）发表了令他们难堪的言论，但集会还是授权他们向议会请愿，让议会关注近期在婆罗洲发生的事情。科布登因此参与了讨论，说没有证据表明近期打击行动的受害者曾参与劫掠英国船只。他的支持者之一汤普森上校插嘴问道：赏金会不会诱使海军指挥官把无辜的部落当作海盗？这个问题不无道理。政府的回答让议会满意。

---

① 英国的和平主义组织，1816年成立于伦敦，主张各国逐步裁军，以仲裁解决国际纷争。

但在3月21日，休姆要求提供关于婆罗洲的文件。5月23日，海军预算出炉，其中包括新加坡法官索要的10万英镑。科布登站起来斩钉截铁地宣称被杀害的达雅克人不是海盗。怀斯的朋友、东群岛公司董事长麦格雷戈（McGregor）先生认为詹姆斯·布鲁克爵士要因屠杀行为接受审判。西德尼·赫伯特（Sidney Herbert）虽然表示除非新加坡法官的判决在上诉后撤销，否则不应扣留奖金，但还是想了解詹姆斯爵士的商业活动。布赖特（Bright）虽然没有提及詹姆斯爵士，但却认为要给这么一大笔钱得先进行详细调查才行。政府发言人认同拉惹詹姆斯的行动和声望，海军预算以145∶20通过。休姆在7月要求派皇家调查委员会去调查婆罗洲，但同样被拒。外交大臣帕默斯顿写信给詹姆斯，要他相信政府是绝对信任他的。但政府其实有点担忧，特别是怀斯还给约翰·罗素勋爵写了一封狡猾的信，含沙射影地说拉惹做的事并不是女王的臣民该做的。[16]

秋天去了趟纳闽岛后，詹姆斯的身体就一直不太好。3月，他去槟榔屿疗养，同行的有他同样生病的外甥布鲁克，以及麦克杜格尔一家。麦克杜格尔夫人最近失去了一个孩子，自己也差点死掉。在新加坡，詹姆斯通过英文报纸知晓了他在英格兰受到的中伤。他既伤心，又气愤。虽然槟榔屿山顶的宜人气候让他的身体有所好转，神经也没那么紧张，但圣约翰还是说他再也回不到从前了。[17]

英国政府让他以领事的身份前往暹罗，准备与暹罗签一份新的商业协定。1850年8月，他准备前往曼谷。此次任务失败了。几个月前过来的美国代表团没能跟暹罗达成任何协议，现在，暹罗人也不准备答应英国人的请求。詹姆斯没见到国王拉玛三世

（Rama Ⅲ），国王病了。他只跟首席部长（Phrakhlong）和最高委员会（Senabodi）成员见了一次。谈判是以书信的形式进行的。他的要求包括让英国商人享有居住权、财产权和信仰自由，贸易活动不受限制以及领事裁判权。这些都被暹罗人拒绝了。他们说，英国商人已享有信仰自由，贸易活动也没有受到不必要的限制。他们得控制居留许可的发放，因为有时候英国商人行为不端，他们也不准备给予任何治外法权。詹姆斯的举止自始至终都非常高傲，但似乎没有冒犯对方。他的这次外交行动毁于他盛怒之下扬言要动武，并以英国海军的力量相威胁。他自己承认了失败，而且私下里说动武是可取的。等到老国王死了，局面或许会改善。据说可能继承大位的蒙固（Mongkut）是亲英的，也更顺从。

后来，拉惹和蒙固国王的关系确实很好。国王把一艘御舟当作礼物送给古晋，拉惹在正式场合会使用这艘船，直到日占期间此船被毁。婆罗洲公司——成立于1856年，旨在开发沙捞越——很快就在暹罗获得收益，而且国王正是请该公司派一名英国女家庭教师来教育他的孩子的。利奥诺温斯（Leonowens）太太①的经历被现代作家和编剧们大肆渲染，它正是布鲁克此次出使曼谷的成果。[18]

詹姆斯在10月份回到古晋时对那里的情况非常满意。12月，他去了纳闽岛，并为其发展感到欣喜。但他的身体还是不好。他觉得再去英格兰疗养一次比较好，而且要是再出现对他的攻击，他也更容易应对。他在1月份经过新加坡时得知《海

---

① 指英国女作家安娜·利奥诺温斯，她曾在1862—1867年担任泰国蒙固国王的家庭教师，教育国王的妻妾子女，其经历被改编为电影《安娜与国王》。

峡时报》(Straits Times)的编辑伍兹(Woods)先生获得副警长(Deputy Sheriff)一职。《海峡时报》当时把马鲁河之战描绘成一场残暴的屠杀,而且总是幸灾乐祸地报道对他的每一次攻击。詹姆斯把伍兹当仇人。他气愤地给总督写信抗议。总督拒绝干预此事,而伍兹必然听说了詹姆斯的抗议。同时,詹姆斯认为马鲁河之战中的所谓暴行最早是"复仇女神号"上的外科医生米勒博士(Dr Miller)散布的。他说服海军上将弗朗西斯·奥斯汀(Francis Austen,简·奥斯汀的哥哥)设立了一个调查法庭。在庭上,米勒否认散布任何传言。此事便被搁置了。[19]

拉惹在1851年5月抵达英格兰,一直在那里待到1853年4月。他本打算去莱姆里吉斯(Lyme Regis)买间小屋,退休了就住在那里,而实际上他只有短暂拜访家人和朋友的时候才离开伦敦。首先,他再次试图明确沙捞越的地位。他在槟榔屿疗养的时候,约瑟夫·巴莱斯蒂尔(Joseph Balestier)先生,即美国派往暹罗朝廷的那个失败的使者,奉总统扎卡里·泰勒(Zachary Taylor)之命去接触文莱和沙捞越,并筹划友好和商业条约。因此巴莱斯蒂尔带着总统给沙捞越拉惹阁下的一封信来到古晋。得到一个外国政权的认可让詹姆斯无比高兴,他始终非常感激美国。但他不在就没办法筹划条约。而且,他觉得自己得先跟英国政府商量。他向帕默斯顿勋爵提出申请,后者允许他自由签订任意条约。但英国人还是既不承认他是个独立的统治者,也不承诺保护他和他的领地。詹姆斯希望通过面见外交大臣得到一些明确的裁决,但这个希望落空了,即便他得到了美国人的认可。[20]

更令人担忧的是,休姆及其盟友又对他发起攻击,这从他一登陆就开始了。休姆迅速宣布他会再次申请派遣皇家调查委员会。

1851年7月10日,他在议会上提出此事,此时他掌握了两份文件。一份是由伍兹整理并由53位新加坡商人签名的请愿书,文中感谢休姆付出的努力,声称他们都没听说过达雅克海盗,并谴责用武力欺压无助的原住民的行为。另一份是在纳闽岛待过的威廉·亨利·迈尔斯写的一封信,信中坦率指出马鲁河之战是一场无端的屠杀,并控诉詹姆斯·布鲁克想尽一切办法妨碍其他欧洲人在婆罗洲北部沿海定居或经商。有了这份额外的证据,休姆重申那些达雅克人不是海盗。他的盟友支持他。科布登称詹姆斯爵士为了抢夺土地而攻击邻人。汤普森说,谁都可以效仿圣乔治①屠龙,但他自己不相信有龙。格莱斯顿先生更为克制。他说詹姆斯·布鲁克爵士是个真正的基督教慈善家,但同样认为应该对海盗问题和镇压行动进行调查。

德拉蒙德(Drummond)先生毫不费力地向政府证明了威廉·亨利·迈尔斯这个人不可信——因为出了点小事故,他出国公干——而且他太没文化,写不出休姆所引用的那封信。然后他拿出一封的确是迈尔斯写的信,信中有拼写错误,而且全文无标点。这份文件引发的笑声平息后,黑德勒姆(Headlam)先生宣读了加尔各答主教写的一封信,信中称赞了拉惹的高尚事业。帕默斯顿勋爵最后说自己从未听过这样一边倒的辩论。他援引荷兰和西班牙殖民地的领事所写的报告,报告中指出当地民众对英国海军抗击海盗的行为感到高兴,他还说此番争论未让詹姆斯·布鲁克爵士的人格受到玷污,也未损其名誉。休姆的提议以230∶19

---

① 基督教早期圣徒,被视为英格兰和格鲁吉亚的主保圣人,传说曾击败恶龙并救出一位公主。

的票数被否决。[21]

休姆及其盟友安静了一阵子，但并未善罢甘休。拉惹的案子有薄弱之处。他修筑的用于控制萨里巴人的堡垒不是建在自己的领土上，而是建在文莱苏丹国的领土上。为防止当地人受到剥削，他的确试图阻止其他英国人定居婆罗洲。芒迪上校在1848年出版了詹姆斯的日记，其中给批评者提供了很多好战的言论——凯帕尔删去了这些内容，而科布登越读越高兴。詹姆斯此时满足于在议会中正名。他高兴地收到皇家海军"哈乐昆号"的黑斯廷斯上校写的一封信。他曾在出版的文章中批评此人在1844年没有助他抗击海盗。黑斯廷斯表示休姆想得到他的支持，但他拒绝向对方透露任何信息。科布登11月在伯明翰发表演说，据说这场演说把詹姆斯的暴行描绘得让奥地利将军海瑙（Haynau）[①]的暴行相形见绌。詹姆斯对此无动于衷，他主要担心自己是否会被再次派往暹罗。蒙固国王已经即位，而詹姆斯准备10月动身去拜访他。但他得知在已故国王漫长的葬礼结束前，政策问题都会被搁置。[22]

与此同时，休姆找到了一个新盟友。新加坡有个名叫罗伯特·彭斯（Robert Burns）的商人，自称是诗人罗伯特·彭斯的孙子。1847年，他来到纳闽岛，并跨海前往内陆，去民都鲁（Bintulu）河上游做买卖。返回新加坡后，他写了一篇有趣的文章，是关于曾跟他一起生活过的卡扬部落的。他无疑是人类学方面的一个人才，但对赚钱更感兴趣。根据观察到的情况，他相信民都鲁地区蕴含丰富矿产。因此他急忙向文莱苏丹申请特许权，

---

① 即奥地利将领尤利乌斯·雅各布·冯·海瑙，他曾在1848年残酷镇压意大利与匈牙利的起义。

并且让新加坡的朋友提供资金。资金即将到位，而且苏丹也答应出租，条件是要得到英国当局的同意。这件事上报到印度总督奥克兰勋爵（Lord Auckland）那里，而他询问了沙捞越政府。詹姆斯当时在伦敦，他在沙捞越的代理人克鲁克香克先生写信给民都鲁的首领，让他们保护好彭斯先生，因为他有苏丹的授权，还提醒他们（在彭斯看来没必要），任何英国人都无权强迫他们工作。詹姆斯回到古晋又给那些首领写了封信。詹姆斯再听到彭斯的消息，是因为有个文莱的马来人在纳闽岛告他不还钱。彭斯败诉，宣判时他未出席。1849年，彭斯请求"复仇女神号"的瓦拉赫船长把他从纳闽岛载到民都鲁。瓦拉赫拒绝了，他并不想专程去一趟民都鲁，而且有很多小船可以载彭斯过去。彭斯向詹姆斯控诉，还说自己受到了伤害。詹姆斯草率地支持了瓦拉赫。其实彭斯没有回民都鲁。那里的锑矿可能并没有他所想的那么赚钱，而且那些首领也没帮忙。后来有人在巴兰河上游听到他的消息。1850年，3位当地首领写信给身为纳闽岛总督的詹姆斯，说彭斯这个商人去了那里，他们本想跟他做生意，却发现他不仅偷别人的老婆，还命令当地部落把进入巴兰河的人不论民族一律杀掉。副总督斯科特读了这封信，并转交给詹姆斯，詹姆斯给这些首领回信，称任何行为不端的英国人都不会受到他或是英国政府的包庇，而且恶行在任何地方都要受到惩罚。那年晚些时候，彭斯搭乘的某艘船的船长在纳闽岛指控他袭击。但船员公开证实双方都有违法行为，于是案件被驳回。彭斯留在了纳闽岛，偶尔前往内陆做生意。他主要的朋友是迈尔斯——直到其回英格兰为止——和开酒吧的梅尔德伦及其合伙人莱利（Riley）。

  休姆在议会上念的那封据说出自迈尔斯之手的信提到了彭斯

受害一事。但这不太可能是彭斯写的，因为他知道些人类学知识，而这封信却把婆罗洲的所有民族，包括萨里巴的达雅克人，都称为"马来人"。1851年8月，帕默斯顿勋爵收到彭斯本人的一封信。这封信对他的遭遇进行了更有效的陈述，也不无道理。无论是身为总领事还是拉惹，詹姆斯在法律上都无权决定谁能在文莱领土上做生意。但是帕默斯顿对詹姆斯按他的要求呈上的完整报告非常满意。

彭斯与休姆的盟友关系并不长久。那年9月，他跟"海豚号"的罗伯逊（Robertson）船长一起出航，去北婆罗洲沿海一带贩卖武器。在马鲁杜湾附近，他和罗伯逊发生争执。正当罗伯逊船长怒气冲冲地想驶回纳闽岛时，"海豚号"突然遭遇海盗袭击。彭斯及其大多数同伴都被砍了头。最后是当地的苏禄总督——为人和善，做过海盗的沙里夫亚桑（Sherif Yassan）——把这艘船连同几个幸存者送回了纳闽岛。[23]

休姆不为所动。他还是不相信有海盗。1852年初，他把一封据说是文莱苏丹写的信转交给德比勋爵（Lord Derby），此信通篇都在指责拉惹。德比派人去文莱调查，那里的本基兰们说那封信是彭斯和莫特利去年伪造的，目的是离间他们与沙捞越。3月，休姆在议会中起身，拿出这封信以及彭斯写给帕默斯顿勋爵的那封信的副本，他重申了指控，并再次援引迈尔斯的信。亨利·德拉蒙德在回应时则拿出证据证明迈尔斯是澳大利亚的一个前科犯，名叫劳埃德（Loyd），曾经买卖赃物、开妓院、扒窃、拉皮条，而且还重婚。但休姆不承认这些证据。[24] 与此同时，莫特利在纳闽岛宣称彭斯被拉惹的间谍杀害了。然而，他和他的全家在几年后都被他曾拒绝承认的海盗杀害了。[25]

敌人败了，詹姆斯有理由感到满意。4月30日，在伦敦金融城为他举办的一场宴会中，朋友们聚集在他周围。宾客来自各行各业，人们都对他赞不绝口，而他应答时的真诚打动了所有人。他自豪地说起自己的成就，并对婆罗洲的未来满怀希望。[26] 很快他就发现东群岛公司没能筹到拿特许权时保证要筹措的资金，因此他得以向王座法庭提出要撤销特许权。在向财政法院上诉时，判决得到了7∶1的多数票支持。[27] 西德尼·赫伯特仍然在议会上就詹姆斯所谓的商业活动制造麻烦。确实，他身为拉惹，掌控着沙捞越的某些商业垄断权，但纳闽岛总督和婆罗洲总领事的身份可能不允许他这样做。他在写给赫伯特的一系列私人信函中试着解释说这两个职位没有冲突，或者，至少赫伯特所在的那个政府觉得没有冲突。但赫伯特说自己对这个答复并不满意。[28]

1852年底，詹姆斯获悉，出于经济原因，英国政府打算不久后就裁撤纳闽岛的管理部门并取消总督一职。他表示自己想辞去这个职位，并主动提出放弃四分之一的薪水，直到有定论为止。但在次年1月1日，情况有变，因为阿伯丁勋爵领导的联合政府上台了。这个政府并不是很稳定，需要自由党人的支持。自由党中的科布登一派值得拉拢。休姆借此机会在政府内散布了一封长长的公开信，把他之前的指控又重复一遍。詹姆斯咨询自己的律师们，想告他诽谤，但他们建议不要这样做。[29] 暗地里还有其他的阴谋诡计。詹姆斯已见过约翰·罗素勋爵——他担任外交大臣至3月底——说自己打算下个月回沙捞越，并想卸下所有官职。对方告诉他阿伯丁勋爵希望他继续任职。3月15日，约翰勋爵在议会上回应了休姆提出的一个问题，说在詹姆斯·布鲁克爵士离开之前不会对婆罗洲进行任何调查。因此，詹姆斯在3月30

日——他启程的6天前——正式获悉英国政府打算派达尔豪西勋爵（Lord Dalhousie）去东方对他进行全面调查时，感到非常震惊。詹姆斯曾多次催促议会在伦敦调查，但在新加坡进行查问却是另一回事。他在那里要请来自己的证人——以前的政府大臣和海军军官——就没那么容易了，而且这会给他的声誉带来更大损害。4月4日，他在南安普敦给新上任的外交大臣克拉伦登勋爵（Lord Clarendon）写信，提出了他觉得应该给政府调查组成员的建议，他当日启程，并像给坦普勒的信中说的那样，相信调查必定会带来好结果。他直到那时还准备原谅政府用这种有些狡诈的方式对他展开调查。[30]

在新加坡，他从休姆寄给《海峡时报》的资料中了解到更多关于调查组的详细情况。但他快到沙捞越了才获悉进行此次调查的特派组接到的所有指令。这些指令称英国政府从未以任何方式承认他是沙捞越的统治者，调查组要查明他的真实身份，并弄清楚这与英国政府授予他的职位是否冲突。他们还要判定他是不是甄别海盗身份的合适人选，以及他攻打的到底是不是海盗。调查只在新加坡和纳闽岛（有可能）进行。调查组不会来沙捞越。坦普勒把这份文件的一份副本转交给他，而且已经代表他向克拉伦登勋爵提出抗议。詹姆斯曾给克拉伦登写过一封信，询问事件详情。此时他怒气冲冲地再次提笔，指出帕默斯顿勋爵领导的外交部在给荷兰政府和他自己的信件中承认了他是沙捞越的统治者，而且，对受到惩处的部落的海盗身份进行判定的是皇家海军，而不是他。此次调查似乎又重提了东群岛公司的问题，可这个问题已经得到法院的判决。他适时地问起与自己有关的费用，还问起住在英格兰的证人，他认为这些人的证词对于此案来说是必不可少的。[31]

拉惹在得到回复前就回了沙捞越。在他离开的这么长时间里，沙捞越很平静。他的外甥布鲁克奉命管理当地，而且很称职。关于政府具体架构的证据没有保存下来。它本质上以拉惹的声望为基础，但其细节肯定是他手下那些忠心耿耿而不为人知的官员设计出来的。詹姆斯本人不擅长行政管理，但这个地区确实得到了稳固而公正的治理，这必然要归功于立下功勋却未显名于历史的亚瑟·克鲁克香克及其下属。年轻的布里尔顿作为实哥郎和萨里巴地区的达雅克人的管理者表现得尤为突出。1852年7月，一位新的官员加入了他们，此人的能力比他们所有人都强。查尔斯·约翰逊是詹姆斯的姐姐艾玛的次子，此时来为他舅舅效劳。他的哥哥布鲁克很高兴能见到他，并得他相助。他马上就被称为"副王"（Tuan Muda），并被派去管理古晋西部的伦杜地区。[32]

边境地区的情况不太妙。马鲁河之战产生的正面影响逐渐减弱。1851年4月，小布鲁克在圣约翰和麦克杜格尔的陪同下乘"快乐单身汉号"沿实哥郎河和萨里巴河溯游而上，接着又沿拉让河向上，远至卡诺维特河口。在那里，他们为一座堡垒奠基，这座堡垒被用来控制萨里巴的达雅克人。他们开始在这个地区定居，并压迫当地的马兰诺人。场地已经选好，也建造了一座简易的建筑，装上了从古晋带来的大炮，它被交给沙捞越的拿督巴丁宜的兄弟阿邦·杜罗普（Abang Durop）管理，此人很快被英国官员亨利·斯蒂尔取代。麦克杜格尔的高超医术远比传教工作有效果，他兴致勃勃地记录这次旅程，描述了布里尔顿在萨里巴堡垒实施的简单而庄严的司法管理，也提到布鲁克是如何主持实哥郎和林牙的达雅克人之间的一场和平会议的。[33]

那年秋天，布鲁克和奥斯汀上将出征马鲁杜湾，讨伐曾袭击"海豚号"的海盗。就这样，简·奥斯汀的哥哥为罗伯特·彭斯那声名狼藉的孙子报了仇。[34] 1853年早春，布鲁克听闻有一支海盗舰队要去袭击三发附近的船只，就带着"快乐单身汉号"和几艘作战帆船前去拦截。可能他被刻意误导了，因为真正的问题出现在别的地方。让萨里巴的海盗卷土重来的罪魁祸首是个叫伦塔布（Rentab）的酋长。他拒绝向欧洲人妥协，即使在马鲁河之战后依然如此，而且他证明了自己的勇气。他曾突袭三发附近的一个华人村落，并颇有收获，他还打败了三发苏丹与荷兰人派来追捕他的帆船，从而声望大增。他特别厌恶实哥郎的达雅克人，这个族群最具影响力的酋长加辛（Gasing）是布里尔顿的好友，现在是拉惹的忠实支持者。大老爷布鲁克离岸西去，这正是伦塔布攻打实哥郎的好时机。布里尔顿听说了他的计划，让艾伦·李从林牙赶来援助。他们尽力把效忠于自己的达雅克人和马来人召集起来。艾伦·李想留在实哥郎河河口的堡垒进行防守，但布里尔顿坚持要前往上游的一处围栏。伦塔布的独木舟船队出现在河流的转弯处时，马来人忍不住去攻击他们，布里尔顿也贸然加入，结果直接撞上了躲在转弯处的伦塔布主力舰队。艾伦·李跟过来营救他。双方展开了一场激战。布里尔顿侥幸逃脱，但艾伦·李受了致命伤。伦塔布损失太惨重，只得放弃劫掠，但他赢得了声誉。他退了回去，在实哥郎河与萨里巴河源头附近的一座名叫萨多克（Sadok）的高山上自己建了座堡垒。查尔斯·约翰逊被紧急派去林牙接替艾伦·李的职位。[35]

詹姆斯听闻这场浩劫的时候仍在新加坡。他的首要任务就是惩治伦塔布。但他于5月的第一周抵达古晋时，他的朋友们发现他看起来有些奇怪，似乎生病了。次日早晨，他被确诊天花。这是一次致命的打击。古晋没有欧洲医生，接受过良好医学训练的麦克杜格尔最近也去英格兰了。负责传教工作的A.霍斯伯勒（A. Horsburgh）牧师研读了麦克杜格尔书房里的医书，试图照顾病人。但詹姆斯是个棘手的病人。霍斯伯勒悲伤地承认詹姆斯不乐意接受自己。他只让患过天花的朋友接近自己，于是大量护理工作落到亚瑟·克鲁克香克、圣约翰以及他的马来老朋友沙里夫马杜仙的身上。他一度康复无望，而古晋各民族、各阶层表现出的焦急和关心非常感人。虽然他家被隔离了，但马来姑娘们还是候在一旁，准备了散发香气的水供他洗澡，还准备了清凉的大蕉叶子，好让他躺在上面。清真寺、中式寺庙以及教堂里都不断有人为他的康复而祈祷。在古晋，没人能怀疑他的臣民对他的爱。最终，热度减退，但他直到3个月后才回归正常生活。可惜他英俊的脸上留下了痘疤，看起来比实际年龄要老得多。但在圣约翰眼中，疾病让他的脾气更加温和。他谈起英国政府和调查组的时候不再变得冲动好斗。[36]

8月康复后，他就跟圣约翰前往纳闽岛和文莱。他在纳闽岛大受欢迎，但如今觉得应该放弃这座岛，因为英国政府不打算在这里投钱。在文莱，他受到隆重款待。老苏丹奥马尔·阿里在1852年过世。人们普遍认为他的儿子都不是他亲生的，因此王位由首相本基兰穆奈姆继承。穆奈姆虽然娶了奥马尔·阿里的妹妹，却属于家族的旁支，因此对自己的地位没把握。他急于取得拉惹的全力支持。詹姆斯非常友好地向他致意，并祝贺文莱的本基兰们在君主人选上做出了如此明智的抉择，他对宿敌玛科塔也表现得特别友善。他有两件事要谈。第一是拿到实哥郎和萨里巴地区,过去他介入这些地区的事务并不合法。由于这个地方一贯无法无天,而且也没给文莱带来税收,所以苏丹欣然应允。作为交换,他要给苏丹一点钱,且这个地区的任何一笔额外收入都必须分一半给苏丹。于是双方起草了一份契约,让拉惹有权对东至加榜(Kabong,位于卡拉卡河边上)的沿海和内陆地区进行统治。

拉惹的第二项任务是跟文莱朝廷索要他的敌人写给已故苏丹和玛科塔的信件。在要信的过程中,他言辞随意,甚至有些夸大英国政府对他的敌意。圣约翰想让他克制一点,但只是白费力气。马来人自然开始怀疑他的处境,而玛科塔称那些信丢了。但玛科塔需要钱,当拉惹手下的一个人给了他几百文莱元时,那些信奇迹般地重现了。信件和这笔钱在深夜里通过拉惹住处的浴室窗户进行交接。虽然拉惹的轻率言辞让他的名誉受损,但苏丹和包括玛科塔在内的本基兰们拒绝配合调查。他的敌人不能从他们身上获得任何帮助。文莱可能是个腐败中心,但在此次危机中文莱朝廷对詹姆斯·布鲁克展现出的忠诚友谊不应被遗忘。[37]

返回沙捞越后,詹姆斯就得面对伦塔布的问题。忠心的实哥郎部落仍支持布里尔顿,但伦塔布不除,他的地位就岌岌可危。在林牙,查尔斯·约翰逊巧妙地恢复了当地的秩序,并收到了一些税,虽然掌握着大部分土地和人口的两位马来老夫人丹格伊萨(Dang Isa)和丹格阿加尔(Dang Ajar)对其怀有敌意。她们是了不起的女性,时刻准备穿上男装带领仆从战斗,也小心翼翼地做好了下毒的准备。她们特别健谈,不知疲倦,把查尔斯称作自己的儿子,却又暗算他。只有采取严厉的措施才能瓦解她们的势力。[38]

12月,詹姆斯前往实哥郎并试图与萨里巴的部落接触。他们的一位首领布兰(Bulan)以友好著称,但事实证明他很怕伦塔布，因此不会去支持拉惹。而伦塔布拒绝谈判。他们势必要进行一番讨伐。[39]

新年伊始，在拉惹回来之前，圣约翰从一位马来朋友那里得知拿督巴丁宜阿卜杜勒·贾普尔（Abdul Gapur）准备谋反。他以前是反抗玛科塔的领袖之一，并欢迎詹姆斯·布鲁克的到来。但拉惹进行的一项改革惹恼了他。这项改革规定，3 位拿督不能像以前一样大量收购自己辖区内达雅克人的产品然后再转卖出去，而是应该领固定薪水。1851 年，他把自己的女儿嫁给了一个叫沙里夫布央（Sherif Bujang）的人，而布央的兄弟沙里夫马萨霍尔（Sherif Masahor）是拉让河下游的实际统治者。拉惹信不过马萨霍尔，并试图阻止这场婚姻，但女方很坚持，于是他不情愿地批准了。这进一步惹恼了阿卜杜勒·贾普尔，他开始与马萨霍尔密谋。他现在跟拉惹的军队在一起，表面上相当忠心，但圣约翰的线人认为他打算谋杀拉惹、大老爷布鲁克以及军营中的其他欧洲人。圣约翰急忙派人去提醒拉惹。他们对阿卜杜勒·贾普尔的随从进行审问，得知确实有这样的阴谋，于是便采取了适当的预防措施。但是现有的证据不足以对拿督进行审判。然而在 6 月，拉惹在古晋给各个甘邦（Kampong，即马来人的屋群）任命了首领，并委托他们逮捕为恶者。身为马来高官的阿卜杜勒·贾普尔把这些首领召到自己家里，拿走了他们的委托书。他说，他不会让任何人获封拿督。拉惹的回应就是召集该地区的所有重要人物举办一场公开会议。拿督班达尔（拿督巴丁宜的姐夫）和拿督天猛公（拿督巴丁宜的表兄弟）得知了将要发生的事情，并保证给予支持。在会上，拉惹斥责首领们交出了他所授予的委托书，但也说他知道他们忠心耿耿。然后他转向阿卜杜勒·贾普尔，告诉他要么服从政府，要么死。阿卜杜勒·贾普尔屈服了。接着，当他坐在会议室里的时候，一队人在他家搜查武器。之后他获准回家，但几天后，拉惹暗示说他或许愿意去麦加朝圣。他明智地同意了。他的职务被移交给拿督班达尔，拿督巴丁宜这一头衔被废除。他最终归来时依然凶猛好斗，他的亲戚都拒绝为他担保，于是他被流放到马六甲。[40]

只要拿督巴丁宜还逍遥法外，詹姆斯就得推迟针对伦塔布的行动。4月，布里尔顿打算派一小队远征军去攻打伦塔布的一个党羽，那是一个叫作阿帕伊·登当（Apai Dendang）的首领，此人的长屋位于丹第（Dandi），建在实哥郎河跟萨里巴河交汇处的尖坡上。到目前为止，抗击海盗都是通过水路，但去丹第需要在丛林里跋涉几英里。无论是布里尔顿还是前来加入他的查尔斯·约翰逊都不习惯陆战。他们前进得很慢，而且很艰难，于是一天后，这两个欧洲人和马来部队让他们的达雅克盟友先走一步。这是个错误的决策。达雅克人攻入长屋时既没有侦察兵，也没有秩序可言。试图爬进去的人被藏在里面的守军杀掉，剩下的人逃回首领的身边，敌人在后面追着嘲笑他们。但是阿帕伊·登当倾向于表现得友好些。他承诺缴纳罚金，用以赔偿刚被他的手下杀害的实哥郎达雅克人。他还提供了补给和向导，将远征军带回实哥郎的堡垒。[41]

5月，驻扎在伦杜的查尔斯·格兰特患上了天花的消息传到古晋，拉惹急忙赶去照顾他。幸亏他病得不严重，于是詹姆斯很快就带他回到了古晋。在他外出期间，火药库在一场雷雨天气中发生爆炸，使古晋陷入恐慌。圣约翰相信这是由陨石撞击引起的。此事造成的破坏很大，但无人丧生。[42]

8月，拉惹亲自去征讨伦塔布。调查组准备在新加坡展开调查，他的一些顾问想知道，当他抗击海盗的权利受到质疑，还去攻打海盗是不是明智之举。但詹姆斯完全没有疑虑。他现在是该地区的合法统治者，完全可以自行决策；而伦塔布确实是海盗。此次出征经过仔细策划。据了解，伦塔布身处一座名叫双溪朗（Sungei Lang）的堡垒，靠近实哥郎河的源头。拿督天猛公被派往萨里巴河的上游，阻止援军从那里支援伦塔布。斯蒂尔从卡诺维特堡垒沿卡诺维特河溯游而上，让那里的达雅克人待在家中。主力部队——由大老爷布鲁克与他的弟弟以及克鲁克香克、布里尔顿和其他4名军官率领——沿实哥郎河而上。拉惹跟他们一起走了30英里左右，来到一个叫作恩塔万（Entaban）的地方，他和一些无法前进的重型船只一同留在这里。这支队伍挺进双溪朗山坡，一番激战后险些失败，因为达雅克部队跟往常一样过早发起进攻。此地的栅栏被摧毁，长屋也被攻破、烧毁。伦塔布损失惨重，自己也受伤了。但他的手下把他带到安全的地方，也就是他在萨多克山上固若金汤的堡垒。布兰和他率领的达雅克人严格保持中立，他们兴致勃勃地旁观了这场战斗。

进攻萨多克不太可行。那些忠心的达雅克人已经享受了一场胜利，现在想回家了，而且剩余的补给也不足以支撑更长时间的战斗。军队返回古晋时染上了痢疾，很多人死去。小布鲁克病重了好几周，他的弟弟、查尔斯·格兰特和圣约翰都病了。布里尔顿被留在他的实哥郎堡垒中，也在那里染上了病。他在10月份去世，时年23岁。他把自己为数不多的财产留给了当地的酋长们。副王查尔斯·约翰逊被派往实哥郎接替布里尔顿的职位，现在整个卢帕河地区都归他管。[43]

此时调查组刚在新加坡开展工作，尽管他们在一年多以前就接受了命令，长期拖延不仅激怒了詹姆斯，甚至让新加坡也产生了一种厌倦的气氛。印度当局因为不得不执行此事而感到不快。他们花了好几个月才找出合适的调查人员。人员名单必须呈递到伦敦，而克拉伦登否决了首次提交的名单。最后，他同意任命印度的法律顾问查尔斯·亨利·普林塞普（Charles Henry Prinsep）和一位政府代理人汉弗莱·博恩·德弗罗（Humphrey Bohun Devereux）。他们在8月27日抵达新加坡，发现伦敦提供的此案所需文件、英国议会议事录副本、信件和宣誓书都没有到。几天后，拉惹乘坐皇家海军的一艘船抵达。

没有哪个调查组能比这个更杂乱、更低效。在这两个调查人员中，普林塞普非常神经质，回到印度几周后也确实被确诊为精神错乱。德弗罗头脑清醒，但有点愤世嫉俗，而且对整件事都很不耐烦。拉惹既委屈又生气，决定硬碰硬。他拒绝回应新加坡当局的示好，也不准下属接受任何社交邀请。他在9月11日的开幕式上做的第一件事就是宣读抗议书，抗议此次调查的内容——他已经把这些内容呈送克拉伦登勋爵。就连他的对手也觉得这些内容不合适。调查组拥有的唯一一份文件就是休姆在伦敦写的一篇文章。文章控告詹姆斯定居婆罗洲就是为了经商获利，控告他为达个人目的干涉文莱的政治，并且假称婆罗洲的居民是海盗，对他们进行残酷攻击，但实际是为了让他们服从他的统治，他还借助皇家海军和东印度公司的船只来发动这些野蛮的攻击。文中提到贝尔彻和黑斯廷斯上校拒绝了詹姆斯爵士的请求，没有给这些完全不正当的攻击行动提供帮助，也提到新加坡的53名英国商人提交的那份报告。

这些指控并非全都恰当。无论是贝尔彻还是黑斯廷斯，抑或是其他的海军军官都不认同休姆的说法。而拉惹的敌人们继续罗列无关之事。《海峡时报》的编辑伍兹先生坚持以副警长的身份出席每一场听证会。普林塞普同意了。德弗罗虽提出异议，但随后承认这样做有好处。拉惹随即离开法庭，调查组不得不将他召回。他的行为以及获取文件时的反复拖延导致了无数次休庭。伍兹和前纳闽岛副总督内皮尔想在庭上提出他们个人对于拉惹的指控，但法庭认为这样不合规。拉惹费了很多时间来对莫特利进行仔细盘问——他是东群岛公司在纳闽岛的雇员，虽有彭斯和迈尔斯这样的密友，却对实情所知甚少。调查人员的耐心快耗尽的时候才问到此次调查的两个关键点。

第一，实哥郎和萨里巴的达雅克人是海盗吗？签了否认海盗存在的请愿书并交给休姆的那 53 名商人已经很难找到。有一些签名者死了或是离开东方了。以格思里（Guthrie）先生为首的少数人坚称只有马来人是海盗，达雅克人除非受到强迫，否则绝不会当海盗。艾伦博士（Dr Allen）是个医师，从未经商，他说他签那份请愿书时对这件事没什么看法，但考虑到各种说法，他觉得只有进行调查才不会冤枉詹姆斯·布鲁克。"朱莉娅号"的赖特船长和造船工人托马斯·迪文戴尔（Thomas Tivendale）都表示他们以为那份请愿书认可拉惹的行为，这才答应在上面签字，了解到实际内容后，他们曾想把自己的签名去掉，但没成功。因此这份请愿书是不足信的。其他渠道提供了更多支持拉惹的有力证据。新加坡的 59 名华商给调查组递交了一份请愿书，感谢詹姆斯·布鲁克爵士做了那么多事情，让他们的船只得以在海上安全航行。伍兹先生召来前拿督巴丁宜——他被迫去麦加朝圣时路过新加坡——希望他对拉惹的敌意能促使他抨击拉惹的事业，但拿督坚称实哥郎和萨里巴的达雅克人确实是海盗，他自己的孩子就是在他们的一次突袭中被杀害的。最后，一位刚好路过新加坡的荷兰官员 C. F. 布德里奥特（C. F. Boudriot）先生介入。荷兰人没理由支持詹姆斯，因为詹姆斯驻扎婆罗洲让他们愤愤不平。但布德里奥特先生非常有正义感，他拿出明确而可靠的证据，证明他和婆罗洲的所有荷兰官员都认为这些达雅克人是海盗，他们的暴行毋庸置疑，镇压他们也是非常必要的。斯宾塞·圣约翰被传召上庭时又补充了这些暴行的骇人细节。

詹姆斯·布鲁克的身份问题仍悬而未决。他最后一次出现在调查组面前时，称自己已辞去纳闽岛总督和婆罗洲总领事的职位，因为有人提出批评意见，他自己也觉得现在身为沙捞越拉惹不适合继续担任那些职位。他说自己从未谋取私利，从不是个为了自己的利益而进行买卖的商人。但他在宣称自己是一名独立统治者时就不那么有逻辑了。他主张自己拥有主权，可以铸造货币、发动战争、签署条约，而且这些权利既源于沙捞越自由民的选择，又源自文莱苏丹的授予，他也不否认向苏丹缴纳岁贡。他仍是英国公民，要是英国和沙捞越有利益冲突，那么他肯定会支持英国。他希望英国将沙捞越收为保护地——因为沙捞越实际的独立性因缺乏物质力量而被削弱。然而，1847 年英国和文莱签订的条约并未包含沙捞越，英国只承诺打击婆罗洲水域的海盗，镇压沙捞越海盗是他自己的事。

他在 10 月 27 日进行了这番陈述。直到 11 月 21 日，调查组的工作才结束。越来越古怪的普林塞普想去纳闽岛和文莱继续调查，但德弗罗坚决反对：政府每个月要为此支出 800—900 英镑，他自己也厌倦。此外，文莱苏丹忠于老友詹姆斯，无论如何都不肯合作。德弗罗的看法占了上风。两个调查人员分别撰写了报告。普林塞普的报告很短。他认为詹姆斯·布鲁克对达雅克人采取的行动是正当的。他们确实是海盗，而且要不是詹姆斯·布鲁克爵士的私敌散布谣言，说证人可能会有麻烦或被拘留，或许还会有更多证据出现。但他认为詹姆斯爵士跟野蛮的盟友交往是件遗憾的事，而且有必要那么猛烈地沿河追击海盗吗？他觉得这种交往"严重阻碍一个人——一个在半开化的首领手下行使权力的人——获得大英帝国的官方身份，就像詹姆斯·布鲁克爵士之前所获得的身份"。他发现詹姆斯从来不是真正意义上的商人，但不该让他自行裁定哪些部落是海盗，也不该允许他向皇家海军寻求帮助。他不过是文莱苏丹的一个臣属——即使他的职位并不严格，而且很容易被无视。

德弗罗提交了一份较长的报告。他也认为涉案的达雅克部落确实是海盗，也认同詹姆斯爵士对他们采取的各种行动。他不认为那些措施过于严厉。在他看来，是否应让詹姆斯爵士来裁定哪些部落是海盗取决于他是否拥有官职。若英国想要打击婆罗洲北部沿海的海盗——正如1847年与文莱签约时承诺的那样，某些行政管理机构就应当被授权向海军寻求支援，但以詹姆斯爵士目前的身份来看，他没有那个权力。接着他用一些篇幅谈了谈沙捞越的地位。他并不认为沙捞越如詹姆斯爵士所说，是独立的。当地并未成功脱离文莱统治，而詹姆斯爵士也不是依法选出的统治者。他作为拉惹每年还要给苏丹1000英镑，又怎能算是自行处理国家事务的独立统治者呢？詹姆斯爵士曾非常恰当地说，作为英国公民，他会始终把英国的利益置于沙捞越的利益之上。他的角色让德弗罗想起在印度占据当地统治者的土地时的东印度公司董事会。那时候出现的问题尚未得到解决，而德弗罗先生此时也拿不出解决办法。然而，他确实认为1847年的条约适用于作为文莱一部分的沙捞越。[44]

简而言之，调查组的调查结果完全免除了詹姆斯受到的指控。休姆一伙无言以对，尽管多年后，格莱斯顿先生仍在议会中不太友善地提起马鲁河之战。怀斯想通过再次起诉詹姆斯来重新讨论东群岛公司一事，但没有成功。他也渐渐从人们的视野中消失。但是这些调查结果对于沙捞越的未来发展并没有什么帮助。拉惹已经被判定为文莱苏丹的一个臣属，因此无权要求英国给予庇护。他在东方的声誉受损，而且那里有人注意到他被官方孤立。[45]

詹姆斯一开始因洗刷了多年耻辱而欢呼雀跃。12月2日，也就是他搭乘皇家海军"激流号"（*Rapid*）从新加坡前往古晋的前一天，他很高兴地给坦普勒写信：

> 现在，吾等不满之冬，
> 已被笨蛋休姆变为光荣之夏，
> 而笼罩我们家族的乌云，
> 已埋入海洋的深处。[①]

但一回到古晋，他就开始担心自己领地的情况。他一封接一封地给坦普勒写信，让他代自己去寻求英格兰最好的法律意见。他担心调查组会给他带来经济损失，坦普勒得确保邮费和信

---

① 改编自莎士比亚剧作《理查三世》的卷首对白。

纸钱都由英国政府承担。他还有点希望政府会让他重新考虑辞职的事情，起码也要让他重新考虑是否辞去总领事一职。[46] 次年夏天，他收到克拉伦登勋爵写的一封很客气的信，却完全高兴不起来。信中说在调查工作完成前，英国政府不会让他辞职，以免造成偏见，而且他们现在想借此表明政府对他的工作很满意。克拉伦登勋爵还宣布新一任婆罗洲总领事是斯宾塞·圣约翰。詹姆斯起初让圣约翰拒绝接受任命，而圣约翰难以让他明白这是在示好。这个职位本可以给新任纳闽岛总督 G. W. 埃德华兹（G. W. Edwardes）先生，而这个人很快就表现出对拉惹的反感。詹姆斯喜欢圣约翰，也信任他，于是就接受了他的此次晋升，但仍认为此举怠慢了自己。他不会让一位英国领事住在古晋，因此圣约翰搬到了文莱。同时，他跟英国政府激烈争论，说他们要是不给予庇护，起码也要给他一艘轮船。但此事遭到拒绝，而他自己又买不起。[47]

英国政府颁发一份枢密令，规定所有涉及英国公民的法律案件都必须送到最近的英国殖民地的法庭进行审理，于是又引发了新的问题。这一命令侵犯了文莱和沙捞越的主权，拉惹不同意。圣约翰提出折中之法，说涉及沙捞越时，拉惹应保证此类案件都要根据已颁布的法律审理，而且给英国公民判的刑不会比英国法庭判的重，总领事也会参与审理。多亏了拉惹一直以来的坚定支持者格雷勋爵（Lord Grey）的影响力，英国政府才接受这个折中之法。沙捞越的地位仍然含糊不清，但现在好像受到了善待。当哈丽雅特·马蒂诺（Harriet Martineau）小姐写信给拉惹，让他原谅休姆时，他甚至也觉得这是可行的。"我会如她所愿表现得宽宏大量，"他写道，"我现在深信，休姆除了糊涂任性没什么错。"怀着这样宽容的想法，詹姆斯转向更有趣的工作，那就是设法改进属地的管理。[48]

第七章

华人起义[①]

斯宾塞·圣约翰为人友善但不乏判断力,在他看来,调查结束后的那几个月是拉惹统治生涯中最快乐的日子。他仍对英国政府感到不满,但他不再受此困扰。他的名誉得到维护,像格雷勋爵和埃尔斯米尔勋爵(Lord Ellesmere)这样有权有势的朋友也在为他出力。他为自己的财务状况感到担忧,但沙捞越日渐繁荣,可以展开进一步规划。欧洲人的数量逐渐增加,这甚合他意。时不时会有贵客来访,他也乐意招待。他是个值得尊敬的主人。和很多老跟晚辈与下属待在一起的人一样,他也常会讨厌反对意见,希望人们完全遵从他的意愿。但他跟自己喜欢和尊敬的人在一起时就会变得圆润柔和。他鼓励讨论,乐在其中。他本人侃侃而谈、毫无拘束,展现了广泛的兴趣和丰富的阅读量。他爱

[①] 本章所涉及的石龙门华人起义根源于英国殖民者的压迫和剥削,性质是一场亚洲人民反抗殖民侵略、争取民族独立的斗争,由于作者站在了西方殖民者的立场上,叙事充满了偏见与抹黑,而未提及沙捞越华人长期承受的苦难和屈辱。事实上,这次起义虽然遭遇失败,但沉重打击了英国殖民者,迫使布鲁克王朝缓和了对华人的高压政策,具有重要的历史意义。

下国际象棋,跟圣约翰一起解了很多棋局。1855年初,博物学家阿尔弗雷德·华莱士(Alfred Wallace)在沙捞越待了几个月。他是个很受欢迎的客人。圣约翰——很遗憾,他很快就要搬去文莱了——饶有兴致地讲述在詹姆斯建于帕宁乔(Paninjow)的小屋或是位于山都望的别墅度过的周末。詹姆斯和华莱士在争论宗教和科学问题时会一直吵到半夜。华莱士是达尔文物种起源理论的拥护者,而詹姆斯认为自己是个现代主义基督徒。查尔斯·约翰逊在场时也会提出些不成熟的泛神论观点,圣约翰觉得这是因为他杂七杂八、不加批判地读了太多东西。麦克杜格尔虽然性格开朗且精力充沛,却并不关心这些思维辩论,因此教会由他的副手钱伯斯(Chambers)先生担任代表,此人时刻准备捍卫正统。圣约翰喜欢参与讨论,一些较年轻的官员,如新来的查尔斯·福克斯(Charles Fox),也是如此。但这些年轻人似乎不像他们的长辈那样接受过严格的教育。小布鲁克和查尔斯·格兰特都不关心这些聒噪的讨论。他们偏爱麦克杜格尔夫人执掌的更为优雅的古晋社交圈。[1]

很快,住在古晋的欧洲女性就不仅限于传教团的女眷了。麦克杜格尔夫人生病多年,但已完全康复。生活在沙捞越的白人女性好像没理由不健康。拉惹不太喜欢看到官员结婚。他认为妻子会让男人工作分心,也让他们不适合去边远地区工作。但这些人的妻子来的时候,他依旧表示欢迎。督察米德尔顿(Middleton)先生如今已婚,有两个孩子。1856年10月,亚瑟·克鲁克香克收假回来时带着一位17岁的新娘,她是个文静而理智的姑娘,很快就得到了拉惹的喜爱。几乎在同一时刻,家里传来消息,说正在休假的大老爷布鲁克和查尔斯·格兰特都结婚了。布鲁克的新娘是格兰特的妹妹安妮。拉惹愉快地为年轻的布鲁克夫妇要入住的房子订购家具。[2]

但在招待客人和购置家具外还有别的事情要做。海盗虽然沉寂了，但没有被完全剿灭。1855年4月，拉惹听说巴拉尼尼海盗在沿海活动，便赶到伦杜。虽然一个海盗也没遇上，但他欣喜地发现三发的荷兰人很想跟他合作。他开始觉得荷兰比英国更看重他。6月，他前往文莱商议穆卡（Muka）城的问题。穆卡是马兰诺人的一个小港口，位于拉惹的领地边界和民都鲁之间，西米从这里出口。几乎所有的庄稼都由近海船舶运到古晋，在那里由华商进行碾磨。因此，管理好穆卡对沙捞越意义重大。当地的管理这时期一片混乱。苏丹任命一位叫尔萨特（Ersat）的本基兰为总督，他的高压政策把民众逼得快要造反了。他们拥护尔萨特的表兄弟马杜新（Matusin），他和前者一样腐败，但在当地更受欢迎，因为他的母亲出身于一个穆卡家族。尔萨特驱逐了马杜新，但苏丹批准他回来。有一天，尔萨特当众侮辱马杜新，马杜新一怒之下便失去理智，把尔萨特和他的一个女儿杀了。尔萨特是泗里奎（Sarikei）的沙里夫马萨霍尔的朋友。马萨霍尔便集结了当地的马来人以及萨里巴和卡诺维特的达雅克人，向着穆卡进发。马杜新被围困在家里，他同意投降，条件是不要杀他和他的家人。然而，有人提醒说他被骗了，于是他设法带着6个随从逃脱。次日早上，马萨霍尔闯入房屋，杀害了其中的45个居民（大多是女人），并把这些人头交给他的达雅克盟友。马杜新逃到古晋，靠拉惹庇护。副王查尔斯·约翰逊被派往穆卡，发现这些达雅克人不仅烧了整个城镇，还为了陪葬的金饰而亵渎马兰诺人的坟墓。他回到实哥郎并对马萨霍尔处以罚款，因为后者调集的达雅克人都是拉惹的臣民，他还把马萨霍尔赶出了泗里奎。[3]

由于穆卡和泗里奎都不在拉惹的管辖范围内，詹姆斯得去文莱征求苏丹的同意才能整顿秩序。他觉得苏丹真诚友善，但文莱的恶政和腐败一如既往。苏丹的首相玛科塔谨慎地选择不到场。反对派由已故苏丹名义上的儿子哈希姆·贾拉勒领导。穆奈姆恳求拉惹留下，以他的名义来接管政府，或者至少对政府进行整顿。詹姆斯进行了尝试。他恢复了拿督们的权力，还坚持让穆奈姆封哈希姆·贾拉勒为拿督天猛公，以确保他对政府的支持，并削弱玛科塔的影响力。苏丹也口头同意拉惹自由处理穆卡和泗里奎的问题。不久，詹姆斯有些惊讶地发现苏丹把穆卡和民都鲁转交给了玛科塔管理。显然，要让西米贸易维持下去，就得对穆卡采取更严厉的措施。苏丹维持文莱新秩序的承诺也同样难以兑现。[4]

次年1月，副王查尔斯·约翰逊奉舅舅之命接管了泗里奎，并在那里建了一座堡垒。堡垒由福克斯先生掌管。6月，副王以泗里奎为基地，攻打了住在加劳河（Jalau river，是卡诺维特河的一条支流）边的萨里巴达雅克人。他带领几百号人——这些人大多配备长矛，因为他只有100支老式毛瑟枪和几把来复枪——挺进达雅克人觉得无法通行的地区，还烧了加劳的长屋，让这些达雅克人今后一两年都不敢进行劫掠。管控海上达雅克人的任务现在几乎完全落到了他的肩上。这是项艰巨的任务。他得去倾听关于敌对活动的每一则传言，并进行判断，而且常常来不及请古晋支援就要采取行动。他得自行研究丛林战术，因为他知道他那点马来部队只能在水上发挥作用，也知道他手下的达雅克人经常鲁莽或是轻率地行动，除非由他本人或是一两位德高望重的马来首领带队。他每个月只能拿到30英镑的经费来管理这个地区——现在已相当于半个沙捞越的领土。虽然拉惹很看重他的工作，但偶尔还是会从古晋传来责备之言。有一次卢帕河畔闹米荒，于是他禁止出口大米并固定了米价，然后受到一番关于自由贸易重要性的严厉斥责。他能坚持下来是因为他勇敢、坚韧、正直而且自信得近乎自大，这使当地的达雅克人和海盗都把他当半神一样崇拜。[5]

他的哥哥也就是大老爷布鲁克更为温和。布鲁克在马来人中很受欢迎，马来人敬重他的优雅举止和聪明才智，欧洲人也非常喜欢他。圣约翰充满赞许地提到他想整顿管理机构，尤其是财务方面。不善于组织管理的拉惹欣慰地旁观着，虽然他偶尔也会担心布鲁克超支。[6] 主要的政府改革工作由拉惹亲自开展。他的朋友格雷勋爵建议他成立一个国务委员会，这个委员会作为一个咨询机构能让他时刻了解民众的想法。1855年10月17日，一项法令宣布成立国务委员会，其成员包括拉惹和他的两个外甥（大老爷和副王），以及拿督班达尔、拿督天猛公、拿督伊玛目（Datu Imam，马来人的宗教领袖）和卡提卜老爷（Tuan Katib，本土大臣）。该机构的职责没有说清，也没有一个确定的宪法地位，但拉惹说他在重大的政治方略和政治发展问题上都会通报和咨询该机构。在一周后召开的首次会议上，委员会讨论了针对在沙捞越的英国公民的司法权问题，并批准了圣约翰提出的折中之法。[7]

不久之后，一个主教区的设立更凸显了沙捞越日益增长的重要性。圣约翰不喜欢麦克杜格尔夫妇，他认为传教团在沙捞越的日常生活中没发挥什么作用，也没怎么在达雅克异教徒中间传播基督教。只有一位传教士——有部分锡兰血统的W. D. 戈梅斯（W. D. Gomes）牧师认真地在内陆开展工作。他于1853年在伦杜附近的陆地达雅克人居住区建了一个传教站。麦克杜格尔夫妇似乎专注于较为轻松的工作，也就是让居住在古晋的华人信教，很多华人把信仰基督教视为提高社会地位、获得政府青睐的台阶。这样的批评并不全对。传教团一直很缺钱。而且，麦克杜格尔在很长一段时间里都是古晋唯一一个有资质的医生，于是原本用来疗愈灵魂的时间就用在了疗愈身体上。就连圣约翰也承认，传教团为当地各族儿童开办了一所极好的学校，而麦克杜格尔夫人一直都很乐意把孩子带回自己家里，不管这孩子有多么顽劣。拉惹喜欢麦克杜格尔夫妇，觉得他们善良、开朗、勇敢而且一点都不固执。他也觉得身为一个独立的君主，他的都城应该有自己的主教。英国国教会不是不愿意提升麦克杜格尔先生的职位，但是存在规则上的难题。一位英国国教的主教可以掌管一个不属于大英帝国的主教教区吗？他们建议把主教设在纳闽岛。但詹姆斯不会让自己的领地在宗教方面依附于一个英国殖民地。折中的办法是让麦克杜格尔先生担任沙捞越和纳闽岛的主教，他在沙捞越的职位需得到拉惹颁发的任命状（Letters Patent）。1855 年秋，他前往加尔各答，在那里接受主教的祝圣。加尔各答的主教好像并不完全认可这位新的主教，因为他在祝圣仪式后给麦克杜格尔写信，信中说："我要冒昧提醒你，现在你是一位首席牧师和代表上帝的神父，不应过分欢笑嬉闹。偶尔表现出喜悦和快乐能展现出适当的庄重感，使之体现你的神圣而不是吵闹。"然而，正是这位新主教的活泼使之赢得了大多数信众的喜爱。[8]

物质财富现在也在沙捞越备受推崇。跟东群岛公司打了交道之后，詹姆斯不想让任何企业介入沙捞越。但约翰·坦普勒劝告他，只有引进一家资金充足的公司，沙捞越才能得到发展。经坦普勒从中牵线，亨氏公司（Messrs R. and J. Henderson）的罗伯特·亨德森（Robert Henderson）先生负责募集所需资金并成立一家公司，该公司名为婆罗洲公司，旨在开发由政府控制的垄断资源（如煤矿和锑矿），组织西米和古塔胶买卖，并资助其他的政府商业计划。这是唯一一家获准在婆罗洲运营的股份公司。该公司在1856年5月登记注册，罗伯特·亨德森出任董事长，坦普勒列席董事会。拉惹希望圣约翰当该公司在沙捞越的总经理，但令圣约翰松了一口气的是，那时候他已被任命为总领事，而且该公司的董事会坚持要找个专业的商人来出任当地的主管。该公司选中了一个丹麦人，名叫卢兹维·弗纳·赫尔姆斯（Ludvig Verner Helms），他自1851年以来一直管理着该地的锑矿。赫尔姆斯是个能干的人，只是有些骄傲自满。拉惹一直对他喜欢不起来，这在很大程度上是因为他在此次任命中没有发言权。但当该公司购买了一艘轮船，以定期往来于古晋和新加坡之间，并将其命名为"詹姆斯·布鲁克爵士号"时，他的怒气便逐渐消散了。这艘船全副武装以防范海盗。[9]

到1856年底，一切看起来都很顺利，就连英国政府都变得友好起来。拉惹主要担心的是自己的健康问题，频繁发烧让他怀疑自己还能在东方工作多久。因此他更加迫切地想让自己的领地获得充分庇护。但他总体上还是乐观而满怀希望的。那年年底他又病了，但是短暂的新加坡之行又让他恢复了精神。他的外甥大老爷布鲁克和查尔斯·格兰特带着各自的新娘正在过来陪他的路上。他的外甥女玛丽·尼科利茨（Mary Nicholetts）也一同前来，她年轻的小叔（brother-in-law）[①]哈里刚刚开始服役。[10]

[①] 哈里是玛丽的丈夫吉尔伯特（Gilbert）的弟弟。

沙捞越的一些官员没那么乐观。他们认为有一部分人应该被重点关注。詹姆斯对华人没有任何偏见。他的管家就是个广东人，名叫刘杰（Law Chek，音译），此人跟福建的几个朋友来古晋定居，并且很快就掌控了本地的商业生活。随之而来的是大批潮安（Chao An）①籍的移民，大多是小店店主和码头工人；还有汕头来的潮汕人，大多住在城外的小农场里，他们在农场里种黑儿茶。每一批人里都有一个来组织移民工作。拉惹把这3个首领——福建的王有海（Ong Ewe Hai，音译）、潮安的陈强（Chan Kho，音译）和潮汕的刘建（Law Kian，音译）——看作华人群体的领袖，和华人有关的事都会找他们商量。他们存在的价值得到了普遍的承认。[11]

在沙捞越河上游的石龙门（Bau）附近挖金矿的那家大型"公司"里的客家人则不太令人满意。詹姆斯刚到沙捞越就发现这家公司在运营，并赞赏过他们的效率。他在1842年迫使这家"公司"和在沙捞越河对岸挖矿的另一家"公司"和平共处，希望前者以后会尊重政府。但麻烦没有完全解决。那家竞争对手逐渐没落，石龙门"公司"的人数增加了。1850年有大量人口涌入，他们主要是从实力雄厚的打劳鹿（Montrado）"公司"跑出来的，该"公司"就在边境的另一侧挖矿。但也有些人是不法分子，为了躲避荷兰当局的控告而逃到这里。此番增长让拉惹手下的官员感到担忧。"公司"交的税是根据人口数量来定的，但没办法弄清楚现在的人口到底有多少。当地华人到19世纪50年代

---

① 英文把潮安译为Teoann，此处原文为拼音Chao An，有疑虑。潮安原是潮州的一个县，现在是一个区。下文的Teo Chow是潮州的音译，但指的是潮汕地区，因为以前潮州府包括现在的潮州和汕头等地。

末约有4000人，但他们只承认了约一半的数额。同样明显的是，那家"公司"在大量走私鸦片，这是个政府垄断行业，也是创收的重要渠道。最令人担心的还是华人中秘密会社数量的增加。17世纪早期，中国出现了一个旨在反清复明的秘密会社。这个会社名叫天地会，又称三合会。理论上讲，该会社的目的是要让天、地、人三者达成一种玄妙的结合，由此产生政治上的和谐。在实践中，该组织长期以来一直是个组织严密的政治组织，追求物质权力，非常仇外而且行事残忍。如今该组织的分支机构遍布南洋（这是华人对于中国以南的移居地的称呼），有一支就建在婆罗洲，叫作三条沟会（Sam-Tian-Kiau Hueh）。这类组织在中国本土以及英国和荷兰的殖民地是被禁的。拉惹政府想取缔三条沟会，但该组织在某些马来人中有朋友。三发苏丹及其贵族（大多是由华人保姆带大的）给予三条沟会支持主要是出于对拉惹的嫉妒，而该组织正是通过他们结识了玛科塔和文莱朝廷中的反英派。[12]

1850年发生了一场冲突。有人发现新加坡三合会的一个密探来沙捞越重整了三条沟会。他被逮捕并判了死刑，而"公司"受到严正警告。[13] 1852年，石龙门的那家"公司"想阻止政府官员抓捕一名罪犯，此人是三条沟会的成员。副王奉命带领一支由马来人和达雅克人组成的队伍前去镇压，最后该"公司"不得已交出了罪犯。该"公司"被命令到新尧湾附近的比力达（Belidah）建一座堡垒，并要为之提供装备，还要支付维护费。堡垒被交给沙里夫马杜仙和一支可靠的马来卫队管理。副王查尔斯·约翰逊还罚他们上交100支毛瑟枪，但令他恼火的是，拉惹撤销了这项命令。[14]

1856年10月,中国人和英国人在广州爆发了冲突。①总督叶名琛公开承诺每上交一只英国人的手便可获得30银圆的赏金。很快就有流言传遍东方,说在广州的英国人遭到屠杀。在新加坡的华人受到鼓动,试图在1857年1月发动起义,但很快就被镇压了。石龙门的华人也听到了这个流言。他们也听说过调查组对拉惹的调查,当时拉惹又夸张而轻率地说自己不受英国政府待见。石龙门的"公司"可能觉得英国当局已经和中国开战,因此不会费心援助一个明显不受待见的拉惹。他们反感拉惹的统治。圣约翰最后一次巡视这个地区的时候注意到石龙门的人数大量增加,并提醒了征税官。此外,合法进口的鸦片数量近年大幅下降,但华人吸食的鸦片就算没有增加也还是同样多。经证实,石龙门的"公司"的确犯了走私罪。该"公司"被罚款150英镑,而且还被威胁要是继续走私就会面临更加严厉的措施。1857年1月,"公司"带着毫不掩饰的怨恨缴纳了这笔罚金。拉惹在新加坡时,替其掌管沙捞越的亚瑟·克鲁克香克感到担忧。他听说该"公司"在买武器。一位友好的华人悄悄告诉他,在1月底的农历春节期间,该"公司"将借着在古晋竖立新佛像的机会持械进城、发动政变。他急忙通知身处实哥郎的副王查尔斯·约翰逊,恳求他在节日期间带一些部队来古晋。副王赶到了,因为有他在,所以没发生意外。但他回到实哥郎后觉得有些不安,而克鲁克香克决定派人长期守卫古晋周围的小型要塞,并让军械库的警卫部队日夜提防。15

拉惹在2月初回来了,克鲁克香克和警长米德尔顿都提醒他注意最近的流言。但他不相信一小撮华人胆敢攻打他的都城。他

---

① 即第二次鸦片战争的导火索"亚罗号"事件。

撤掉了警卫，并说不需要专门防范。[16]

2月14日，身在文莱的圣约翰发现有个被沙捞越驱逐的华人正劝他的仆人们加入天地会，还告诉他们沙捞越的英国人很快就会被杀光。圣约翰已经注意到玛科塔经常跟新加坡的华人以及三发的马来人密谈。他惊恐不已，打算尽快送信提醒拉惹。[17]

2月18日晚，古晋一片静谧。拉惹待在家里，身边只有他的贴身男仆查尔斯·潘迪（Charles Penty）。他又病了，整日卧床。从卡诺维特回来休假的斯蒂尔和从伦杜回来休假的哈里·尼科利茨待在屋子附带的小平房里。左岸还有两间住着欧洲人的房子。一间住着克鲁克香克夫妇，另一间住着米德尔顿夫妇和他们的两个年幼的儿子以及一个叫韦林顿（Wellington）的房客，他是新近被派到婆罗洲公司的一个职员。其他的欧洲人都住在右岸——主教及其夫人住在城后的传教山（Mission Hill），赫尔姆斯和婆罗洲公司的职员住在传教山北面的河边，还有几间私人住宅散落在附近。会计克林布尔住在主堡，军械库和监狱都在里面。

那天下午，有个划着独木舟沿沙捞越河航行的马来商人中途看到约600个全副武装的华人在短廊（Tundong）登船。他认出来他们是石龙门"公司"的人。他央求去提醒住在下游几英里处的家人，以免他们受到惊吓，这些华人就让他走了。他以最快的速度划到古晋，并把自己看见的事情告诉一个富有的亲戚——一位名叫贾普尔的商人。贾普尔认为此事很荒谬，但觉得还是去拜见一下拿督班达尔比较明智。拿督同样表示怀疑。他不愿马上去打扰拉惹，因为拉惹正在生病，但他答应次日早上就去对岸告知拉惹。

可没到次日早上，华人就闯入了城中。午夜刚过，他们便登陆左岸，径直冲向拉惹的家。他们首先攻击小平房。斯蒂尔设法逃脱，但尼科利茨在试图离开房屋时被杀。嘈杂声吵醒了拉惹和潘迪。他们在黑暗的走廊中相遇，拉惹一开始把潘迪误认为袭击者，差点杀了他。他们从潘迪的窗口看见尼科利茨被杀。拉惹起初想和他们战斗，但他们仅有的灯熄灭了。所以趁起义者围在尼科利茨尸体旁边的时候，他们从浴室的门悄悄爬了出去。这些华人放火烧了房子。不会游泳的潘迪逃进丛林，不久便遇到一些友好的马来人。拉惹跑到房子东侧的小溪边，从停靠在此处的华人船只下方游过。然后他去了自己信赖的一个马来官员家。

其他华人同时进攻克鲁克香克夫妇的房子。夫妇俩一起跑出大门，克鲁克香克先生被打成重伤但设法钻出了人群，克鲁克香克太太被击倒，留在原地等死。随后遇袭的是米德尔顿家。这一家人试着从不同的出口逃脱。米德尔顿先生成功了，但米德尔顿太太在浴室里被抓住，当时她藏在一个大水缸里。负责照看孩子们的房客韦林顿被杀害了。

克鲁克香克和米德尔顿成功与拉惹会合的时候，起义者已经过河。远处河岸上的火光唤醒了全城的人，那里的欧洲人——6男9女加8个孩子——都逃往传教所，只有克林布尔先生试图守卫军械库。他的守卫是4个马来人。他还给监狱里的两个犯人配了武器，但一个——是个债务人——当即逃脱，另一个——是个杀人狂——只射中了自己。经过一场无望的抵抗，克林布尔和一个马来人成功突围。在另一个堡垒中，由3个马来人组成的卫队冲出包围，并都活了下来。在传教所里，包括主教在内的所有男人都拿起枪，并发誓要挡住那些华人，直到女人和孩子都逃进丛林。但在破晓时分，有7名起义者闯进屋内，要求见主教。他们告诉他，这只是他们与拉惹及其官员之间的恩怨，与传教团或婆罗洲公司无关，而且他们想请他这个医生去医院，他们大概有14个受伤的同伴正躺在那里。

与此同时，拉惹和克鲁克香克、米德尔顿、查尔斯·潘迪已经乘一艘马来独木舟来到了拿督班达尔的家，并在那里与克林布尔和斯蒂尔会合。他试图拉起一支马来队伍对抗那些华人，但招不到足够的人，而女人们开始惊慌失措。于是他命人把女人转移到当时看起来更安全的左岸。然后，他带着手下的官员和一群荷枪实弹的马来人步行前往山都望支流，在那里，他们受到沙璜（Sabang）村民的热烈欢迎，当地船只也被交由他们支配。

主教来到医院。他在那里得知克鲁克香克太太还活着，于是坚持让华人把她交给他。米德尔顿太太也获救了。有个华人看见她半疯半傻地在游荡，就把她带到了赫尔姆斯先生那里。

次日早上，主教、赫尔姆斯、鲁佩尔（跟婆罗洲公司做生意的一个散商）和拿督班达尔被叫到政府大楼。在那里，他们看到石龙门的"公司"头领坐在拉惹的椅子上，干事们围在他身边。屋外，尼科利茨的首级被挂在一根柱子上，众人被告知这是拉惹的首级。这个头领宣布，赫尔姆斯和鲁佩尔将管理古晋的欧洲人，而拿督班达尔管马来人，但二者皆要服从"公司"的最高统治权。主教插进来提醒那些华人，他们也许杀了拉惹，但他们忘了副王，他肯定会带领他的海上达雅克战士为舅舅报仇。华人的得意神色消失了。他们聚在一起商量，并宣布他们会知会副王，允许他继续统治他手下的达雅克人。只要他不伤害他们，他们也不会伤害他。但他们觉得最好还是带着所有战利品迅速退回石龙门。3名欧洲人和拿督班达尔被迫承诺不让人去追击他们，并以特定的礼节——把公鸡血洒在相关契约上——发誓效忠石龙门的公司。2月21日中午,这些华人的船只满载武器、金银餐具、钱财和其他贵重物品缓缓向上游驶去。该公司想把赫尔姆斯带走当人质,但他躲进了丛林。

关于此次起义的3篇最重要的记录存在一些差异。拉惹记述的内容由圣约翰重述。它朴实无华,似乎可信,只是文中并未指出当时拉惹是个病人,他看到自己的朋友被杀、自己的房子被毁、自己的统治崩塌。赫尔姆斯自认为是当时的英雄。他后来写回忆录时插入了他忠心耿耿的秘书蒂德曼(Tidman)对此事的长篇描写,因此狡猾地避免了自吹自擂。主教似乎也把自己当成主要角色,但他的版本由麦克杜格尔夫人用更平实的语言记述。她并不完全赞同蒂德曼的说法,比如蒂德曼宣称那些华人想让赫尔姆斯当拉惹,因为他在哪里都受欢迎。但赫尔姆斯和主教都觉得拉惹丧失了勇气,并且都认为自己是这个地区的救星。

拉惹顺流撤退的时候强烈要求他的马来朋友不要去攻击华人,直到他带着足够的人马回来以确保取得胜利。但当他们看到那些华人撤退时,拿督天猛公的儿子阿邦·帕塔(Abang Pata)领导的那些年轻的马来人就不是拿督班达尔所能阻拦的了。一小拨人跑去追赶华人,并夺取了他们的一艘船。但这群人最终被华人击退。那些华人停止撤退,并派人召来更多的人,包括农民和矿工,然后又去城里实施报复。

同时,主教将传教团的妇女儿童塞进鲁佩尔的纵帆船,把他们送往下游。这艘船负载过重,无法入海。他们在河口附近的一个村子下了船。赫尔姆斯钻出林子,坐上另一艘正开往下游的船,与船上的员工会合。而主教则去追拉惹。他在寇普(Quop)河河口找到了拉惹，怒气冲冲地劝他回古晋。拉惹不情愿地答应了，他身边没几个人，也知道最好还是等副王和他手下的达雅克人过来。当载着拉惹、主教和赫尔姆斯的船只驶到能眺望古晋的地方，他们发现那些华人已全数返回，正在烧马来人的居住区。拉惹的人发起进攻，但对方人数比他们多太多，于是拉惹明智地决定再次撤退。主教更生气了，他喊道："就算拉惹抛弃了他的领地，我也得照顾好自己的教区。"他坚持要回城，并试图从那些房子幸免于难的马来人手中收集武器。赫尔姆斯谨慎地待在船里不上岸，但他的一些员工加入了主教的队伍。拉惹的船经过时，赫尔姆斯声称听到拉惹大声说："把这个地区给荷兰人，不管什么条件都答应。"这可能是真的，但更有可能是拉惹在建议如果自己死了该怎么做。不管怎样，暴躁的主教努力收集武器，并宣称人人都忘了他。而拉惹顺流逃走后，赫尔姆斯便将自己视为唯一清醒的欧洲人，认为自己现在已是事实上的拉惹。此时是2月23日。

在河口处，拉惹安排马来船只把妇女送到林牙，她们在那里不会有危险。他准备随后过去并在那里等待援军。副王在实哥郎正因发烧而卧病在床，有个达雅克人突然冲进来，哭喊着拉惹被杀，欧洲人被赶出了古晋。他起身下令备船，四面八方的达雅克船只都聚在一起，要向杀害拉惹的凶手复仇。这支庞大的船队沿着海岸航行，正遇上把传教团女眷送往林牙的船只。副王得知他的舅舅还活着，但那些华人还掌控着古晋。很快拉惹就听到传言，说达雅克人快来了。但他们还没到，拉惹就获救了。他的船快到三马拉汉河河口时，就看见有烟从地平线上升起。那是定期往返的"詹姆斯·布鲁克爵士号"从新加坡回来了。

拉惹立刻登上这艘船，它溯河而上，由拉惹自己的船只护航，后面紧跟着副王以及从实哥郎来的第一批快速帆船。他们中途把赫尔姆斯及其婆罗洲公司的高级职员捎上。当从燃烧着的都城可以看到这艘船时，那些华人控制了要塞并开火射击。但他们已经搬走了弹药，眼下就只有钉子和铁屑可以用。"詹姆斯·布鲁克爵士号"一把大炮对准城内，华人便慌作一团。很多人现在在左岸，准备烧那里的马来村庄。达雅克人上了岸，毁了他们的船只并追着他们进入丛林。他们没几个人活下来。位于右岸的华人的主力军从陆路撤回裕恒山——他们把船留在那里。他们相信自己随身携带的佛像是无敌的，这种信念让他们多少保持了秩序，而在裕恒山，他们试图停下来抵抗。拿督班达尔带领马来人进攻，把他们赶出阵地。此后，他们的撤退过程变得越来越无望。他们在石龙门只捎上了妇女和轻便物品，然后就尽快赶往三发的边界。围在佛像周围的男人一直保持着秩序，但这些华人在丛林战方面比不过副王率领的达雅克人，后者从四面八方袭击华人。陆地达雅克人加入了袭击的队伍。要不是从古晋掳来了武器和弹药，没几个华人能活着跨过边境。事实上，很多人死在途中。而那些抵达三发地区的人中有不少被当地的华人"公司"杀害。到3月初，留在沙捞越的华人就只有古晋的店主和劳工以及附近的农场主和农民了，而他们大多觉得最好离开这一地区。[18]

3月28日，一切都已结束，皇家海军"斯巴达号"（Spartan）在上校威廉·霍斯特爵士（Sir William Hoste）的指挥下抵达古晋，以保护英国人的生命财产安全。但威廉爵士承认自己无权为保护沙捞越政府而开火。荷兰政府则友好得多。坤甸的总督一听到起义的消息，就派出一艘炮艇和一支队任拉惹差遣。他们到得太迟，所以没什么用。但这位总督随后费了很大的力气去追索被从古晋掳走并运过边界的东西，好将其还给拉惹。自然，拉惹开始思考自己是否该将领地置于荷兰的庇护之下。实际上，事情传到英国的时候，人们对拉惹是深感同情的。《泰晤士报》指出了英国政府的责任，并说幸亏起义者没能读到近期的议会辩论记录。就连自由派的《每日新闻》（*Daily News*）虽然拒绝收回先前的苛评，但也对拉惹在其马来和达雅克臣民中的声望表示钦佩。[19]

华人起义失败增强了拉惹政府铲除华人"公司"的决心。他们一直威胁着政府，而政府从他们的采矿活动中只得到了一点点好处。他们的消失让剩下的华人群体更加安分。人们注意到，虽然有3500—4000名华人被杀或离开，但是沙捞越的华人在1857年之后交的税超过了以往，逃税和走私也都大大减少。此外，不仅是马来人和陆地达雅克人，就连许多海上达雅克人也在拉惹的政权已明显崩溃之际仍忠于他，这让人感到欣慰。但华人起义的负面影响更突出。这件事在布鲁克家族心中埋下了对整个华人群体的猜疑，这似乎解释了马来人和达雅克人对华人那潜在的种族仇恨。虽然人们仍承认华人是社会中的有用成员，但直到很久之后他们才在沙捞越受到欢迎。[20]

古晋遭受的物质损失很大，而且补救的代价很高。马来城镇很快就重建起来。圣约翰7月来古晋的时候惊喜地发现毁坏的痕迹已经没多少了。就连欧洲人也已被安置在临时住房里。他们都失去了很多财产，而拉惹、克鲁克香克一家和米德尔顿一家失去了一切，仅在荷兰人的帮助下找回了一些零星的盘子碎片。拉惹最难以承受的损失就是他的藏书，他精心收集的书籍全被烧毁。重建工作给当地财政带来了沉重压力。拉惹剩下的私人财产全被用来给他自己和手下的官员重新添置装备。该地日益增长的繁荣遭遇严重挫折。这对拉惹的影响很大。他在罹患疟疾期间遭遇了这样一场可怕的磨难,他忍受的焦虑和经历的恐怖给他留下了烙印。主教和赫尔姆斯可能影射他行事胆怯,但却忘了他们当时都曾向华人公司表忠心。他的行为如此谨慎理智,这非常了不起。但压力对他产生了影响。像圣约翰这样的朋友发现,他没了以往的活力,遭受调查的耻辱经历都无法磨灭的乐观和愉快已从他身上消失。他一直喜怒无常,但现在的情绪就只有忧郁。他天生的慷慨和友善还在,但时不时容易产生疑心或是怒气。很快就有人私下说他的神志不是那么清醒了。[21]

第八章

统治结束

　　风暴过后是短暂的平静。拉惹的朋友们聚集在他身边。大家集资来满足他最紧迫的需求，其中婆罗洲公司出了1000英镑。他在诺里奇上过的学校给了他一笔用于买书的钱，而剑桥大学把他们的出版社近期出版的书送给了他。各种熟人又给他捐了别的书，但圣约翰觉得这些书大多是他们自己用不着的。4月，小布鲁克带来了妻子和妹妹，格兰特夫妇也来了。拉惹立刻就喜欢上了安妮·布鲁克，他让这对年轻夫妇住进在老房原址上重建的新屋里。他自己则搬进鲁佩尔先生的小屋，查尔斯·约翰逊来都城时会与他同住。这群文雅的年轻人刚好能排遣他的疲惫，但一些旁观者觉得有这些女士在场很可惜。以前，当地酋长每晚都会来拜访拉惹，现在他们离得远远的。甚至大老爷在马来人和达雅克人中似乎都没有亲密的朋友。[1]

　　为了对马来人表示感谢，拉惹决定赦免头号罪犯，即前拿督巴丁宜和沙里夫马萨霍尔。他们一个获准返回古晋，另一个则获准回到泗里奎。他的很多官员对此感到担忧，但过去的经验常常证明拉惹的仁慈是对的，他们也不想提出异议。[2] 6月，他批准副

汗青堂

开眼看世界

打造兼具学术性与流行性的全球范围历史佳作
成为沟通国内读者与全球历史研究的桥梁

微博扫码关注
汗青堂官方微博

扫码进入
汗青堂丛书豆列

01 《五四运动史：现代中国的知识革命》
[美]周策纵 | 著
陈永明/张静 | 译
110.00元

02 《丝绸之路新史》
[美]芮乐伟·韩森 | 著　张湛 | 译　49.80元

03 《来自纳粹地狱的报告：奥斯维辛犹太法医纪述》
[匈]米克洛斯·尼斯利 | 著　刘建波 | 译　68.00元

04 《东大爸爸写给我的日本史》
[日]小岛毅 | 著　王筱玲 | 译　68.00元

05 《东大爸爸写给我的日本史2》
[日]小岛毅 | 著　郭清华 | 译　60.00元

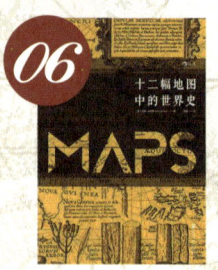

06 《十二幅地图中的世界史》
[英]杰里·布罗顿 | 著
林盛 | 译
99.80元

07 《BBC世界史》
[英]安德鲁·玛尔 | 著　邢科/汪辉 | 译　88.00元

08 《北京的城墙与城门》
[瑞典]喜仁龙 | 著　邓可 | 译　99.80元

09 《海洋与文明》
[美]林肯·佩恩 | 著　陈建军/罗燚英 | 译　128.00元

10 《命运攸关的抉择：1940—1941年间改变世界的十个决策》
[英]伊恩·克肖 | 著　顾剑 | 译　88.00元

王再次讨伐海盗伦塔布。查尔斯深入伦塔布建在萨多克的大本营，但又被迫撤退。[3] 9月，拉惹和圣约翰一起去文莱拜访苏丹。他希望能对穆卡和西米产区做些安排，但一无所获。[4] 10月，他前往英格兰，留下大老爷管理沙捞越。他有4年多没回家了。他既想整顿财务状况，又想再试着与英国政府达成一项协议。此外，正如他在给坦普勒的信中所写，他希望自己的外甥布鲁克"能再获得适合他的职位并管理政府……我希望此番变化能在我死后实现——就算在我活着的时候实现不了，也应为此做好准备"。[5]

他在1857年末抵达英格兰。人们友好地接待他，就连政府也是如此。圣约翰从婆罗洲发回的报告给首相帕默斯顿勋爵和外交大臣克拉伦登勋爵都留下了深刻印象。约瑟夫·休姆死了，科布登失去了兴趣，而格雷勋爵已经转到幕后工作。拉惹出席了一场王室接待会，女王和阿尔伯特亲王特别注意到了他。他跟伯德特-库茨小姐又成了朋友，此后，这段友谊将成为他生命中最重要的一部分，它开始得悄无声息：某天晚上邀对方见面，很快又邀对方共进晚餐，去拜访剑桥公爵夫人和玛丽公主。他很高兴又能见到家人和坦普勒这样的老朋友。[6]

但是接下来就出问题了，且过错主要在他。他变得易怒又多疑。新年之初，帕默斯顿把拉惹争取了很久的保护地待遇给他。詹姆斯拒不接受，除非英国政府补偿他在沙捞越耗费的资金。确实，他现在唯一的个人收入就是印度军队每年70英镑的退休金。而且他认为如果英国人和一个国家有经济上的利害关系，就应给予这个国家更多的关注。这个看法是有道理的。他的朋友，如布鲁克的岳父基尔格雷斯顿（Kilgraston）的格兰特先生都没能说服他立即接受保护地待遇、搁置财政争议。接着，英国政府提议在沙捞越建一个海军基地，这样就能给该地区提供他强烈渴望的海军保护。他当即拒绝，要求先解决他的财政问题。[7] 当被问及沙捞越能否接纳因参与叛乱而被逐出印度的印度人时，他的态度略有松动。他同意接收非穆斯林。于是一些锡克教徒和印度教徒被送了过去，他们的后代至今仍在沙捞越，并在社会上受人尊敬。[8]

帕默斯顿和克拉伦登的确很有耐心，他们继续跟拉惹谈判。他太顽固，以致目的落空。1858年2月，帕默斯顿政府下台，德比勋爵成为首相。德比是个反扩张主义的保守党人，不喜欢对外投入。当有人向他指出沙捞越的英国公民需要母国保护时，他回答这正是他不支持詹姆斯·布鲁克等人的冒险活动的原因。虽然詹姆斯有一些有权有势的朋友（目前以伯德特-库茨小姐为首），但德比既不会给保护地待遇，也不会给贷款。詹姆斯很高兴能受邀到全国各地的集会上演讲，其中甚至有科布登派的大本营曼彻斯特。他两次在当地的自由贸易厅（Free Trade Hall）发表演说，并受到热烈欢迎。但他一无所获。他的支持者组成的代表团在11月底与德比勋爵会面，而后者断然拒绝提供任何帮助。[9]

拉惹还有别的麻烦事。他抵达英格兰不久，就遇到了一个年轻人，这人自称是他的私生子。鲁本·乔治·布鲁克（Reuben George Brooke）来历不明，对沙捞越唯一重要的地方就是对拉惹与其继承人关系的影响。1858年之前，没人知道这个男孩，要是他墓碑上的信息没错的话，他就是出生于1834年。拉惹好像真的相信此人是他的儿子，虽然他从未给出理由。他的妹妹、没有孩子的玛格丽特·萨维奇也相信他，但约翰逊夫妇表示怀疑。他们认为拉惹被骗了，其他的朋友似乎怀疑这个年轻人是他的新门生，而詹姆斯用这个蹩脚的借口来解释他对此人的热络。詹姆斯立刻给在古晋的外甥写信，把鲁本·乔治的存在告诉他，并表示会派此人到沙捞越工作。大老爷的回应近乎歇斯底里。拉惹显然是想剥夺他的继承权，他承受不了这种耻辱。詹姆斯虽然温和亲切地写信给他，说自己对鲁本·乔治的责任绝不会跟布鲁克的权利和期望起冲突，但他开始怀疑布鲁克的判断力和忠诚度。约翰逊夫妇最终接受了鲁本·乔治这个亲戚，但是，过了这头一年，他在拉惹的生活中就没什么影响力了。他没有去沙捞越，最终于1874年在前往澳大利亚的途中死于海难。拉惹的遗嘱里给他和他的妻儿留了5000英镑。[10]

更令人担忧的是拉惹的健康状况。10月21日，他刚在曼彻斯特做完一场演讲便中风了，还一度瘫痪。他康复得很快，似乎是痊愈了，但这场病令人担忧。[11]消息传到古晋后，正为鲁本·乔治的事烦心的大老爷决定赶往英格兰。在接到舅舅消息的几天前，他的妻子死于难产。这是一个严重的损失，因为安妮·布鲁克是个沉着又聪慧的年轻姑娘，受到大家的喜爱和尊敬，而且对其情绪化的丈夫发挥着可观的影响。[12]他在前往英格兰的途中收到舅舅的一封信，在信中拉惹谈到退休的事。若他能拿到1万英镑，加上每年500—700英镑的退休金（他死后则每年拿出200英镑赠予鲁本·乔治），那么他就会退位，由布鲁克接替执政。因此，布鲁克在2月抵达英格兰时满心期待自己即将成为拉惹。[13]

拉惹和布鲁克都意识到了，主要的问题在于钱。拉惹全靠着从沙捞越国库里拨出来的钱过活，而华人起义之后就没多少钱可拨了。婆罗洲公司预付了5000英镑用于抢修，但该公司经营不善。它想在沙东河开个煤矿，但没有雇一个专业的采矿工程师，该项目的失败造成严重损失。起义之后，很多华人迁走了，造成非技术工种人员，尤其是码头工人的严重短缺。公司董事们这时不忘自己对于股东的责任，要求他还钱。拉惹认为他们的举动看起来"粗鲁又贪婪"。他从未原谅该公司，他的继任者也没有原谅。事实上他也确实没有钱。[14]

他因中风而卧病在床的时候，熟悉他财务状况的朋友托马斯·费尔贝恩（Thomas Fairbairn）想了一个办法，就是让他的仰慕者筹集一笔奖励基金（Testimonial Fund），以弥补他的所有损失。要是能募集到2万英镑，那詹姆斯就不必再依赖沙捞越了，他随时可以退休。布鲁克抵达英格兰时热情高涨。舅舅的来信让他相信要是能募集到这笔钱，拉惹就会退位，让他即位。但伯德特-库茨小姐不这么认为。她觉得奖励基金是不体面的，而且她不明白为什么拉惹要退位。她认为只要他再等等，就仍有可能争取到英国的保护，让英国承担经济责任。她自己则大方地借给拉惹5000英镑，让他偿还欠婆罗洲公司的债务。他满怀感激地接受了这笔交易，并以政府的锑矿收入作为担保〔她的律师法雷尔（Farrer）先生显然觉得这份担保不够，但他习惯了她的慷慨之举〕。[15]拉惹最迫切的问题就此解决，但他不清楚自己的想法。有时，他出于对伯德特-库茨小姐的感激和对她看法的尊重而听从她的建议。但有时候他又觉得疲倦，渴望摆脱这一切，要么让位给布鲁克，要么把沙捞越作为礼物送给英国政府。布鲁克不知道该怎么想。他相信舅舅已经答应了让他即位，但舅舅似乎还有别的打算。布鲁克的父母鼓励了他。他觉得首先要把奖励基金的事情办成，但是募集到的钱不够。布鲁克试图劝伯德特-库茨小姐参与，但他谈了太多舅舅退位并由自己即位的事，让她不高兴了。到了1859年5月，费尔贝恩觉得必须公开呼吁大家为奖励基金捐款，只是此过程要尽可能地谨慎。他付出了很多努力，好不容易募集到8800英镑。拉惹突然想到这是婆罗洲公司的错，该公司的董事们想让他屈服。这笔基金的受托人坦普勒、费尔贝恩和外交部的A. A. 诺克斯（A. A. Knox）决定把钱交给信托，只给拉惹利息，这让他更气愤了。坦普勒很清楚拉惹做事非常没有条理，容易有些轻率的慷慨行为。他和其他受托人可能也怀疑拉惹的头脑并非完全没有受到诸多烦心事和疾病的影响。拉惹觉得身为婆罗洲公司董事兼基金受托人的坦普勒是罪魁祸首。他对坦普勒起了疑心。[16]

毫无疑问，伯德特-库茨小姐没有采取任何行动来改善拉惹跟坦普勒或跟他外甥的关系。她是个占有欲强、独断专行的女人，不想让其他人对她的朋友施加影响。她似乎煽动了詹姆斯对坦普勒的怨恨，而且显然已经对布鲁克产生了不满。拉惹开始怀疑布鲁克的管理能力。1858年夏天，布鲁克仍在沙捞越时强横地干涉了穆卡的事务，对一些居民处以罚金——尽管穆卡在文莱境内，他还建议舅舅强行吞并这个地区。苏丹向圣约翰控诉，圣约翰又私下向拉惹提出坚决抗议。詹姆斯命令布鲁克以后谨慎行事。接着，婆罗洲公司控诉布鲁克不肯帮忙也难以共事。詹姆斯对该公司没有好感，故在此事上支持外甥。最后，布鲁克又跟一个医生产生了纠纷。此前在1856年，他在伦敦跟此人签了一份3年的合约。医生在1858年离开沙捞越，称布鲁克骗了他，并要求支付他整整3年的薪水。拉惹认为这位医生有法律依据，理应得到报酬，尽管这笔钱很难筹到。这些插曲当时并未困扰拉惹，但回顾起来却显得愈发重要。[17]

其实，沙捞越一直发展不顺，贸易出现衰退，主要是因为失去了太多的华人。沿海的依拉农和巴拉尼尼海盗重新露头，而皇家海军不会介入，即使有个西班牙女孩被抓并被强行纳入某个海盗头子的后宫。上校威廉·霍斯特爵士告诉圣约翰，这是西班牙的事，不是我们的事。副王在春天对萨里巴河上游发动了两次小规模远征，并取得胜利，但在夏天进攻伦塔布时失败了。唯一的好消息是玛科塔在11月死了，当时他正想从文莱沿海的一个村庄绑架女孩以充实后宫。他一直跟拉惹作对，他的死让人松了口气。[18]

拉惹和大老爷在英格兰争执的时候，沙捞越由副王管理。他和哥哥一样，忍不住对穆卡采取强硬手段。本基兰马杜新在那里与本基兰迪帕（Dipa）发生了冲突——迪帕是被马杜新杀害的尔萨特的儿子，还得到苏丹的代表本基兰扎希勒（Jahil）的支持。马杜新处于劣势，于是副王就去救他，并对扎希勒处以罚金。苏丹再次向圣约翰控诉，而圣约翰再次向拉惹抗议，让他别忘了他接受调查的时候苏丹展现出的忠诚友情。最终罚金被退回。[19] 1859年春，恶意的谣言传遍婆罗洲，声称拉惹在英国女王面前失宠，若非苏丹穆奈姆介入早就被处死了。6月，又有传言称婆罗洲的荷兰人统统被杀。几个马来人暗示副王，要盯着泗里奎的沙里夫马萨霍尔和古晋的前拿督巴丁宜。他不太重视这些提醒，然而他在前往穆卡的途中造访了卡诺维特，发现气氛有点不对劲。于是他让泗里奎的驻扎官福克斯留在卡诺维特，以支援管辖此处堡垒的斯蒂尔。突然，有消息称斯蒂尔和福克斯在堡垒中惨遭卡诺维特的部落成员杀害，守卫中的马来人则毫发无伤，显然也没有去帮那些英国人。卡诺维特人多少效忠于沙里夫马萨霍尔，而他自称深感悲痛。当这些凶手顺流而下来到泗里奎时，他逮捕了领头的人，并把他们处死。

副王迅速赶往拉让河畔调查这桩惨案。他带着一支由马来人和达雅克人组成的队伍，其中就有前拿督巴丁宜——去麦加朝圣后就被称为拿督哈吉（Datu Haji），他不想把此人留下。马萨霍尔提出想跟他一起前往上游。副王在泗里奎待了一段时间，希望得到实哥郎的增援，但援军迟迟未至。他越深入调查此案，就越觉得不安。这肯定是个牵涉甚广的阴谋，参与者不仅有卡诺维特人，还有另一个效忠于马萨霍尔的部落班越克人（Banyoks）以及拉让河沿岸的很多马来人。马萨霍尔看起来礼貌又配合，但他处决反叛者时有点操之过急，那些人本可以提供揭露阴谋的重要证据。阿邦·阿里（Abang Ali）是泗里奎的一个马来人，深受副王信任，他在凶杀案发生后立刻赶往卡诺维特，发现它已被守军抛弃并付之一炬。他坚信马萨霍尔的马来党羽是共谋，并把很多躲起来的人揪出来杀掉。副王判处班越克首领塔尼（Tani）死刑。此人坚称自己是无辜的，但承认自己知晓这个阴谋。副王抵达卡诺维特后就以严重失职的罪名把驻守堡垒的人处死了。然后他去攻打卡诺维特的部落，并得到宿敌萨里巴达雅克人的援助，这些人住在附近而且憎恨他们的邻居。卡诺维特人擅长丛林战，并且使用毒箭。付出了巨大代价之后，副王才烧掉他们的房子，把他们分散驱入丛林。然后他重建了堡垒，让阿邦阿里和他挑选的守军看管。[20]

副王回到古晋后，发现他的朋友们变得谨慎而多疑。那些忠诚的马来首领由年迈的拿督天猛公逐个带到他面前，他们强烈要求他和所有欧洲人都佩带武器。他们自称都带了武器，因为不信任他们的邻居。就连身为宗教人士、不应携带武器的拿督伊玛目也表示他在长袍下带了一把波形短剑。荷兰当局也警告称某个大阴谋正在酝酿之中。副王采取了防范措施。欧洲人的房子都戒备森严，堡垒守军也严阵以待。不久，拿督哈吉现身了。他之前留在泗里奎，和朋友马萨霍尔商量对策。随后他来到伦杜，并告诉当地的马来人和陆地达雅克人，很快就会发生一场针对整个婆罗洲的欧洲人的大屠杀，他们若是不加入的话便会遭殃。达雅克首领巴东（Badong）意识到了严重性，并答应帮忙。按照计划，他们将在某天夜里前往古晋，放火烧几间房子，等欧洲人出来查看情况的时候，就可以轻而易举地把他们杀光了。然而有个达雅克人潜入古晋向副王告密。次日清晨，那些忠诚的拿督把古晋整个马来群体的代表们召集到马来人的县府。在那里，拿督班达尔揭露了这个阴谋，并要求惩处拿督哈吉。众人一致同意。次日，拿督哈吉从伦杜赶来，对计划进行最后的完善。他意外得知自己要被押送出境，流放到新加坡。[21]

但麻烦还没完。有关阴谋的传言仍层出不穷。拉惹的官员们情绪低落，他们与当地民众建立的友好关系似乎都逐渐化为乌有。只有古晋的氛围依旧非常友好。即使在那里，人们的神经仍旧高度紧张。而让圣约翰鄙视的是，主教认为还是把妻子和家人带去休假比较稳妥。他说，这是一场彻头彻尾的反基督教运动，由他的伊斯兰教竞争对手拿督伊玛目领导，但事实上此人对拉惹政权的忠诚是毋庸置疑的。[22]

高潮发生在1860年初。有个叫端影（Tunjang）的骗子自称文莱的拿督天猛公，也是文莱的王位继承人。他在沙里夫马萨霍尔的帮助下游历文莱和沙捞越，煽动人们的不满，并号召所有马来首领都加入他。受召的首领中就有本基兰马杜仙，众所周知他摇摆不定，因此很可能成为其支持者。马杜仙相信召集大家的是真正的拿督天猛公，但还是报告了副王。副王与沙捞越的拿督们进行商议，这些人都相信文莱真正的拿督天猛公没有参与此事。马杜仙收到的信揭露了这场阴谋。这个骗子让马来首领们在沙东河边与他会合。随后他们将越过边界进入荷兰的属地，以集结卡普阿斯河沿岸的部落，包括河口附近坤甸的马来人。他们打算杀光荷兰人，然后转到后方攻击古晋。同时马萨霍尔会带领一支队伍往沙捞越河上游走，以加入他们的破坏行动。

副王急忙派马杜仙去坤甸提醒荷兰人，他手下的一名英国官员海（Hay）先生试图在这个骗子抵达沙东河之前将他拦截。但海下手太迟了，端影已越过边界，正在卡普阿斯河上游受到王公般的礼遇。荷兰人的部队迅速前往桑高（Sanggau），在那里将他包围抓获。他的追随者们作鸟兽散，他本人则被带到巴达维亚，余生将在监狱里度过。拿督哈吉也被囚禁于此，他满怀希望地从新加坡溜走，准备迎接坤甸的胜利叛军。结果他刚上岸就被荷兰人捉住，这才发现自己大错特错。他和端影都供出马萨霍尔是此事的主谋。

与此同时，马萨霍尔带着两艘全副武装的快速帆船前往沙捞越河河口。在那里，他遇到了搭乘"快乐单身汉号"顺流而下的副王，后面跟着几艘马来人驾驶的小型快速帆船，他们正要去恢复沙东的秩序。他看到计划失败了，就顺从地答应跟副王一起去。当他们抵达实文然（Simunjan）——在萨多克上游约 20 英里处——时，副王收到了当地马来人提供的铁证，证明马萨霍尔参与密谋。他还得知有人要谋害他。马萨霍尔会给能杀掉他的人提供每月 300 雷亚尔的终身补贴。副王率先动手。但他的军队由马来穆斯林组成,对他们来说,沙里夫作为先知的后代是神圣不可侵犯的。他们击沉了马萨霍尔的快速帆船,还杀了他的很多手下,但却放任他溜进丛林。他逃至穆卡,然后回到泗里奎老巢以调集更多人马。副王集结了一支达雅克人队伍并迅速赶往泗里奎。马萨霍尔逃回了穆卡,任由他们烧了他在泗里奎和伊甘(Igan)的房子,没收了他的财产。他的势力似乎瓦解了。没了首领,那些次要的反叛者便急忙向政府求和。沙捞越又恢复了信心,毕竟要把布鲁克家族赶走可没那么容易。[23]

副王表现得既能干又勇敢,但这让他劳累过度。他忙着打击反叛者的时候,实哥郎河和萨里巴河上游的达雅克人又开始打劫。伦塔布仍逍遥法外,而且比以前更嚣张。是时候让拉惹或是大老爷来接管这个政府了。叛乱的消息让拉惹深感忧虑。他为自己的外甥查尔斯感到骄傲,并写信给他:"我不会夸赞你,因为文字显得太过冰冷苍白,但你救了沙捞越。"[24]

很显然,要是英国政府答应收沙捞越为保护地,那么这些事情都不会发生。拉惹愈发觉得有必要找个能提供庇护的国家,而他的外甥布鲁克头一回与他意见一致。布鲁克奉舅舅之命开始跟荷兰政府——近年来态度友好且愿意合作——进行初步谈判。但荷兰无意增加殖民投入。管理印度人已经是既费钱又麻烦,而婆罗洲带来的麻烦多于收益。荷兰婉拒了大老爷的提议。拉惹接着考虑让法国提供保护,但大老爷对此没那么热心。副王强烈反对把保护权给予任何一个外国势力,他似乎说服了他的哥哥。拉惹不情愿地中断了与拿破仑三世的谈判。他将此次放弃之举归咎于布鲁克拒不合作,这颇为不公,因为他也因伯德特-库茨小姐的反对而有所动摇。[25]但她在表示反对的同时也有一个慷慨的举

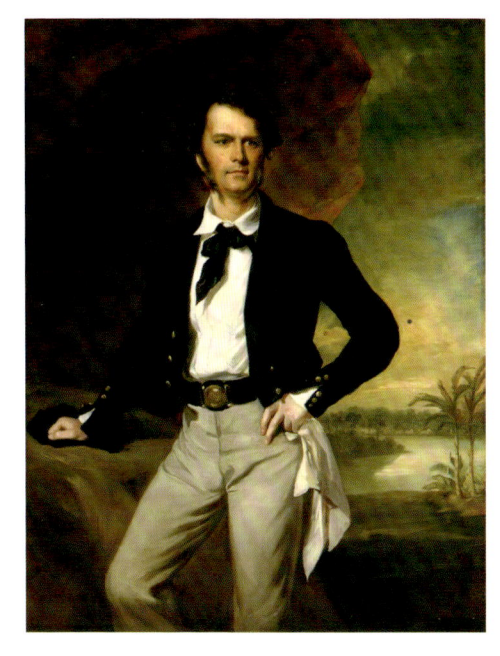

詹姆斯·布鲁克爵士，绘于1847年

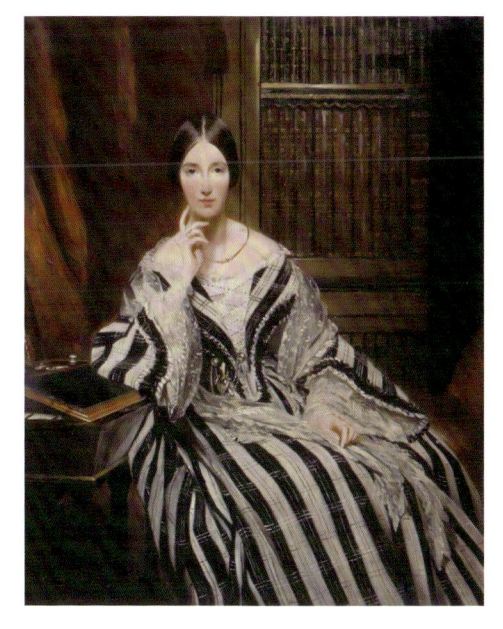

安杰拉·伯德特-库茨

1844年的文莱

婆罗洲苏丹的朝廷

海上达雅克人的长屋

古晋城与沙捞越河

查尔斯·布鲁克

阿斯塔纳

维纳·布鲁克和妻子西尔维娅

布鲁克纪念碑

玛格丽特堡

布鲁克家族墓地

沙捞越博物馆

婆罗洲公司

古晋方塔

今日的古晋地标建筑：沙捞越邦议会大楼

动，让拉惹很高兴。她提出要给他买一艘轮船，供沙捞越政府使用。如此他与新加坡联系就不用再依靠皇家海军或婆罗洲公司了。这艘轮船在克莱德（Clyde）河边建造，于1860年10月完工。拉惹将之命名为"彩虹号"（*Rainbow*），以象征希望。与此同时，他在达特穆尔（Dartmoor）给自己买了座小房子，名为巴拉托尔（Burrator），他准备在这里度过晚年。[26]

布鲁克4月回到沙捞越。他订婚了，准备再婚，迎娶朱莉娅·威尔斯蒂德（Julia Wilstead）小姐。他看起来越发愉快和沉稳，尽管他跟舅舅的关系不太稳定。这不能全怪他。他到后不久就收到一封拉惹的信，信中说要是奖励基金筹到足够的钱，他就会退位，而且他正在让自己的律师准备退位文书。8月，拉惹再次来信，表示只要他还活着——不管是身为现任拉惹还是退位的拉惹（Rajah Tuah）——布鲁克就不能摆脱他的掌控。布鲁克弄不清自己的地位，但这段时间他在沙捞越忙得不可开交。他写信给威尔斯蒂德小姐，想解除婚约，但她已经启程前往东方了。人到达后，布鲁克觉得事已至此不能把她送回去，于是两人成婚，而她婚后才收到那封信，幸好这段婚姻十分美满。[27]

圣约翰最近回家休假了。他不在的时候，文莱总领事一职由纳闽岛总督G. W. 埃德华兹阁下代理。他非常不喜欢沙捞越和拉惹。马萨霍尔知道了这事就来文莱见他，并轻而易举地让他相信自己受了很大的委屈，是布鲁克扩张主义的受害者。与此同时，真正的文莱拿督天猛公被好心的苏丹派往沙捞越，表示穆卡现在重新与沙捞越通商。大老爷有点怀疑，并决定带着弟弟和3艘武装纵帆船亲自随沙捞越的西米货船前往。果不其然，这些商船被禁止入河。大老爷赶到后试图与官方总督本基兰尼帕（Nipa）谈判。他派的一艘船越过河口的障碍物时遭到岸上炮台的轰击。于是大老爷让船队开进河道，他自己带领一小队人马上岸，同时副王努力让船队开往上游，而这条河有水栅阻拦。这是个艰难的行动，但最终船只开到城镇上游的一个位置，同时大老爷的小队人马截断了城镇与大海的联系。然而他们的人数太少，不足以占领城镇。他们派人去古晋求援。援军抵达后，他们准备发起进攻。但就在次日早晨一切就绪之时，有个信差跑来告诉大老爷，东印度公司的船"维多利亚号"正载着埃德华兹先生停在河口，要是不立即停战，那艘船就会冲着沙捞越阵营发射舷炮。大老爷不得不遵命。副王驶向下游，而本基兰尼帕的手下在城里嘲笑他，并朝他开火。两兄弟去会见埃德华兹先生，他痛斥两人残酷地对待马萨霍尔，还插手文莱事务。他说他虽是以女王的名义介入，但却得到了苏丹的授权。大老爷不情愿地撤退了，船上满载帮助过他且害怕马萨霍尔报复的当地居民。但他坚持让埃德华兹先生先签署一份文件，承诺会摧毁穆卡的堡垒、开放贸易并确保马萨霍尔的敌人不会受到报复。埃德华兹先生没有履行他的承诺，沙捞越舰队离开的次日，他便回到纳闽岛，让马萨霍尔全权掌控穆卡。

这件事的直接影响是灾难性的。马萨霍尔觉得有英国官方撑腰，自己便能为所欲为。西米贸易仍然停滞，给西米种植者以及古晋和新加坡的商人造成严重损失。两个月后，婆罗洲公司的赫尔姆斯跟克鲁克香克搭乘"维多利亚号"来到穆卡，他们一无所获。事实上，要不是本基兰尼帕慎重地劝阻，马萨霍尔本想向这艘船开火。最糟糕的是，埃德华兹先生的举动似乎证实了一切说拉惹非常不受女王待见的传言，沙捞越刚恢复的安定又发生了动摇。但这件事长远来看是有好处的。消息传到伦敦，人人惊惶。

圣约翰虽对文莱的权利很关注,但对马萨霍尔不抱幻想。他赶去外交部,抗议他的代理者所做的蠢事。他在那里受到尊重,他的看法很有分量。外交大臣约翰·罗素勋爵立刻写信给大老爷致歉,并感谢他行事如此克制。圣约翰的抗议得到新加坡商会的响应,他们给约翰勋爵写信表达义愤之情。拉惹受到的支持增加了,因为大家觉得他的处境令人无法忍受。首相帕默斯顿勋爵放出话来,说他的顾问们怀疑沙捞越不是真的独立于文莱之外,因此他无法收沙捞越为保护地,但是沙捞越政府可以向他个人提出申请,从而获得所需的海军或是其他援助。[28]

圣约翰中断休假回到文莱,拉惹决定与之同行。他带上了自己最小的外甥亨利·斯图尔特·约翰逊(Henry Stuart Johnson),后者被称为"幼王"(Tuan Bongsu)。这次旅途很愉快。詹姆斯与圣约翰的关系那时最为融洽,即使他们出现分歧,他也不会跟圣约翰吵架。他们在1861年2月抵达古晋,并召集沙捞越国务委员会成员。圣约翰对大家解释说,埃德华兹的做法遭到了英国各位大臣的驳斥。随后他前往文莱,那里的任务更加艰巨。文莱朝廷被埃德华兹的看法蛊惑,想要收回沙捞越。苏丹穆奈姆这时虽然近乎痴愚,却偶有清醒的时刻,他喜欢圣约翰,也信任他。到了4月拉惹造访文莱时,以往的交情得以修复。他们轻而易举地让苏丹相信穆卡于他而言不过是一桩麻烦,还不如将其割让给沙捞越,换来一笔钱和一份终生享有的补贴。他同意交出直到基杜龙角(Kidurong Point,位于民都鲁东北)的沿海和内陆地区。[29]

为防止马萨霍尔再生事端,圣约翰前往新加坡,争取到皇家海军"卡律布狄斯号"(*Charybdis*)以及200名水兵和陆战队员的援助。他搭乘这艘船前往穆卡,没有遇到任何抵抗就占领了这座城。几天后,拉惹带着大队人马与他会合。本基兰尼帕和他的同党被送到文莱。马萨霍尔因圣约翰求情而免于一死,被流放到新加坡。他在那里一直待到1890年,靠沙捞越政府给的一小笔抚恤金过活,另外还靠造船赚钱。他有时给婆罗洲惹点麻烦,但他的势力已经倒台。拉惹又在穆卡待了一个月。他在那里过得很开心,整日忙于安排修缮房屋,制定法规以维护秩序,审理诉讼,而且他对每个人都很友善。西米生意马上就恢复了,由此带来新的繁荣。他建了一座新的堡垒,任命海先生为驻扎官,随后又去整顿民都鲁,并在那里建了一座堡垒。8月,他跟圣约翰回到了文莱,这是他最后一次造访此地。他们在那里签署了割让穆卡的最终文件。[30]

舅舅和哥哥回来后,副王就可以返回实哥郎,回到他的海上达雅克人身边了,那里有很多事情要做。马萨霍尔逍遥法外期间,他的间谍在那些更为野蛮的部落间游走,鼓动他们去抢劫。而伦塔布还在萨多克山活动。1861年的整个夏天,副王都在率军向上游行进。9月,他准备带着一支几乎全部由达雅克人组成的队伍攻打伦塔布的大本营。现在他在丛林战方面经验丰富,不留漏洞。伦塔布的盟友慌了,开始弃他而去。他拒不接受给他开出的条件。副王的部队坚持不懈地挺进,他们穿过的地区被他的火炮专家、曾在印度和中国服役的前任中士利斯(Lees)视为世界上最可怕的地区,那些小路只适合猴子通行。他们最终抵达了山顶。伦塔布英勇奋战,但他的追随者越来越少,他本人最后也被迫离开着火的堡垒——这堡垒像座活火山一样,把方圆几英里的乡村都照亮了。他的财产大多得救,并被凯旋的军队带回古晋。他感到既颓丧又耻辱,便退居恩达拜(Entabai)河边的一座长屋,几年后死在那里。[31] 他的失利并未让达雅克人完全屈服。随后的几十年偶尔还需出征以制止他们的猎头活动。但他们再也不会给地区安全造成严重威胁了。相反，他们还能参与维护秩序。1862 年，一支名为沙捞越游骑兵（Sarawak Rangers）的野战部队成立，队伍中既有达雅克人，又有马来人。但它很快就成了一支以达雅克人为主的部队。[32]

拉惹在回到英格兰的几天后高兴地听到萨多克陷落的消息。他已在 1861 年 9 月底离开古晋。走之前，为了回应外甥布鲁克的一份措辞得体的请求，他任命布鲁克为王储，即法定继承人。他在册封仪式上发表讲话，用已经熟练掌握的马来语向会众讲述了他为沙捞越所做的一切。他将布鲁克作为自己的继承人介绍给大家，讲明执政的重担将落到此人身上，因为他老了。但是他说，要是他们面临危险，他会在必要时回到他们身边。这个场面感人肺腑，在场的圣约翰也被深深打动。

拉惹在整个到访期间都与布鲁克保持着融洽的关系。他们对于内政的看法完全一致，而且布鲁克似乎也认同拉惹对于建立保护关系的渴望。新任布鲁克夫人发挥着稳定作用。布鲁克也能向他们一家的忠实老友圣约翰吐露心声。拉惹兴高采烈又满怀希望地离开古晋。他再次与圣约翰一同踏上旅途，因为圣约翰刚刚得知自己被任命为英国驻海地的代办（chargé d'affaires）。圣约翰很高兴能再次看到他嬉笑，这在华人起义之后便不曾有过。[33]

拉惹的好心情一直延续到他抵达英格兰。他很高兴能回到巴拉托尔，他在这里待的时间越来越长。圣约翰并不赞同他不断邀请不合适的年轻人来身边，妄想着培训他们去为沙捞越效劳的做法。他跟伯德特-库茨小姐的接触更多了，还在 4 月陪着她和她的女伴布朗（Brown）太太去巴黎看国际博览会。他有自己的顾虑。他休假的外甥查尔斯跟他一起待在巴黎，而且和两位女士相处得不愉快。他跟老友坦普勒已经彻底决裂，深信坦普勒曾四处宣扬他精神失常。[34] 后来他又觉得坦普勒是受了主教麦克杜格尔的怂恿，因此主教也非常不受他待见。1862 年 5 月，圣约翰出版了一本关于自身经历的书，名为《远东森林的生活》（Life in the Forests of the Far East），此事让詹姆斯对主教的厌恶加深。书里有一章批评沙捞越传教团把精力集中在古晋，为内陆的达雅克人做得太少，而且完全不会管理财务。这在宗教界激起一阵强烈的抗议，圣约翰在公开和私下场合都受到了辱骂。拉惹很愤怒，因为他认同圣约翰的看法。他为圣约翰准备了一份言辞尖刻的宣传册，让他以自己的名义发表，并进一步阐发批评意见。这场争论由此被终结，而传教团很快就进行了改革，虽然改革直到麦克杜格尔退休，他的副手钱伯斯接任才完成，钱伯斯私下是赞同圣约翰的，但他与麦克杜格尔夫妇有姻亲关系①，因此在公开场合支持主教。[35]

詹姆斯曾考虑让比利时来保护沙捞越，此时正与比利时王储布拉班特公爵（Duke of Brabant）商议。他见到这位公爵时并不是很喜欢对方，而伯德特-库茨小姐坦言这个主意很蠢——不过她承认，英国政府可能不会反对让这么小的一个国家来保护沙捞越。然而王储擅自从古晋给公爵去信表示拒绝，于是谈判破裂，拉惹恼怒不已。[36] 不过幸好他们没有谈成。布拉班特公爵，也就

---

① 钱伯斯的妻子伊丽莎白·伍利（Elizabeth Wooley）是麦克杜格尔夫人的表亲。

是后来兼任刚果统治者的比利时国王利奥波德二世证明了他不适合跟土著打交道。此外，多亏了伯德特-库茨小姐的朋友们的辛苦付出，英国政府正认真考虑给予保护地待遇一事。约翰·罗素（现在是罗素伯爵了）表示赞同，然而他的一些同僚和顾问反应冷淡。最后，伯德特-库茨小姐的老友、奇切斯特的国会议员约翰·埃布尔·史密斯（John Abel Smith）安排新加坡总督卡瓦纳（Cavanagh）上校去了一趟古晋，并提交了一份关于建立保护关系可行性的报告。[37]

在沙捞越，政府运行良好。但是王储心情不佳。4月，他的一个儿子，也就是安妮生的长子死了。5月6日，第二任布鲁克夫人在生下一个女儿后死去。副王在劳累了10年后身体呈现疲态，于是在2月回家休养，格兰特一家与他同行。布鲁克只能向麦克杜格尔一家求助，而他们的建议并不总是对的。在这节骨眼上，主教明智地建议他去巡视穆卡和民都鲁以放松心情。他跟主教一起搭乘"彩虹号"出发，后面跟着"快乐单身汉号"。赫尔姆斯陪同他们行至穆卡。在穆卡时，一群依拉农海盗现身河面并上岸劫掠。赫尔姆斯派出的一艘独木舟设法避开海盗，去民都鲁提醒了王储。他立刻掉头，行驶一小时后碰到3艘海盗船。战斗不可谓不激烈，但"彩虹号"重创了这3艘船。船上大概有240个海盗，其中只有19人逃脱，31人被捕，其余的被杀。他们带着近400名俘虏，其中有140人未能挣脱枷锁，被海盗杀死或淹死，194人获救，并被带到沙捞越的船上，其他人则游上了岸。海盗船沉没之前，他们偷来的财宝很多都被抢救出来了。这几艘船隶属于一支由11艘快速帆船组成的舰队，其他船已散向四方，只有一艘接近沙捞越水域。这艘船开始在拉让河河口活动，但遇到了阻碍——一整船的勇士被引诱去攻击一艘看似毫无防备的马兰诺独木舟，却发现船上载满战斗人员。

依拉农人得到了教训，这是他们最后一次在沙捞越沿海劫掠。布鲁克因自己的胜利而欢欣雀跃，而主教也为这段经历感到由衷的欣慰。他曾帮忙操控火炮，但很可惜他得去下面照顾伤员。他就此战写了一篇热情洋溢的报道，寄给《泰晤士报》。然而这立即引发了英国宗教界的强烈抗议，让他惊恐不已。虽然主教参战在十字军东征的时代备受推崇，但维多利亚时代的福音传道者完全不赞同这样做。他遭到教会同侪的强烈谴责。但另一方面，拉惹欣赏主教的好斗，因此对他更有好感了。[38]

布鲁克一回到古晋便再次陷入沮丧。马萨霍尔在古晋仍有盟友，他们的策略是在镇上散布谣言，称拉惹想把整个沙捞越移交给英国人或是别的外国政权，任其自生自灭。布鲁克听到了这些传言，又有些不好的预感。这时候，卡瓦纳上校从新加坡赶来，要撰写交给英国政府的报告。布鲁克非常诚挚地接待他，以至于上校觉得可以把所有机密文件都给他看。其中有一份圣约翰写的报告，之前圣约翰没有给拉惹看过。这份报告似乎建议沙捞越以5%股息率给拉惹4万英镑，因为要是英国政府不让布鲁克继任总督之位，詹姆斯就得供养他。他强调，要是英国政府考虑接管沙捞越的话，这就只是个建议。布鲁克当即认定拉惹、圣约翰和英国政府要合起伙来剥夺他的继承权。卡瓦纳一走，他就提笔给舅舅写信：

> 我丝毫没有犹豫，而是决定按自己的想法去做，维护我和沙捞越人民的权益。拉惹，你咎由自取。你把我的忍耐

逼到了极限,现在我忍无可忍。我们得比比强弱,而我只能说,要是证明了我比你强,那么我会永远铭记你是沙捞越的缔造者,你是我的亲戚,也曾是我的朋友。我写这些并非出于一时冲动,而是冷静地下定了决心。

同时他给英国政府去信,终止与英国政府的所有谈判,并署名"沙捞越拉惹"。几天后,他又给舅舅写了一封语气较温和的信,信中表明他坚信拉惹想让沙捞越变成英国的一个殖民地,并称自己会尽一切努力阻止这次"无疑是在出卖沙捞越"的行为,而沙捞越的官员和民众都会支持他。第二封信比第一封先到达拉惹手中。这封信让他非常不安,虽然他觉得可以"冷静看待并付之以嘲讽",但他收到前一封信后,就没办法保持冷静了。[39]

布鲁克的行为可以理解。他的地位不清不楚,不知道自己算不算沙捞越的统治者。他舅舅的承诺前后矛盾,有时说要退位,有时又说不退位。布鲁克感觉自己并不了解英格兰的谈判情况,但这些谈判对他的影响最大。他极力反对家族放弃这一地区,他开始爱上这片土地,还为之贡献了自己所有的钱。但他的行为既愚蠢又有失公正。他本该更了解自己的舅舅,体谅他的反复无常。他本该铭记舅舅是沙捞越的缔造者,若不是他舅舅,他本来也没什么继承权可供剥夺。他本该明白,事实上拉惹只要活着就不可能与沙捞越断绝联系,沙捞越人民也不可能与拉惹断绝联系。他在此次危机中行事鲁莽且歇斯底里,证明他不适合做统治者。

伯德特-库茨小姐无疑这样认为。她鼓励拉惹立刻前往沙捞越,并借钱给他当路费。他的外甥、最近被拉惹要求改姓布鲁克的副王似乎为哥哥求情了,但没有用。他必须做出选择,于是明确地写道:"我发誓一定会支持您。我谴责哥哥的行为,并告诉了他。"他主动跟舅舅一起前往沙捞越。他们于1863年1月15日离开英格兰前往法国,并在马赛登船。伯德特-库茨小姐的一位年轻朋友与他们同行,他叫夏尔·拉图什(Charles La Touche)。[40]

离开英格兰前拉惹修改了自己的遗嘱。他之前的遗嘱把沙捞越留给了布鲁克及其继承人,若其绝嗣,则传给查尔斯及其继承人。现在他把他们的继承权都取消了。他的新遗嘱开头这样写道:"我把沙捞越拉惹之位的继承权交托、指派、遗赠给来自米德尔塞克斯郡皮卡迪利大街斯特拉顿街道的未婚女士安杰拉·伯德特-库茨。"对一位中年未婚女士来说,这是一份奇怪的遗产。但这样做还是有些道理的。除开拉惹本人,伯德特-库茨小姐就是拉惹政权的主要债权人,而且她会有办法还清沙捞越的其他债务。他并不指望她移居东方并建立一个朝廷。他在旅途中写信给她,说她应当先把这个地区交给英国,要是一个月后英国也无所作为,那就交给法国皇帝。她怀着不切实际的幻想:要是必须把它交给一个外国政权,那就交给希腊吧。但拉惹回信说与其指望希腊保护沙捞越,不如指望沙捞越保护希腊。确实,想象雅典的这个场景应该很有趣:年轻的国王乔治一世刚来到这个狭小贫瘠的王国,便突然发现自己在遥远的东方有块耗资不菲的殖民地。[41]

拉惹在2月23日抵达新加坡。次日,王储乘"彩虹号"抵达。他的弟弟去见他,还带了一封信,要是他不无条件服从的话,就会把信给他。拉惹在这封信中剥夺了他的继承权,并将他流放,但应他弟弟的迫切请求,会在3年后重新考虑他的事情。王储立刻表示屈服。次日中午,他来见自己的舅舅。在场的有他的弟弟,还有拉图什先生——此人似乎是替伯德特-库茨小姐进行监督。

布鲁克再次表示屈服，并说自己想外出游历。他努力为自己的行为辩解，说这些都是他一人所为，与沙捞越的其他人无关。拉惹毫不留情地斥责了他。最后布鲁克哭了，于是会面突然终止。此后这对舅甥再也没见过面。

次日，他们传递了一系列文件。布鲁克同意回英格兰，每年拿500英镑的津贴，以补偿他投入沙捞越的钱。拉惹答应选一个时间重新考虑他的事。[42]

拉惹在3月7日抵达古晋，众人热烈欢迎，只有主教和婆罗洲公司除外。他发现布鲁克确实没有把其他人牵扯进来，因此他只把事情的经过告诉了国务委员会、那些重要的公民和他自己手下的官员。他们都认为进一步公开既无必要也不可取。但是，外甥公然反抗待他视如己出的舅舅，这事让讲礼节的马来人十分震惊。拉惹告诉委员会自己想取得英国的保护，大家都对此表示赞同。然后他专心处理政务，努力让传教团内部重新变得融洽，并计划成立国家银行，还计划让华人有组织地移居入境。他搭乘"彩虹号"出游，寻找海盗权当消遣，但没找到。[43]

与此同时，副王前往内陆。越过达雅克部落，在拉让河上游和海岸之间居住着卡扬部落，他们在劫掠和猎头上做得比达雅克人还过分，其中一些人涉嫌谋杀卡诺维特人。沙捞越政府兼并穆卡地区后，就得更频繁地应对他们的劫掠。副王从直到最近还纷争不断的海上达雅克人那里征集了大概500艘船。有3个欧洲人与他同行，分别是他的弟弟斯图尔特、在实哥郎担任他副手的沃森（Watson）和利斯中士。他沿着拉让河前进，穿过美拉牙（Belaga）的急流，进入白人从未涉足的蛮荒地带。卡扬人在他到来之前就逃进了丛林，任由自己的房子被烧。但看到他并未就此停步，他们的首领就派人来投降。他回到卡诺维特。8月，那里举办了一场重大的部落集会，副王估计大概有25000人出席。卡扬人承诺会效忠拉惹。他们对着在仪式上宰杀的一头猪发誓与其世仇达雅克人和解。住得更远的肯雅部落也出席了集会，想得到白人的庇护以及随之而来的贸易机会。杀害斯蒂尔和福克斯的最后一批凶手之一被交出来，并在审判后被处决。现在，拉惹的权威终于得到全境上下的认可。[44]

拉惹非常满意，但很快他的满足感就被英格兰传来的消息搅乱了。布鲁克在回家的途中老想着自己受的委屈。到家后，有些愚蠢的朋友——其中可能包括他的父母——怂恿他去维护自己的权利。他向很多公众人物请愿，还四处宣扬自己的权利。他扬言要起诉拉惹，说他们俩跟沙捞越的企业都有经济利益联系。他有证据证明把自己的钱全投给了沙捞越。他可以拿出拉惹写的信，信中保证拉惹会退位并暗示布鲁克现在可以独掌大权。但拉惹从来没有退位，而且人们大多觉得布鲁克对他舅舅没表现出足够的尊重和感激。然后，常见的情况发生——布鲁克觉得自己做得过分了。他请伯德特-库茨小姐来调解。但她一直不喜欢他，而且觉得原谅自己的敌人是软弱的表现。她不会见他，并尽力让他的舅舅一直生他的气。[45]

在古晋，拉惹反应强烈。他给布鲁克寄去一封短信，说鉴于布鲁克对沙捞越和拉惹犯下的罪行，他剥夺了布鲁克的继承权。他再次召集委员会成员，称布鲁克被剥夺了所有的权利和职位，不受法律保护。他再次遵照委员会的意愿，没有发表公开的声明。马来首领寄来一封正式信函，向拉惹保证他们绝对忠诚。当伯德特-库茨小姐写信煽动他对布鲁克的不满时，他的姐姐艾玛·约翰逊则在信中愤怒谴责他对她╱儿子不公。副王也受到母亲的斥责。他处境艰难。他之前一直╱喜欢哥哥，也跟他一样极力反对让一个外国势力来保护沙捞越╱或是将沙捞越完全割让给英国，但他觉得自己对舅舅的忠诚和╱排在第一位。他的弟弟斯图尔特·约翰逊也和他一样。沙捞越╱欧洲官员中只有海先生为了支持布鲁克而辞职。[46]

詹姆斯·布鲁克尽可能地处╱好古晋的事，然后在1863年9月24日，他当上拉惹的22周年╱最后一次向沙捞越告别。告别仪式让他深受感动。与他和解╱教主持了一场盛宴，所有的欧洲人都来了。他在县府召开的╱大会上跟原住民群体的首领告别。他向他们介绍了副王，副王╱以他的名义进行管理。[47]

他在回英格兰的路上收到一封╱报，得知了一个喜讯，就是英国政府最终承认沙捞越是个独立╱。这并不完全符合他的期望，但至少明确了他的地位。英国╱能再以他是文莱属臣为由拒绝提供庇护了。此外，英国人╱以向古晋派驻一名领事。他们派了一位里基茨（Ricketts）先╱但他发现那里没什么事可做，于是建议只派一位名誉副领事。╱个建议得到采纳，当地的一位英国商人马丁先生得到了这个职╱[48]

拉惹回来后又活了近5年。他大╱时间都待在巴拉托尔。他兴高采烈地融入邻里生活，在他的财╱和身体状况允许的情况下帮助每一个人。他一直与沙捞越的╱保持着联系。当伯德特-库茨小姐决定在那里开一座实验农╱时，他大力支持，并修改了土地法以批准此事。她得到了寇普╱附近的一块地。但她的事业却让副王陷入难堪。起初她想建立╱不受主教管理的英国国教传教团，然后又想将传教团交给摩拉╱亚传教士管理。最终定下的经理很失败，于是农场被移交给副领事马丁先生和副王共管。这座农场虽然从未赚到钱，但却推动了沙捞越胡椒种植业的发展，拉惹想得没错，这一农作物能给沙捞越带来利益。[49]

他仍在为沙捞越的未来担忧。他担心在他死后布鲁克会前往沙捞越，而不明白这场冲突真相的沙捞越人民会接受他。事实上，布鲁克的健康状况正急剧恶化，不可能再次前往东方。拉惹一度考虑要成立个沙捞越公司，效仿东印度公司行使统治权，他甚至还制定出了一套章程。随后他又认为割让给英国才是妥当的办法。某个时刻这貌似可行，但他坚持要拿回自己投入沙捞越的钱，还要让他的外甥副王得到适当的补偿，因此谈判一再被耽搁。他准备在这些方面做出退让时，英国政府已经没那么感兴趣了。在他生命的最后一年，他跟意大利政府谈判，希望意大利就算不给予庇护，也至少注资来建设沙捞越，但谈判无果。伯德特-库茨小姐在1865年放弃了身为继承人的权利，同年拉惹决定将这一地区遗赠给副王，除非将来另有安排。[50]

为了表示布鲁克家族的统治还会延续，拉惹忙着发行印有自己肖像的邮票，这是他最后一项与其统治相关的工作。这些邮票在他死后才面世。[51] 在他的老友中，圣约翰只要身在英格兰便会去看望他，而克鲁克香克在1866—1867年的休假期间多数时候也是跟他在一起。他和姐姐艾玛·约翰逊的关系有所缓和，他甚至还以友善的口吻给布鲁克写信，但伯德特-库茨小姐注意着不让这停战期持续太久。她也不支持他跟约翰·坦普勒和解。他想再看看坦普勒一家，这事差点毁了他跟伯德特-库茨小姐的关系。她公开表示不信任查尔斯·布鲁克，她对查尔斯的厌恶几乎跟对他哥哥的厌恶一样多，这让他们两个的关系又暂时遇冷。当詹姆斯给媒体写信，表示支持主教科伦索（Colenso）时，两人又差点吵起来。这样一位秉承自由主义观点的杰出牧师受到教会内部的迫害让他非常气愤，但伯德特-库茨小姐更喜欢法律和秩序。1867 年 12 月，他们的关系明显破裂。当时她的女伴布朗太太故意冒犯拉惹的挚友诺克斯先生。拉惹替诺克斯说话时，两位女士表达了不满并且不依不饶。尽管如此，与伯德特-库茨小姐的友情还是给他带来了很大的安慰，而且他永远不会忘记，在他和他的领地快破产的时候，伯德特-库茨小姐是多么慷慨地解救了他。[52]

1867 年 12 月，拉惹在巴拉托尔遭遇了严重的中风。圣约翰和克鲁克香克陪在他身边，而伯德特-库茨小姐急忙搬到附近住，这主要是为了不让约翰逊一家见到他。她的这番举动得到了圣约翰的支持。他康复了，但无法恢复如初。1868 年 6 月 6 日，他再次中风，于 6 月 11 日清晨逝世。如他所愿，他被葬在希普斯图（Sheepstor）的教堂墓园，距离他深爱的巴拉托尔只有几英里。[53]

詹姆斯·布鲁克堪称"伟大"一词的写照。他有过错、有缺点。他易怒、无耐心、反复无常且轻率鲁莽。他晚年时精神状态并不稳定。他不善于行政管理也不会理财。他常常识人不明。他喜欢公众的关注，而他出版信件和日记的喜好给他惹来了麻烦，因为其内容太过直率。但他拥有难以形容的人格与魅力。认识他的人中没有一个不喜欢他，虽然有些会被激怒进而与他争执。通常他喜欢民众，大家也爱戴他。对于那些原始民族，他本能地表示同情和关爱。一系列意外让他成了一个东方国家的统治者，但要是他不具备让那些东方人极为钦佩的特质，这样的事情也不会发生。他的正直赢得了马来酋长的敬畏，后者自己不具备这一品质,但表示钦佩。对悲惨的陆地达雅克人和深受巧取豪夺之苦的可怜人来说,他强烈的正义感是一种恩典。他们的生活因他而发生了那么大的改变。东方人的直觉既敏锐又可靠,他很快就觉察出伪善和假意以及卑鄙和偏见。詹姆斯·布鲁克或许曾因残暴对待无辜的土著而在英格兰遭到斥责,但他其实比大多数批评他的人都要开明。没人比他更憎恶偏狭和不公,没人比他更不在意私利。他的臣民喜爱并尊敬他,他们的后代在缅怀他时依旧如此,由此可见他的伟大。当你从古晋望向山都望的奇峰——这座山峰从海面升起,靠近他第一次望向婆罗洲所看到的地方——人们会对你说,顶峰的轮廓就是他的侧影:他静静地躺着,但仍守护着他所建立的拉惹政权。

然而,他交到继任者手中的是一个既混乱又贫穷的国度。

第三部

拉惹查尔斯

第九章

新政府

驻新加坡的沙捞越政府代表在第一时间通过电报得知了拉惹的死讯。因为港口没有前往古晋的船，所以他们雇了一艘帆船把这份电报传送给副王。他认为等邮船带来官方通告再公布拉惹执政期结束比较妥当，邮船最终在7月25日抵达。社会各界的悲伤之情深沉而真切。降半旗一直持续到8月3日星期六。当天，副王查尔斯·布鲁克遵照舅舅的遗愿继承拉惹之位。古晋人民被召集到一起，边远地区的代表也被尽可能地叫来。主持者在仪式上宣读了一份公告，然后人们向新任拉惹的旗帜致敬。他等到1870年10月11日第一次召开国民议会时才宣誓就职，但从宣布他即位的那一刻起，他身为拉惹的权利就受到尊重，未遭质疑。[1]

其实新拉惹在大概5年前他舅舅离开时便开始管理这片领地，但是詹姆斯只要还活着，就喜欢过问所有的重大决策，而且一直用警觉（但并不总是务实）的目光盯着领地的财政状况。此外，直到他去世前的几个月，人们都不确定他未来会不会取消这个头衔的继承。查尔斯的处境一直都不容易，但他一直谦逊、忠诚而且精力充沛地履行职责。他在哥哥蒙羞和舅舅退位之际接管政府，当时他在古晋并不是很有名，也不是很受欢迎。1852 年，23 岁的他首次来沙捞越工作，此后他大部分时间都待在内陆，周围鲜少有欧洲人。他没什么机会，也不想学习社交技巧，而且只是偶尔能与拥有相同教育背景的人交谈。但他酷爱阅读，并根据读到的东西做出自己的推理判断。圣约翰过去在他舅舅那里看见他时抱怨这些推论通常很幼稚，但得出的观点至少完全是他自己的，而且，随着他的阅历增加，这些观点也渐渐值得重视。[2] 他刚在 1866 年出版了一部两卷本的书，讲的是他在沙捞越的生活，拉惹詹姆斯为此书作了序。这部著作没什么文采，但却以独特而生动的方式展现了沙捞越发展初期一个边远地区的生活图景，包含了孤独、艰苦、频繁的警报和疫病的反复流行，以及每当不得不出征内陆时面临的艰难险阻。它不经意间生动地呈现了查尔斯·布鲁克的形象。他学会了减少物质需求。"在这一地区，一本好书，甚至一部小说和一份充实的工作都是获得健康和幸福所必需的。"他如此写道。他的要求不过如此，也不认为任何欧洲人应要求更多。他和舅舅一样不会恐惧，但在危急之时表现得更加冷静，有一种与他的艰苦朴素相似的自控力。他很容易发怒，但其愤怒在被抑制时更加可怕。他的宽容只留给海上达雅克人。他对这些人不抱任何幻想。对于林牙的海上达雅克人，他说他们"普遍怀有一种极为讨厌的认知，认为白人来他们的地盘就是来给他们送礼的"。但他努力了解他们的习俗和观念，而且跟他们打交道时力求公正。他们骗不了他，也无法腐化他或是让他背离自己的目标。他不像拉惹詹姆斯那样，凡所到之处皆能唤起土著部落近乎理想化的爱戴。查尔斯让人心生敬畏和赞赏——这或许是一个更好的执政基础。[3]

这样一个人不太可能在欧洲人群体大受欢迎。他公开发表的一些看法有点令人吃惊，例如，他认为最适合建设一个热带地区的人群是欧洲人与原住民的混血后代。[4] 古晋的英国名媛们不同意他的观点。他的哥哥布鲁克凭借迷人而友善的举止受到她们的特别喜爱。但她们觉得查尔斯跟她们在一起时沉默寡言、局促不安。他在休假时见过伯德特-库茨小姐，她明显不喜欢他，理由是查尔斯似乎也不喜欢她。但她的判断并非毫无偏见，拉惹詹姆斯的所有亲戚她都不喜欢，而她接受的社交训练也没有教会她理解一个大多数时间都独自待在丛林中的年轻人。就连斯宾塞·圣约翰也不怎么喜欢他，虽然前者很钦佩查尔斯的干劲和能力。[5] 但在他舅舅的部下中有更理解他的人。他定下既刻板又严格的标准，而且对达不到标准的人不留情面。然而他考虑周到又非常慷慨。他眼中偶尔闪烁光芒，与大家心中不苟言笑的印象不符。他有浪漫的一面，坊间流传着他年轻时甚至是晚年时的英勇冒险事迹。他醉心法国文学，虽然在这方面有点缺乏鉴别能力。他热爱音乐，虽然他的歌唱总是让比他更在行的人觉得尴尬。他精通骑术，在猎场上的时候是他最快乐的时刻。据说官员若是想得他青睐，就必须会说法语，或者会演奏乐器，或者是个出色的骑手。像在他舅舅身边效力时间最长的助手亚瑟·克鲁克香克这样的人理解他，并欣然接受他的管理。在漫长的执政期间，他从不缺乏忠诚可靠的下属。[6]

他已经开始了对行政管理机构的改革。1862 年沙捞越军团（Sarawak Regiment）的成立在很大程度上要归功于他。1865 年 4 月，他成立了一个国民议会（Council Negri），想让各地首领加入政府。议会成员包含众多地区的部落酋长、古晋主要的欧洲和马来官员以及欧洲驻扎官。该议会每3年至少召开一次，会上要批准重大的政治决策或是制度变革，并讨论未来的发展计划。参会标准很灵活。随着更多的部落接受有序的管理，他们的首领也被邀请参会。会议并非总是在古晋召开。1867年6月的首次会议是在诗巫（Sibu）举办的。[7]整个沙捞越现在被划分为三个区（Division）。第一区由狭义的沙捞越构成，也就是沙捞越河、沙东河和伦杜河流域，第二区是指卢帕河流域，而第三区包含拉让河流域和绵延至文莱边界的沿海地区。每个区都有自己的欧洲驻扎官，他们直接向拉惹汇报。驻扎官下面是助理驻扎官，驻守区内各主要人口聚集地，并有下级官员从旁协助，后者部分是从本地人里招募的。他们的人数随着有序管理的范围扩大而慢慢增加。每个驻扎官都维持着一个区议会（Divisional Council），参会的是本地首领。这些被称为"本古鲁"（pengulus）的首领由政府任命，政府基本都会选择公认的部落领袖，除非此人太老、太年轻或是别的地方不合适。每个村落，无论是马来人、马兰诺人、陆地达雅克人、海上达雅克人还是卡扬人的村落，都有世袭或是选举的头领负责维护秩序和纳税。这时期每月在古晋召开的最高议会由拉惹或其代理人、第一区驻扎官以及三四位重要的马来人构成。[8]

第一区驻扎官担任政府的辅政司（Chief Secretary）[①]，而这个区在古晋以外的部分便由一位二级驻扎官管理。在古晋工作的

[①] Chief Secretary 现译作布政司，旧称辅政司（Colonial Secretary），是英联邦国家和大英帝国殖民地内不少政府设立的一个重要官职，地位仅次于总督。20世纪中叶以后，随着"殖民地"概念逐渐淡出英联邦宪政结构，许多地方的辅政司（殖民地司或殖民地大臣）改名为布政司。本文中提到的 Chief Secretary 还是处于殖民地时期，应译为辅政司。

欧洲官员逐渐增加。1873年3月1日发布的一则通告列出了支付给各级官员的最高月薪。驻扎官的最高月薪是350元[1]，二级驻扎官230元，助理驻扎官150元，财政官和医疗总监300元，军队司令和大法官以及航运主管200元，一级海军指挥官和一级海军工程师150元，一级财务办事员120元，还有下级办事员的月薪是80元，二级海军指挥官和工程师以及警司、连队的中士和军需品保管员也是这个薪资水平。沙捞越的一元钱固定等价于英国货币中的4先令2便士。薪资不高，但生活成本低。一元钱可以买到6只鸡和20杯杜松子酒。薪资在接下来几十年逐渐提高。1880年，拉惹想招募一位新的海军指挥官，起薪从每年300英镑（即每月140元）涨到每年最高400英镑（即每月160元）。那一年来为拉惹效力的候补军官拿到的月薪是80元。

用现代标准来看，这样的工作待遇很差。就任的官员可得到40英镑，作为从英国前往当地的旅费。工作10年后可以带半薪休假两年，还能得到300元作为来回的旅费。再工作5年可以带半薪休假1年，但只能得到200元旅费。再一个5年后的情况与此相同。工作21年后可以退休，余生领半薪作为养老金，这笔钱用沙捞越货币支付。若因个人的紧急原因请假，那么政府酌情决定是否提供旅费。若请病假，工作5年的人可以得到200元旅费，并领6个月的半薪。要是工作未满5年，则只能得到旅费。新招募的候补军官要有健康证明。要是到任不久就因病被打发回家，那么他或他的家人要负担旅程中的所有费用。

---

[1] 如无特殊说明，本书中的"元"均指沙捞越元，即拉惹政权发行的货币。

这里没有任何形式的结婚补贴。除非有特殊情况，否则官员必须任职满10年才能结婚，若在内陆驻扎则需满15年才能结婚。1910年，有个候补军官带着妻子和两个孩子来了，却没有报告他们的到来，因此他无法再就任原先的职位，但作为让步还是得到了古晋的一个小职位。拉惹不欢迎欧洲女性的到来，觉得她们会干扰手下官员的工作，而且会破坏他们与本地居民的关系。他不反对官员找本地人做情妇，只要此人行事谨慎且不过分偏袒女方的家人就行。这种结合诞生的孩子虽然有些会厌恶自己的出身，但通常很适合在政府担任低级职位，在社群里也能发挥作用。[9]

司法审判由拉惹亲自实施，大法官从旁协助。若案件涉及英国公民，英国领事便有权出席。马来拿督负责处理只涉及马来人的民事案件，华人法庭则负责处理华人的民事案件。达雅克部落成员之间的案子由本地首领来处理，要是涉案的部落不止一个，那么就由本地驻扎官或助理驻扎官来审理。刑事案件由拉惹或其手下的驻扎官来审理。审案时会尽量遵照社群或部落的习惯法，但拉惹认为自己有权在最高议会的协助下为了实现良政而修改法律。比如说，马来人接受了对其一直遵从的穆斯林继承法的一处修改，这使该法更符合现代的公平理念。国家法律还未编纂完成，但拉惹和法院有疑问时通常会参考英属印度的法律规定。有时候拉惹因为亲自参加庭审而遭到批评，因为那意味着不存在上诉法院。但他的指导原则是，统治者必须始终是民众可接触到的。他在1870年写道，他要是不出席庭审，就听不到民众的大小申诉了，这容易让统治者和臣民间缺乏共鸣和了解。他制定了一条不变的规则，就是所有臣民都能自由见到他，而他会耐心又宽容地倾听他们的问题和冤屈。就算他不能满足他们的心愿，每个人也都能感受到拉惹的充分重视。这种个人关系是管理这个地区的基础。[10]

拉惹查尔斯接手的是一个负债累累的国家。拉惹詹姆斯不善理财,而华人起义之后的重建工作耗资巨大。查尔斯只能厉行节约。伯德特-库茨小姐是继前任拉惹(查尔斯是他的继承人)之后的主要债权人。她预付给已故拉惹的5000英镑,查尔斯很快就还清了一半,为了偿还另一半,查尔斯在1871年把巴拉托尔的房屋和地产转给了她。詹姆斯把这些留给查尔斯个人,希望他用来接待休假的沙捞越官员,但查尔斯觉得这是一种浪费。詹姆斯花了2800英镑买房子,又用了1500英镑来装修,因此它足够偿还仍欠伯德特-库茨小姐的2500英镑。詹姆斯死后,她就对沙捞越不感兴趣了。1872年,她卖掉了寇普河边的实验农场。这座农场经营得不算成功。[11]

1870年的地区财政收入是122842元,但1871年已升至157501元,到了1880年则增至229718元,此后稳步提升,在20世纪初期超过了100万元。它主要源于向鸦片种植业、亚拉克酒酿造业和典当业征的税以及对矿产(尤其是锑矿)征收的特许开采费。马来人每年要缴纳2元的税,只有在拉惹的部队任职的人可免税。达雅克人的每个家庭要缴纳3元的税,单身者的税费减半,民兵组织成员不用交。不过人头税的征收总是不确定的。1870年的地区财政支出是125161元。虽然支出在随后的几年里有所增加,但是其增长率却低于收入增长率。盈余大概在1877年出现,此后收入超过支出,直到日本入侵为止。[12]

这是非常了不起的,因为这一地区并不是拉惹詹姆斯想象中的宝库。这里的矿藏储量都不大。黄金和钻石的产量很低,而锑矿并不是无穷无尽的。朱砂虽然品质优良，但未达预期，而煤矿开采远远谈不上成功。在农产品方面，水稻产量无法满足人口需求，但是最近兼并的穆卡地区的西米正大量出口。人们也尝试种植烟草、甘蔗、茶树和咖啡豆，但都不得不放弃。黑儿茶是种比较赚钱的作物，但华人现在更喜欢种植胡椒，而且做得越来越好。橡胶种植是在查尔斯统治的晚期才引进的，之后成了最重要的农业产业。海龟蛋和用来炖汤的燕窝也能卖一些钱。在矿业和农业上的尝试大多由婆罗洲公司主导，但该公司直到19世纪末才盈利。[13]

拉惹查尔斯跟他舅舅一样对教会在沙捞越的活动感到失望。他们对古晋的关注太多，对达雅克部落的关注太少。在他看来，对戈梅斯博士（在伦杜传教）和查默斯（Chalmers）先生这样令人钦佩的传教士，教区当局没有在工作上给予充分支持。这不能全怪他们。要找到愿意去内陆过苦日子的传教士不容易。而且，为沙捞越的教会提供经费的福音宣道会没有足够的资金来把工作拓展到设想的那么远。查尔斯一直都不是很关心神职人员。就在他的统治结束时，他在一封私人信件里写道："我个人认为主教们在这里有点讨厌。"主教麦克杜格尔在1867年离任。耽搁了一阵子之后，他的副手钱伯斯博士在1870年被任命为主教。与前任相比，他没那么亲切友好，也没那么受欢迎，而钱伯斯太太则被戏称为"普劳迪（Proudie）太太"[①]。他升职之前拉惹是喜欢他的，但在首次以主教身份布道时，他受妻子怂恿，对拉惹手下英

---

① 普劳迪太太是英国作家安东尼·特罗洛普（Anthony Trollope）1857年发表的小说《巴塞特寺院》（*Barchester Towers*）中的人物，身份是巴塞特主教的太太，为人专横跋扈。

国官员的道德进行了猛烈批判。这让拉惹大为光火,因此教会和政府的关系一度十分紧张。克鲁克香克夫妇又加剧了这一矛盾,他们不喜欢主教夫妇。直到3年后克鲁克香克夫妇退休,这里的氛围才有所改善。[14]

拉惹的统治极具个人风格。他比他舅舅更重视文书工作。他在1880年写的一封关于公职人员任职要求的信中称:

> 澳大利亚和新西兰培养出来的人通常不适合来沙捞越工作。在那些国家,他们习惯了无拘无束的户外生活,而这里的生活则要求久坐不动,甚至可以说乏味。更多的工作需要进行陈述,因此不适合喜欢户外运动的人,除非是要进军内陆,那么将要跋涉的区域可能是世界上最崎岖陡峭的地方。我们需要好的会计人员,要文笔流畅并接受过良好的实践教育……若还了解测量学并略懂例行公务形式,那就更好了。

确实,随着秩序扩展到越来越多的地方,地区官员现在很少需要长途跋涉探险考察。他多数时间待在办公室里,本地居民可以来这里见他。他要定期给拉惹呈送报告,要是写得太长,拉惹就会不满。他得准确地记账,而且处理所有财政事务都要非常严谨和准时。拉惹亲自写下训令,告诉他如何对待自己的下属、如何存放武器、如何布置岗哨。他必须尊敬当地的首领,时时征求他们的意见,即使不采纳他们的建议也要如此。他个人的行为举止要简洁而庄重。他不能对当地的某些居民表现出特别的亲近和喜爱,但也要避免出现任何独裁倾向。他被告诫不要开玩笑,因为这些玩笑少有人懂。拉惹会尽可能经常地巡视各地,看看他的指令执行得如何。他的到访对地区官员来说或多或少是一种考验。拥有扶手椅这样的奢侈品会立刻招来怒斥。官员只能伏案工作、外出巡视辖区或是在床上睡觉。但工作出色会被留意并受到称赞。[15]

虽然文书工作渐增，但是行政管理还是很不规范。很多重大决策似乎都是口头下达的，从未留下记录，或者是通过拉惹的私人信件下达的。在查尔斯执政的头10年里，记录里满是缺漏。他在1880年之前写的信函都没有留下副本。要不是半官方的报纸《沙捞越公报》在1870年8月26日问世并保持约两周发行一期——与新加坡邮船的抵达时间契合，那么现在就难以弄清沙捞越发生了什么。《沙捞越公报》起初主要是想让古晋居民了解外界的消息，但后来却更关注本地新闻。1876年后，这份报纸大概一个月才发行一期。[16]

查尔斯即位之时，沙捞越正处于和平时期。他们偶尔出征，去制止内陆的海上达雅克人外出猎头。1866年，有个叫巴郎（Balang）的萨里巴首领企图抓住并杀掉本地驻扎官克鲁克香克先生。政府不得不派出一队人马去惩治他。1868年夏天，就在即位前夕，查尔斯率远征军讨伐卢帕河上游的得洛达雅克人（Delok Dyaks），因为他们在荷兰属地边界滋事。1868年10月，穆卡发生了一起意外：囚禁在堡垒里的囚犯趁着指挥官下午外出散步，印度守卫疏忽大意之时占领了堡垒，还杀害了一个卧病在床的英国商人。但他们不打算占据这个堡垒，在带着战利品逃逸的时候被本地人制服了。到1869年初，拉惹觉得他可以安心地离开沙捞越，在这5年多的时间里首次出访英格兰了。[17]

拉惹詹姆斯最终决定让查尔斯即位时，建议查尔斯指定他的侄子，也就是布鲁克唯一活下来的儿子霍普（Hope）为继承人。布鲁克死于1868年，比他舅舅晚几个月。[18]但查尔斯不想传位给这个没有被他抚养过的男孩，他想有自己的儿子。他或许不赞成手下的官员结婚，但结婚显然是他的责任。他前往英格兰的主要目的是寻找一位妻子。他在那边没什么朋友，但他记得幼时曾跟一个比他大3岁的堂姐莉莉·维勒斯·约翰逊（Lily Willes Johnson）一起玩耍。她从法国的外祖母德温特男爵夫人（Baroness de Windt）那里继承了一笔财产，此后嫁给了一位詹宁斯（Jennings）上校，后者就冠上了德温特这个姓氏。她现在是威尔特郡（Wiltshire）的一位富孀。拉惹詹姆斯似乎跟查尔斯提过她是个合适的妻子，詹姆斯可能是觉得这位夫人足够年长，不太可能影响霍普最终即位。查尔斯给德温特太太写了封措辞友善的信，并附上沙捞越的钻石作为礼物。于是他被邀请去她家做客。

他在夏日的一天穿着礼服大衣、戴着大礼帽来乡下拜访，显得很不协调。他的样貌让德温特一家印象深刻。他长得不高，但身材挺拔瘦削，英俊的面容棱角分明，灰色的眼睛目光犀利，蓄着灰色的大胡子。但德温特太太、她的长子以及她19岁的女儿玛格丽特都觉得他沉默得可怕。他只有对着16岁的哈里才能畅谈自己的统治。他似乎很孤单。因此，那年夏末德温特一家去蒂罗尔州（Tyrol）游玩的时候邀他同行。一天清晨，玛格丽特在他们位于因斯布鲁克的旅馆客厅里弹钢琴，这时拉惹走进来并递给她一张纸，他在纸上写道：

以谦卑之姿，
国王恳求您，
嫁给他为后，

您不会说不吧？

这就是他求婚的方式。玛格丽特起初大笑起来，随后看出他是认真的，于是接受了他，这让她的家人感到诧异。他们在1869年10月28日低调完婚。[19]

这是一桩不寻常的婚事。拉惹比他的妻子大20岁。他可能从未爱过她，但她是个高挑白皙、美丽聪慧的女孩，在他看来适合做他孩子的母亲，也适合做古晋社会的女主人。她也不爱他，但她在家很无聊，又崇拜他，被他的冒险故事吸引。她会过得很艰难，蜜月期就让她看到了以后的生活。蜜月是在巴拉托尔过的。他们婚后的第一个晚上住在埃克塞特的一间旅馆里，拉惹给他的新娘提供的晚餐是面包和黄油，他自己则享用了烤山鸡腿和两杯雪利酒。第二天的午餐是干巴巴的饼干，因为他不同意把钱浪费在英国小旅馆的糟糕餐食上。日子就这样过去了。在他们漫长的婚姻生活中，他希望她也能过那种符合他天性的俭朴生活。当时的法律允许他全权掌控她的钱。只有当他把钱花在自己唯一的嗜好——购买马匹以供狩猎时，他才允许她添置衣物。她积极热情、神采飞扬，与他的沉默寡言格格不入。他也没看出她纯熟的钢琴演奏技艺与他对维多利亚民谣不成曲调的哼唱水平截然不同。最后，她的挥霍令他不快。他也不认同她所说的，即拉妮和她的孩子生活节俭会让沙捞越的美名和声望受损。他在信中苦苦哀求她减少花费，不要超支，之后小心又及时地帮她还了债。但她深爱着沙捞越，而他为此心生感激。他们多次冷战，长期分居，但相互尊重，而且对彼此的忠诚虽然性质不同，却是真挚而强烈的。[20]

拉惹夫妇在1870年4月抵达古晋。3个月后，他们搬进阿斯塔纳（Astana），这座宫殿是为他们建造的，靠近詹姆斯在华人起义期间被焚毁的小屋的原址。阿斯塔纳如今仍是政府办公地，其建筑风格博采众长，以一座哥特式塔楼作为入口，宏伟的侧翼有高高的木质尖顶，会客室和卧室都在二楼，靠粉刷成白色的砖砌拱廊支撑，而厨房和当时的盥洗室位于一楼。此后进行了小的改动，整座建筑曾不止一次被重新装修过，但房子的外观多年来几乎没怎么变。拉妮在她的书中描述了婚后前几年在阿斯塔纳的生活。每周二都有面向整个欧洲人群体的茶会，偶尔还有晚宴和音乐演奏。令她懊恼的是，从未有人请她在那台破旧的埃拉尔（Erard）钢琴上展现她非凡的音乐才能，但拉惹所演唱的《女人善变》（*La donna è mobile*）[①]却让所有人大为赞叹，只有他自己的妻子不买账。在晚宴末尾，医务官（Medical Officer）用清亮的男高音问道："噢，本·博尔特（Ben Bolt），你不记得可爱的爱丽丝了吗？"[②] 拉惹前往内陆时，拉妮会宴请城中主要的马来贵妇，甚至开班教她们读写，这遭到了拿督班达尔的夫人、年迈的拿汀伊萨（Datin Isa）的反对。[21]

在婚后的前几年，拉惹有时会带上自己的妻子前往河流上游的达雅克人或卡扬人区域。先前欧洲人难以接触到那些部落中的女性，但她在场时，那些妇女会羞涩地现身并和她交朋友。她拜访原住民村落、与居民见面时展现出的友善和由衷喜悦，在营造一种融洽的氛围时起到了重要作用。有时她面临更艰巨的任务，

[①] 威尔第歌剧作品《弄臣》中的咏叹调。
[②] 来自托马斯·邓恩·英格里希（Thomas Dunn English）的抒情诗《本·博尔特》。

例如某次拉惹深入卢帕河上游作战，她跟几个守卫留在了成邦江。这时一群卡扬人突然出现，他们来自拉让河上游，自称要投靠拉惹，但更有可能是想看看趁拉惹在河流上游忙碌，他们能抢到点什么。拉妮凭借坚定不移和虚张声势控制住他们，直到拉惹回来。虽然拉惹不是个好相处的丈夫，还会冷淡地浇灭她的热情，但那段日子她过得仍很开心，尤其是她弟弟哈里·德温特来出任姐夫的副官之时。[22]

但她的主要任务是为拉惹诞下继承人。她在1870年生了个女儿，又在1872年初生下了一对双胞胎儿子。但双生子在东方是不祥的。拉妮在早产生下一个死婴，再度患上恶性疟疾后身体就垮掉了。1873年9月，拉惹带着她和孩子们回英格兰。他们途经新加坡时当地正流行霍乱。他们搭乘的邮轮北上进入红海时，3个年幼的孩子都在一周内染病身亡。拉妮在英格兰待了一年多。1874年9月30日，她又在那里生了个儿子，名叫查尔斯·维纳·布鲁克（Charles Vyner Brooke）。他立刻被封为王储，也就是继承人。拉惹夫妇在1875年春天回沙捞越的时候把他留了下来，交给第一任拉惹的老朋友麦克杜格尔夫人照顾。他们于1876年8月在古晋生了第2个儿子伯特伦，人称副王，又于1879年在英格兰生下第3个儿子哈里，人称幼王。继承问题现在安排妥当了。[23]同年，拉惹的侄子霍普·布鲁克成年。拉惹给他写信表达善意，并给他每年200英镑的津贴，但也让他"切记不要进行任何讨论，这不会有结果也没有好处"。霍普·布鲁克采纳了他的建议，在随后的多年里和叔叔一家保持着即使不算热切也称得上友好的关系。[24]

这些年里，整个沙捞越彻底安定下来。1870年5月，一群卡诺维特达雅克人在首领林东（Lintong）的率领下企图攻占位于拉让河边诗巫的堡垒，但被击退。几个月后，拉惹率军前往卡蒂巴斯（Katibas）河上游讨伐林东。林东被擒，并在古晋被软禁了几年。他原本是布鲁克家族的支持者，而他在进攻诗巫时被杀的长子曾是诗巫驻扎官克鲁克香克先生的好友，但他旧习难改。这下他得到了教训。几年后他回到自己的部落时，该部落已变成拉惹政权的忠仆。他成了一位本古鲁，在1887年被蛇咬死。屡教不改的掠夺者头目巴郎也在此战中被捕。他因制造多起谋杀而被带到古晋处死。[25]

但卡诺维特和卡蒂巴斯的达雅克人尚未平定。政府在1871年又派出一支远征军攻打他们。他们的村落被烧毁后，很多人迁移到了拉让河下游的一个更容易控制的地区。但他们在那里继续劫掠，攻击卢帕河上游那些爱好和平的达雅克人。他们想撤回靠近边境的乌鲁艾以逃脱惩罚。拉惹在1875年追到这里，并且暂时震慑住他们。次年他又派出一支远征军，此后其余的卡蒂巴斯人便被安置在更靠海边的地方。1879年，一位实哥郎达雅克首领朗·恩当（Lang Endang）开始袭击住在甘杜（Kantu）河边的邻族。他被处以罚金，但却企图伏击前来收取罚金的政府官员。在受到严惩后，他被迫屈服。

边远地区的猎头行为迄今为止仍无法根除。此事主要得怪部落中的女人，因为一个男性若不通过猎取一颗人头来证明自己的男子气概，便没有女孩愿嫁给他。但在离统治中心更近的地区，部落成员开始发觉这一行为并不划算。警觉的官员会立刻判处大笔罚金，必要时还会派出军队。于是在越来越多的区域，村民可以离家漫游，而不必担心遇上武装比自己更精良的人会掉脑袋。[26]

拉惹坚决要改革的另一项传统是奴隶制。奴隶制自远古以来就存在于婆罗洲。总体来看，奴隶主会善待家里的奴隶，虽然偶尔也会出现野蛮残忍的行径。从事农业劳动的奴隶更像是中世纪的农奴，拥有一定的传统权利。他们必须先为主人效劳，再为自己工作，而且只能保留自己收获的作物中的一小部分。但他们的私人生活不受干涉。在达雅克人中有少数俘虏成了奴隶，但达雅克人更喜欢将战败的敌人斩首。马兰诺人和卡扬人都蓄养奴隶，并随心所欲地处置他们。当他们准备建造一座新的长屋，或是该地区受到传染病威胁时，年轻的女奴就会被献祭。当一位首领去世时，很多奴隶会被绑在支撑棺材的柱子上活活饿死。

拉惹行事谨慎，明白贸然下令废除奴隶制会造成混乱、带来恶果。他甚至不提倡公开讨论这个问题。他在即位的几个月前发布的一份通告中指出，至少马来人现在的制度是温和宽松的，很多奴隶因主人的漠不关心和宽容忽视而得到非正式的解放，但他们要是太放肆，主人就会记起现下处于半搁置状态的权利和主张。但在最高议会的许可下，他逐步制定法规以改善奴隶的处境。与主人或其家庭成员发生性关系的奴隶女孩自动恢复自由，而且她的孩子一出生就是自由身。虐待奴隶的案件会被送交法庭审理。跨境输入或输出奴隶的行为遭到禁止，违者处以巨额罚款。奴隶可以为自己的利益而做有偿的工作，而且可以用赚来的钱为自己赎身，1877年的赎身钱大概是6英镑。在沙捞越买卖或转让奴隶都要登记，若在一定期限内未登记，奴隶便自动恢复自由。这种情况似乎经常发生在农业奴隶身上。过去，很多马来首领会在临终前释放奴隶，以获得神灵庇佑。现在，他们发现生前释放奴隶会获得拉惹的青睐。在奴隶群体中，比较勤奋的会努力工作来为自己赎身，而比较懒的也受法律保护，他们干得太少，因此主人觉得还是雇佣劳工效率更高，费用也不会更贵。仍有华人将多余的女儿卖给马来人，后来是卖给达雅克人，但是渐渐地，这些女孩不再被当作奴隶，而是被当作这家人收养的孩子。奴隶制又非正式地存在了10年，但渐趋衰落，很快就不再是个社会问题了。1883年，拉惹提出一项议案，准备在5年内解放所有的奴隶。1886年，他撤销了这项议案，因为没必要了。[27]

因此在19世纪70年代，沙捞越稳步走向和平与繁荣。拉惹与边界另一侧的荷兰当局关系友好。拉惹即位前不久曾遇到些麻烦，当时，荷兰炮艇两度以沙捞越商船从事海盗活动为借口将其扣押，但古晋方面提出抗议后，商人便被无罪开释。边境两侧的达雅克部落几乎争斗不休，而拉惹一直跟坤甸的荷兰驻扎官保持联系，以控制他们的冲突。有时，拉惹和驻扎官在行事方法上会产生分歧。荷兰的行政体系与布鲁克家族的截然不同，故偶尔的纷争难以避免。拉惹的信中时常向坤甸方面提出处理边境冲突的措施。他反对让荷兰和沙捞越的军队联合出征，因为两支军队的组织和训练方式大不相同，而且队伍中的部落相互妒忌，难以精诚合作。若是误闯边界的部落需要约束，他认为最好由荷兰和沙捞越轮流实施处罚。他发现荷兰人很愿意与他合作，在他舅舅执政早期出现的那种敌意此时已荡然无存。荷兰政府已经接受了沙捞越的存在，甚至比半心半意的英国政府更情愿。1871年，拉惹及其夫人对坤甸的荷兰驻扎官进行正式拜访，并被当作在位君主对待。荷兰官员任何时候在古晋都很受欢迎。[28]

总的来说，拉惹查尔斯有充分理由对其执政的前10年感到满意。他的统治险些在1877年4月终结，在巴列（Balleh）河河口，他差点淹死在拉让河里。当时他的汽艇"吉塔号"（Ghita）陷入岔流而被推往岸边。他迅速抓住一根垂下的枝丫，想把船推进水里，但是树枝突然折断，他被卷入河中。当巴列要塞派出的一艘船将他救起时，他已经不省人事了。要是当时他死了，没人知道沙捞越会发生什么。但他康复了，而且没留下后遗症，能继续处理那两个一直困扰着他和他的政权、重大且相互交织的问题了，那就是他们与英国以及文莱的关系。[29]

第十章
英国和文莱

　　拉惹詹姆斯的去世和拉惹查尔斯的即位已被及时而正式地报告给英国政府，查尔斯也已被承认为沙捞越的最高统治者。但英国外交部仍对拉惹政权有些怀疑。帕默斯顿勋爵和罗素勋爵已承认拉惹政权，但前者在 1865 年去世，而后者在 1866 年下台。继任的德比勋爵政府不那么友好，格莱斯顿先生领导的自由党政府也不太好说话。一个英国公民同时也是一位独立统治者，这让英国当局很为难。1875 年，英国外交大臣在给拉惹的一封信中谈及他"不正当的管辖权"。几年后，拉惹申请参加英国女王的招待会，但让他感到气愤的是，他被称作 C. 布鲁克先生，沙捞越拉惹的头衔则被加在括号里。[1]

　　英国政府的态度受到两个难题的影响。首先就是纳闽岛殖民地的问题。詹姆斯·布鲁克曾促成英国吞并纳闽岛，这也给他和他的继任者造成了无法估量的损害。纳闽岛作为英国殖民地算不上成功。除了贫瘠的煤层，这座岛仅有的价值就是为婆罗洲北部沿海的商人提供了一个秩序井然的转运口岸。但随着沙捞越日益繁盛并将其边界向东北拓展，纳闽岛失去了它独特的地位。商人们更喜欢使用沙捞越的港口。连接纳闽岛和沙捞越的私人纽带一破裂，猜忌便随之滋生。纳闽岛的总督通常厌恶拉惹，尤其想阻止他拓展领地或是增强对文莱的影响力。1860年埃德华兹先生对穆卡的不当干预足以代表他们的态度。他的继任者杰里迈亚·卡拉汉（Jeremiah Callaghan）更通情达理。但在1868年，总督之位由一位有能力、有抱负、脾气差的爱尔兰人接任，他叫约翰·蒲柏-轩尼诗（John Pope-Hennessy）。他到任后不久就娶了辅政司（詹姆斯·布鲁克的老朋友休·洛）的女儿，然后跟自己的岳父发生了严重争执。他在当地被称为蒲柏，以无法忍受批评著称。任何人胆敢质疑他的规章制度都会被立即关进监狱，不管是马来人、华人还是英国人。据说一位海军上将在1870年到访纳闽岛时，岛上唯一没有被关进监狱的官员就是总督本人。官方在接到海军上将的报告后展开调查。次年，蒲柏-轩尼诗先生被撤职。但他的肆意妄为被归咎于气候，而且按照英国政府的惯例，他在别处获得了一个更好的职位。[2]

纳闽岛上有这样一个活跃又傲慢的人恐怕不会改善殖民地和沙捞越的关系。而且不幸的是，自斯宾塞·圣约翰和埃德华兹总督离任以来，总督与婆罗洲总领事两个职位合并了。因此，蒲柏-轩尼诗先生是英国外交部在婆罗洲的代表，并根据1847年签署的条约，负责维护英国和文莱的关系。[3]

文莱的乱象一直让拉惹烦躁不安。那些想要在文莱领土上做生意的沙捞越商人不断受到贪婪腐败的文莱贵族的阻挠。苏丹无法管束内陆那些名义上受他管辖的野蛮部落。只要入侵者能得到跨境支援并随时撤回，沙捞越境内的劫掠和猎头行为就无法制止。对拉让河上游的卡扬人来说，只要他们在文莱境内巴兰河谷的同族自由自在、不受管束，他们便绝无可能恢复秩序。1868年初，就在查尔斯·布鲁克即位前不久，他曾建议文莱苏丹将巴兰地区割让给沙捞越，以换取一笔适当的年金。巴兰部落几乎没给苏丹贡献税收，而苏丹也无法对他们树立权威，所以这项提议似乎合情合理。但是苏丹穆奈姆不同意。因为舍弃更多的领土有损他的自尊，虽然他对这些地区的统治可能有名无实。他曾对拉惹詹姆斯心怀敬佩，也有几分喜欢，但查尔斯几年前对穆卡的强硬措施已经冒犯了他。1867年他又得罪了查尔斯，当时苏丹给沙捞越的信件只经过简单密封。古晋的最高议会判定这是蓄意的侮辱——可能确实如此，因为议会中的马来成员了解他们马来同胞的想法。因此苏丹道歉之前只能拿到应得款项的三分之一。此外，他朝廷中的某些本基兰在民都鲁和巴兰河河口之间的海岸拥有地产，他们不想接受沙捞越的严格管理。

苏丹请求蒲柏-轩尼诗先生助其抵御沙捞越的侵犯，并向他提到1847年的条约。蒲柏-轩尼诗给查尔斯写信，提出要对此事进行仲裁。查尔斯愤怒地拒绝了这一提议。他不明白为什么总督会支持像文莱这样"恶劣、卑鄙、贪婪、不可靠"的政府，随后他致信英国外交部，控诉总督受苏丹影响，并表示自己不明白为什么只涉及沙捞越和文莱政府的事需要第三方介入。但外交部支持蒲柏-轩尼诗，并禁止了查尔斯的交易。[4]

英国政府谨慎地保护文莱免受沙捞越侵犯现在看来难以理解，就连纳闽岛的总督也不得不承认文莱政府混乱腐败。也许在极端的自由主义传统中，帮助弱国对抗强邻是一种英勇之举。但说来也奇怪，外交部对布鲁克家族的敌意在保守党执政时期最为强烈。这种敌意也不合情理。1847年的条约规定，未经英国政府同意，苏丹不得将领土割让给外国政权或外国公民。然而英国外交部虽然承认拉惹詹姆斯及其继任者是沙捞越的统治者，却拒绝声明拉惹是否独立于文莱之外。若他不独立，那么将文莱领土割让给他只是个内政问题。而且，无论如何，他是个英国公民，因此不受条约规定的影响。1853年和1861年的领土割让皆在未知会英国政府的情况下生效，随后英国也毫无异议地表示认可。[5]

蒲柏-轩尼诗先生离开纳闽岛让那里的居民松了口气，沙捞越也感到满意。他的最后一次公开声明让拉惹尤其愤怒。他在对纳闽岛立法委员会发表的演说中提及沙捞越："30年前，一些有胆识、有仁心的英国人颁布了政策，认为达雅克人可以受教化，欧洲人可以对婆罗洲河流沿岸的商贸活动和行政管理细节进行引导，这是很有远见的。"他的继任者亨利·布尔沃（Henry Bulwer）虽然在纳闽岛更受欢迎，但对沙捞越采取了同样的政策。[6]

巴兰河的卡扬人不欢迎文莱的统治。远在上游的部落自1870年起就公然反抗苏丹，而苏丹在那年9月派往上游的一小队远征军屈辱地败退了。1872年，拉惹查尔斯乘着他的游艇"三色堇号"（Heartsease）前往上游，并携夫人同行，以表明自己纯粹是出于和平的目的。拉惹在进入苏丹领土时似乎没打算征求其同意，但苏丹听说了他的计划并派出间谍，想阻止卡扬部落迎接拉惹。虽然他们费尽心机，但卡扬人却很友好。向上游航行了4天后，拉惹在一个名叫巴都牙丁（Batu Gading）的村子受到盛情款待。他的目的不只是探询部落成员的态度，也是想看看沙捞越商人在这里经商是否安全。他决定促进贸易。但在次年，几个沙捞越臣民被卡扬人杀害。查尔斯请苏丹对犯罪的部落处以罚金。他的请求得到批准，但是文莱官员不敢深入上游。相反，他们向靠海的那些无辜且更为温顺的部落征收罚款,勒索的钱是拉惹所要求的两倍,这样苏丹和每个官员都能分到一份。他们可能想顺便挑起拉惹和卡扬人的矛盾,但卡扬人没有上当。几个月后,苏丹后(Sultana,苏丹之妻)去世。按照传统,苏丹派人去向所管辖的部落征收贡金,以支付她的葬礼费用。为此来到巴兰的官员对召集来的首领宣读了苏丹的旨意,并把令状留给他们,他知道他们都不识字。不巧,一位沙捞越官员布鲁克·洛先生在几天后造访这个地区,首领们给他看这份文件,抱怨他们被迫缴纳的数额太高。洛先生看后发现,那名官员索要的钱其实比苏丹下令收取的多了一倍。这样的事让上下游的部落都非常愤怒。1874年春,他们全都公开反抗苏丹,而苏丹无法恢复自己的权威。因此,他意识到还是把这个地区割让给拉惹以换取一笔固定收入比较好。[7]

英国政府又一次拒绝批准这样的交易,尽管苏丹本人同意了。总督布尔沃已经提醒伦敦警惕"沙捞越政府对于领土扩张的躁动渴望"。拉惹随后建议英国将整个文莱纳入保护地,从而恢复秩序,要不就让沙捞越提供保护。英国外交部直截了当地拒绝了这两项提议。两年后拉惹再次争取,要求1847年条约中禁止苏丹割让领土的条款将他排除在外。他再次受到冷落。这次英国外交部的回应更加无礼,因为他们把收信人错写成詹姆斯·布鲁克爵士。H. J. 厄谢尔(H. J. Ussher)最近在纳闽岛接替了总督布尔沃的职位。他写信给伦敦,控诉拉惹扣留了本该给苏丹的大约3000元钱,理由是文莱朝廷的贵族欠了沙捞越商人的钱没还,但拉惹提出若割让巴兰,债务就一笔勾销。总督厄谢尔担心"这样做会明显损害交易的正当性"。[8]

最终,由于一系列拉惹无法掌控且强烈反对的事件,伦敦和古晋的关系反而得以改善。1850年，美国和文莱苏丹奥马尔·阿里签订了一份条约，从而获得最惠国待遇，此事让英国人和拉惹詹姆斯感到难堪。这份条约直到1865年才有后续，当时有位克劳德·李·摩西（Claude Lee Moses）先生带着任命他为美国领事的文件出现在文莱。没人知道这位被美国海军开除的水手是如何拿到这些文件的。他在新加坡借钱支付去文莱的路费，但他打动了苏丹。他到达后几天就从苏丹和文莱的本基兰天猛公那里得到了北婆罗洲一大片地方的个人租约，为期10年，其实苏丹无权处置其中的巴兰邦岸岛、邦吉（Banggi）岛和巴拉望岛。他答应每年交9500元的租金。拿到特许权后，他匆忙赶往香港筹钱。10月，他将自己的权益卖给一家名叫"婆罗洲美国贸易公司"（The American Trading Company of Borneo）的企业。该公司的总裁是个美国商人，名叫约瑟夫·W. 托里（Joseph W. Torrey）。他的合伙人是美国人托马斯·B. 哈里斯（Thomas B. Harris）和两位华人，分别叫李亚星（Lee Ah Sing）和彭安邦（Pong Am Pong）。他们要在北婆罗洲建立一个殖民地，摩西承诺美国会给予庇护，以此换取三分之一的利润。然后托里随摩西前往文莱。苏丹一看到托里的钱，就把他封为安邦和马鲁杜的拉惹以及北婆罗洲大君。托里带着10个美国人和60个华人沿着海岸来到基马尼斯湾。1865年12月，他在那里建了一个名叫埃列纳（Ellena）的殖民地。纳闽岛的英国当局一度感到不安，尽管一涉及沙捞越，他们就对1847年的条约很敏感，但他们没有就这个重大的特许权向苏丹提出任何正式的抗议。他们似乎算到埃列纳殖民地不会成功。

他们算对了。被任命为辅政司的托马斯·哈里斯在次年5月去世，用以纪念他的墓碑"由拉惹阁下所立，以此缅怀一位忠实可靠且受人敬重的老友"。与此同时，托里拉惹阁下与摩西起了争执，还跟纳闽岛的华商借了钱，这笔钱他还不起。有位债主来追债，于是他逃往香港。到1866年底，这个殖民地已荡然无存，而殖民者们漂流到纳闽岛上谋生。摩西没得到托里的钱，便追到了香港，但什么也没要到。他带着一队德国冒险家回到文莱，他们看了一眼埃列纳就走了，把身无分文的他独自留在领事馆。他的意志没有被击垮，把家人送到纳闽岛后，他放火烧了领事馆。领事馆被烧毁后，他去找苏丹索要赔偿。苏丹拒绝支付任何款项，于是摩西向自己国家的政府告状。但是前来调查此事的美国炮艇并不打算支持他。摩西在1867年跨海前往纳闽岛，并从那里乘船回美国。他在旅途中溺水而亡。不久托里去了纽约，努力为垂死挣扎的婆罗洲美国贸易公司筹钱，但没有筹到。美国政府一度有过在邦吉岛建个海军基地的念头，但断然拒绝了托里对此提出的建议。[9]

与此同时，其他欧洲国家开始对北婆罗洲产生兴趣。1870年，意大利军舰"克洛蒂尔德公主号"（*Principessa Clotilde*）驶入纳闽湾，指挥官拉奇亚（Racchia）上校对总督蒲柏-轩尼诗声明自己是为寻找罪犯流放地而来。返回意大利后，他建议意大利政府把罪犯流放地建在位于基马尼斯稍北一点的加亚（Gaya）湾。这一消息传到纳闽岛，总督布尔沃急忙给母国写信，警告他们离意大利罪犯太近会损害文莱公民的道德品质，伦敦于是准备向罗马控诉。然而他们不需要抗议，因为意大利政府放弃了这个计划。更大的威胁来自西班牙。在过去的几百年里，菲律宾的西班牙当局努力想控制苏禄苏丹——婆罗洲北端和东北沿海理论上无疑是属于他的。1873年，为达成这一目的，菲律宾政府想对苏禄全境进行封锁，这激怒了新加坡的英国和德国商人，他们掌控着苏禄的大部分贸易活动。由于伦敦和柏林给马德里施加的外交压力，封锁不了了之。但在1876年，西班牙人占领了苏禄的主要城镇霍洛（Jolo）。两年后，在1878年7月，苏禄苏丹承认西班牙对其所有领土（包括婆罗洲和附近岛屿上的领土）的宗主权。[10]

事实上，苏丹已经放弃了那些特殊的领土。两支队伍一直在争夺他的青睐。有个名叫威廉·克拉克·考伊（William Clarke Cowie）的苏格兰年轻人，受雇于卡尔·朔姆堡（Karl Schomburg）在新加坡的德国公司，他和朔姆堡以及另一位商人罗斯（Ross）船长成立了一家小公司，名叫"纳闽岛贸易公司"（Labuan Trading Company），业务是将枪支和其他违禁品私运到苏禄，以换取这些岛屿和北婆罗洲的商品。考伊偶尔去香港处理这些货品。某日，托里要求他支付10%的出口税。他因此了解到托里手里的特许权，然后便劝说他的合伙人买下托里的权益，但被他们拒绝。纳闽岛贸易公司不久便破产了。考伊随后得到了一艘属于自己的船，并和苏禄苏丹合伙做生意，同时想阻止北婆罗洲的其他特许权被转让。

然而，他有一个强大的对手。冯·奥弗贝克（von Overbeck）先生1831年出生于利珀-代特莫尔德（Lippe Detmold）。他有着丰富多彩的职业生涯，曾长期在白令海捕鲸，随后定居香港，担任颠地兄弟（Dent Brothers）鸦片公司的地区经理和奥匈帝国的领事，并因此获封奥地利男爵。男爵第一次听说托里手中的特许权是在1870年。不久，他到访欧洲，劝说伦敦和维也纳的朋友参与这个接管特许权的计划。他们预付了资金，于是奥弗贝克在1875年买下了托里在美国贸易公司的股权，条件是同年到期的原租约要和苏丹续签。托里和奥弗贝克随后一起乘船去文莱和苏丹交涉。不巧，纳闽岛代理总督兼婆罗洲代理总领事正是休·洛。他认为这些特许权违背了1847年的条约，并建议苏丹拒绝他们。在北婆罗洲享有地产的本基兰天猛公比较热心，在得到1000元后，他便将租约又延长了10年。但苏丹不在这份文件上签字，于是洛宣布该文件无效。几个月后，一艘奥地利军舰来到纳闽岛，洛告诉他们美国贸易公司在婆罗洲不合法。

奥弗贝克男爵失望地回到欧洲。他的钱快用光了，他在那里的朋友也拒绝再给他投资。但他在伦敦遇到了前东家颠地兄弟公司的年轻负责人。阿尔弗雷德·颠地对他的计划很感兴趣，并答应资助他最多1万英镑。有了这笔资助，奥弗贝克和托里便再次溜到文莱，重新与苏丹谈判。他这次比较走运。纳闽岛的新任副总督是个有抱负的年轻人，名叫威廉·胡德·特雷彻（William Hood Treacher）。他觉得奥弗贝克的计划可以同时增进英国和自己的利益，因此劝苏丹听取奥弗贝克的提议，但也建议奥弗贝克商谈一份全新的租约，加入特许权须经英国政府批准的条款，以符合1847年条约的规定，同时加一条未经英国允许不得将特许权转让给外国公民。然而，奥弗贝克的目的是拿到特许权就卖掉，因此，他在1877年12月29日跟苏丹和本基兰天猛公签订最终协议时省去了这些限制条款。在这份协议中，奥弗贝克男爵被封为沙巴（Saba，北婆罗洲在马来语中的旧称）大君及加亚和山打根（Sandakan）拉惹，掌握本土居民的生杀大权，拥有当地的所有农产品，享有铸币、立法、征收税金和关税以及其他通常由君主行使的权利。作为交换，他每年要给苏丹1.2万元，给本基兰天猛公3000元。他将要统治的是从西边的基马尼斯湾到东边的塞布库（Sebuku）河这条线以北的婆罗洲。

奥弗贝克男爵深知这片区域大多不属于文莱苏丹，至少在名义上，它们属于苏禄苏丹。因此他先在纳闽岛停留，请求特雷彻原谅自己省去了他建议添加的条款，之后就乘船前往苏禄。1878年1月，他在那里和苏丹签订了一份条约，用5000元的年租金换来了班达山（Pandasan）河和塞布库河之间所有领土的统治权，还获封山打根拉惹和拿督盘陀诃罗（Datu Bendahara）。他拿到特许权很及时，因为8个月后苏禄苏丹就承认了西班牙的宗主权。[11]

奥弗贝克拿到的特许权让西班牙政府和荷兰政府都感到恐慌。两者都提出抗议，但都不打算在之后采取果断措施。最终在1885年，西班牙同意不再索要婆罗洲的任何一块土地。荷兰的敌意在北婆罗洲东部沿海引发了一两场小规模冲突。但在1884年，英国和荷兰商定要成立一个联合考察团来确定苏禄割让的土地与荷属婆罗洲的边界。现在的北婆罗洲边界是在1912年最终确定的，约在塞布库河以北20英里处。美国也依据1850年与文莱签订的条约提出抗议。但此次抗议的法律基础太薄弱，于是就悄然终止了。[12]

沙捞越对这些特许权的抗议则更积极也更持久。多年来，拉惹一直想兼并巴兰这块相对较小的地区，但是，纵然文莱苏丹不止一次同意，英国外交部却一直阻挠这项交易。如今一个奥地利公民从苏丹手里拿到了特许权，与沙捞越的要求相比，他拿到的土地更多，性质也更严重，这直接违反了1847年的条约。但英国政府不仅视而不见，其派驻纳闽岛的代表还积极促成此事。此外，这项协议导致婆罗洲的一大片地区将由商人开发。拉惹自认为受到了最不公平的对待，更糟糕的是，婆罗洲原住民的利益和福祉将受到严重威胁。他一听说这些转让就赶往文莱，要求会见年迈的苏丹。他愤怒地对其指出这项交易从未征得被割让领土上的部落首领的同意，他们甚至没有被告知。他随后去纳闽岛见特雷彻。这次会面并不成功。据特雷彻说，他大发雷霆，声称苏丹无权割让土地，而且他自己"准备走遍沿海地区，煽动当地人反对奥弗贝克男爵"。所以，每当有酋长试图反抗奥弗贝克的继任者，特雷彻都断定其背后有查尔斯·布鲁克的操纵。[13]

事实上，只要特雷彻在任，查尔斯就无法得到英国外交部的支持。特雷彻坚定支持这些特许权，还可能已经计划要借此提高自己的地位。他温和地原谅了奥弗贝克男爵的不诚实举动，即删去他提出的维护英国政府权利的条款。他个人不喜欢布鲁克，拉惹也不喜欢他。直接向伦敦的外交部提出诉求也帮不了沙捞越，因为常务次官（Permanent Under-Secretary）朱利安·庞斯富特爵士（Sir Julian Pauncefote）是颠地家族的老朋友，乐于支持阿尔弗雷德·颠地的计划。当拉惹写信给伦敦，控诉这些特许权违反1847年的条约——这份条约曾被频繁地引用来攻击他——并表示自己担心这些特许权不会造福当地居民时，庞斯富特尖锐而失实地记录称"拉惹布鲁克显然是因为嫉妒拉惹奥弗贝克而生气，但考虑到他的舅舅吞并了大量土地，因此违背了这份他现在用来攻击颠地-奥弗贝克特许权的条约，他此次提出反对是无礼之举"。英国外交大臣写信给拉惹，称英国政府没理由为当地居民的权利和自由担心，并将"对外国政府有损相关英国资本家个人利益的举动深表遗憾"。与此同时，特雷彻给拉惹去信，斥责他身为英国公民和文莱苏丹的臣属却想干涉其宗主的交易。英国外交部及其顾问的逻辑性恐怕不是很强。[14]

拉惹发现伦敦金融城也站在了自己的对立面。布鲁克家族的政策不让那些大商人进入他们的领地,因此,他们在伦敦金融城除了婆罗洲公司的董事外就没别的朋友了,连这些人有时都会怨恨拉惹的独裁。金融城的商人更同情颠地家族。婆罗洲公司担心一个新成立的北婆罗洲公司会打破他们的垄断,因此在这件事上全力支持拉惹,甚至还答应借给他 2 万英镑,以劝说文莱苏丹撤销颠地-奥弗贝克特许权,并将北至马鲁杜湾的整个地区租借给沙捞越。但拉惹很快就意识到这行不通,英国政府绝不会允许。他转而再次去找苏丹商谈割让巴兰河流域。1878 年 12 月,苏丹同意将整个地区移交给他,要他每年支付 4200 元。詹姆斯[①]再次请求伦敦批准这项交易。他在殖民地部(Colonial Office)找到了一位盟友,此人不太认可将潜在的殖民地卖给一家商业公司。殖民地事务大臣迈克尔·希克斯-比奇爵士(Sir Michael Hicks-Beach)认为"拉惹布鲁克的主张非常值得考虑,因为他的统治多年来已经稳固,而且卓有成效"。但是外交部不赞成,要求把这件事交给纳闽岛的特雷彻,这等同于彻底阻止此事。不出所料,特雷彻寄来一封近乎歇斯底里的快件,建议不要批准这项交易。他声称纳闽岛的华商和文莱的商人强烈反对这个计划,因为这会将原本由他们把持的巴兰地区贸易转移到沙捞越手中,而苏丹只是怕拉惹会扣留他的年金才答应。实际上,巴兰的贸易活动是子虚乌有,而苏丹想尽可能达成最划算的买卖,自然不会表现得太急切。特雷彻先生故意忽视了巴兰民众强烈希望脱离苏丹统治的事实。在他的建议下,英国外交部又禁止了这项交易。[15]

拉惹无计可施,只能寄希望于北婆罗洲的事业失败。他的愿

---

① 原文有误,根据上下文应为查尔斯。

望一度快要实现。阿尔弗雷德·颠地可能听取了庞斯富特的建议，为了确保手中的特许权，他决定将其交由一家拥有英国政府特许状的有统治权的公司管理。这个主意既保守又别出心裁。他说服很多社会名流、商业大亨、前公职人员和议员签署了一份建言书，请求政府颁发一份特许状，其理由和詹姆斯当初建议吞并纳闽岛的理由如出一辙——为了间接保护日益增长的对华贸易，让英国的利益团体掌控北婆罗洲是有必要的。签名者中有詹姆斯·布鲁克的老朋友亨利·凯帕尔，如今他已是海军上将。外交大臣索尔兹伯里勋爵表示支持，但其他的事占据了他的注意力，他没有采取行动。到了1880年，大选临近，自由党显然会获胜。颠地感到恐慌。此次耽搁消耗了大量资金。他提出将自己的权益卖给冯·奥弗贝克男爵。男爵努力在奥地利和德国筹钱以将其买下。有趣的是，我们可以设想要是他成功了，英国外交部会如何回应这种公然藐视1847年条约的行为。但他失败了。而颠地既然无法转手，就只能自己买下。在朋友们的帮助下，他得到了奥弗贝克的所有权益，甚至还给了当时身在曼谷的约瑟夫·托里一笔钱，以获得美国婆罗洲公司那模糊的所有权。奥弗贝克和托里出局后，颠地的公司便完全由英国人掌控。

新上台的自由党政府不像颠地所担心的那样反对他的计划。新任外交大臣在庞斯富特的怂恿下同意授予一份特许状，而首相格莱斯顿先生意见相同，虽然他后来反悔，并曾考虑撤销特许状。的确，这份特许状带着自由党的印记。颠地以12万英镑的价格把自己的所有权利转让给新成立的北婆罗洲公司，该公司获得了两位苏丹割让给奥弗贝克和颠地的领土的最高统治权，但其对外关系由英国政府来处理。而且该公司须保持英国特性，在英国注册。

它必须保证废除当地的奴隶制、尊重当地的宗教和习俗,并按照当地法律实施审判。它必须接受英国政府的每项提议。它必须让皇家海军免费使用其港口的设施。该公司任命当地首席代表前须经英国政府批准。但反过来,英国连在战时提供军事保护的承诺都没给。这份特许状由1881年8月的枢密令授予,于11月正式公布。该公司辖地的第一任总督是原纳闽岛副总督特雷彻先生,他是英国政府临时调派过来的。[16]

查尔斯·布鲁克不会坐视这个新政府成立,尤其是当他得知总督人选的时候。但是英国政府现在对待他更为公平,就连外交部的庞斯富特都意识到不能再阻止割让巴兰一事了。1882年1月,文莱苏丹得知转让领土一事已获女王批准。5个月后,查尔斯·布鲁克访问文莱,并受到苏丹的盛情款待。他们签署了割让该地区的协议,年租金为4200元。尽管年迈的苏丹想通过延长谈判来提高租金,但在让步时也没有丢掉马来式的体面和风度。[17]

这间特许建立的公司接下来的发展并没有发生拉惹最担心的事情。当地官员几乎跟沙捞越一样尊重本地利益,虽然他们更为官僚化的组织未必是个优势。该公司没有如其创始人期望的那样取得商业上的成功,在很长时间里,公司股东的投资回报极少。他们面临的问题不是贪婪的商业冒险家剥削土著部落,而是没有资本家投资开发这个毫无前途的地区。但是,至少在特雷彻管理该地区期间,查尔斯·布鲁克不能容忍它的存在。1883年夏天,他不请自来,并写信给新加坡总督弗雷德里克·韦尔德爵士(Sir Frederick Weld),说他认为这个公司完全是"不切实际的构想"。但他努力保持公正。曾在他手下任职的J. B. 克鲁克香克先生加入北婆罗洲公司时,他去信保证仍会支付对方的退休金,除非对方参与某些明显对沙捞越不利的活动。[18]

　　1884年5月,林梦河(在都城南面注入文莱湾)沿岸爆发了一场反抗苏丹的武装起义。拉惹和特雷彻在文莱都有代理人,都忙于从苏丹或本基兰们手中争取别的特许权。在特雷彻看来,林梦河起义显然是由拉惹的代理人策划的,但它更有可能是自发的。当地居民被文莱的巧取豪夺激怒,他们看到巴兰民众正受益于沙捞越统治,便打算追随他们的步伐。起义者向都城进军。苏丹为了保卫他的宫殿,不得不从纳闽岛借来24杆来复枪,直到一艘英国炮艇到来,这座城才免遭蹂躏。英国代理总领事促成双方休战,但要重新控制叛乱地区已是无望。12月,几名沙捞越商人在位于文莱湾东部的特鲁桑(Trusan)河边被毛律部落成员杀害。拉惹当时在英格兰。他的代理人马克斯韦尔(Maxwell)先生向苏丹和本基兰天猛公提出抗议,他们承认自己无力惩处凶手,并建议沙捞越接管这一地区,只需向其所有者本基兰天猛公缴纳4500元租金。拉惹在1885年初回程时批准了此事,于是马克斯韦尔同意了。拉惹的官员随即进入特鲁桑地区,并迅速确立对毛律人的权威。在继任者到来前仍代理总领事之职的特雷彻表示抗议。他当时正在谈判,想将巴打斯(Padas)河流域和克利亚斯(Klias)半岛纳入北婆罗洲。但与此同时,他如实报告称林梦的居民决定不回归文莱,而愿意接受英国任何形式的统治,包括沙捞越的统治。[19]

　　1885年5月,年近百岁的老苏丹驾崩。他虽然软弱无能,但在文莱还是保有某些权威的。他的继任者是本基兰天猛公哈希姆·贾拉勒,即前苏丹奥马尔·阿里名义上的儿子。但他的合法性受到广泛质疑,以致很多本基兰和地方酋长不承认他。他地位不稳，仅有的收入就是用特许权向沙捞越和北婆罗洲换取的租金，因此唯一有效的政策就是挑拨邻居互斗。早在担任摄政时，他便取得一定成效。当月，殖民地部秘密地向外交部报告："若不赶快采取措施来化解布鲁克先生和特雷彻先生之间的矛盾，文莱将一位本基兰也不剩。"[20] 1884年末，特雷彻在重金贿赂摄政王的妻妾后以3000元的租金拿到了巴打斯和克利亚斯半岛。随后他驱逐了本基兰库里姆（Kurim），此人在那里拥有大片土地，而且碰巧是沙捞越的臣民。[21]

1885年11月，林梦人再次公开造反，给文莱造成威胁。新苏丹邀请拉惹到文莱，求他平定叛乱。拉惹拒绝干预，以免林梦人再度受到文莱恶政的折磨。他的态度完全正当，但他在文莱的代理人埃弗里特（Everett）先生私下鼓励林梦人向沙捞越争取援助。次年，由于苏丹拒绝惩处杀害一位本基兰（他是沙捞越臣民）的凶手，双方关系进一步恶化。[22]

此时，英国任命了一位新的总领事利斯博士（Dr Leys）。他在报告中支持将林梦割让给拉惹。在那里拥有财产的文莱本基兰们也表示支持，这是他们从佃户手中拿到租金的唯一办法。他觉得苏丹会同意，本来苏丹在那个地区也拿不到一分钱。若不赶快做点什么，林梦民众必定会再次向文莱进军。[23]

英国政府准备采纳这项建议。但特雷彻并未被挫败。北婆罗洲公司提请下议院进行质询，称拉惹不顾苏丹、本地首领和马来本基兰们的正式抗议而强占了林梦。的确，拉惹最近去了林梦，并在那里发布了一份声明，让人们不要去攻击文莱，但承诺会在他们遭受攻击的时候给予保护，同时他们不能转投别的势力。利斯承认苏丹不太想放弃林梦，但他说："众所周知：一、文莱政府控制不了林梦民众；二、把那条河割让给沙捞越可以安抚林梦民众，让与该河流域利益相关的大部分文莱拉惹感到满意，并迅速带来和平；三、阻止割让领土的唯有苏丹一人，他得到了英属北婆罗洲公司的支持。"外交部还是准备批准领土转让，并批准将巴打斯割让给北婆罗洲公司。但特雷彻及其盟友对利斯博士展开了攻击。结果就是新加坡总督弗雷德里克·韦尔德爵士被派来调查利斯所述是否事实。[24]

这类调查是有必要的。不仅文莱的局势危机重重，而且法国，甚至是德国都对婆罗洲的情况表现出令人不安的兴趣。但是韦尔德不是进行此番调查的合适人选。他了解马来半岛，英国在那里的政策以支持当地苏丹为基础，而且他自以为很善于跟这些统治者交朋友。苏丹哈希姆很高兴，这个人显然相信他所说的一切，还允许他肆意辱骂利斯博士。到1887年6月，韦尔德给伦敦发去电报，表示文莱和林梦一切安好，他们只需派一位英国驻扎官给文莱苏丹当顾问，并以他的名义管理林梦。回到新加坡后，他发送了一份同样内容的报告，并补充说英国应将文莱收为保护国。利斯对韦尔德对待他的方式感到恼火，他针锋相对地问道，谁来支付驻扎官的薪水呢。他还指出，苏丹若在1887年10月底前没有收到别的钱，便会以2万元的价格将林梦割让给沙捞越。外交部命利斯阻止这场交易，而韦尔德从新加坡寄来的信不光控诉利斯，还控诉拉惹的代理人埃弗里特曾用某些手段胁迫苏丹。利斯和埃弗里特皆受到官方谴责，拉惹给埃弗里特发去电报，让他停止与林梦的一切谈判。与此同时，北婆罗洲公司催促外交部尽快将文莱确立为保护国，以免其遭受沙捞越的侵犯。[25]

北婆罗洲公司在西海岸的驻扎官戴维斯（Davies）先生通过

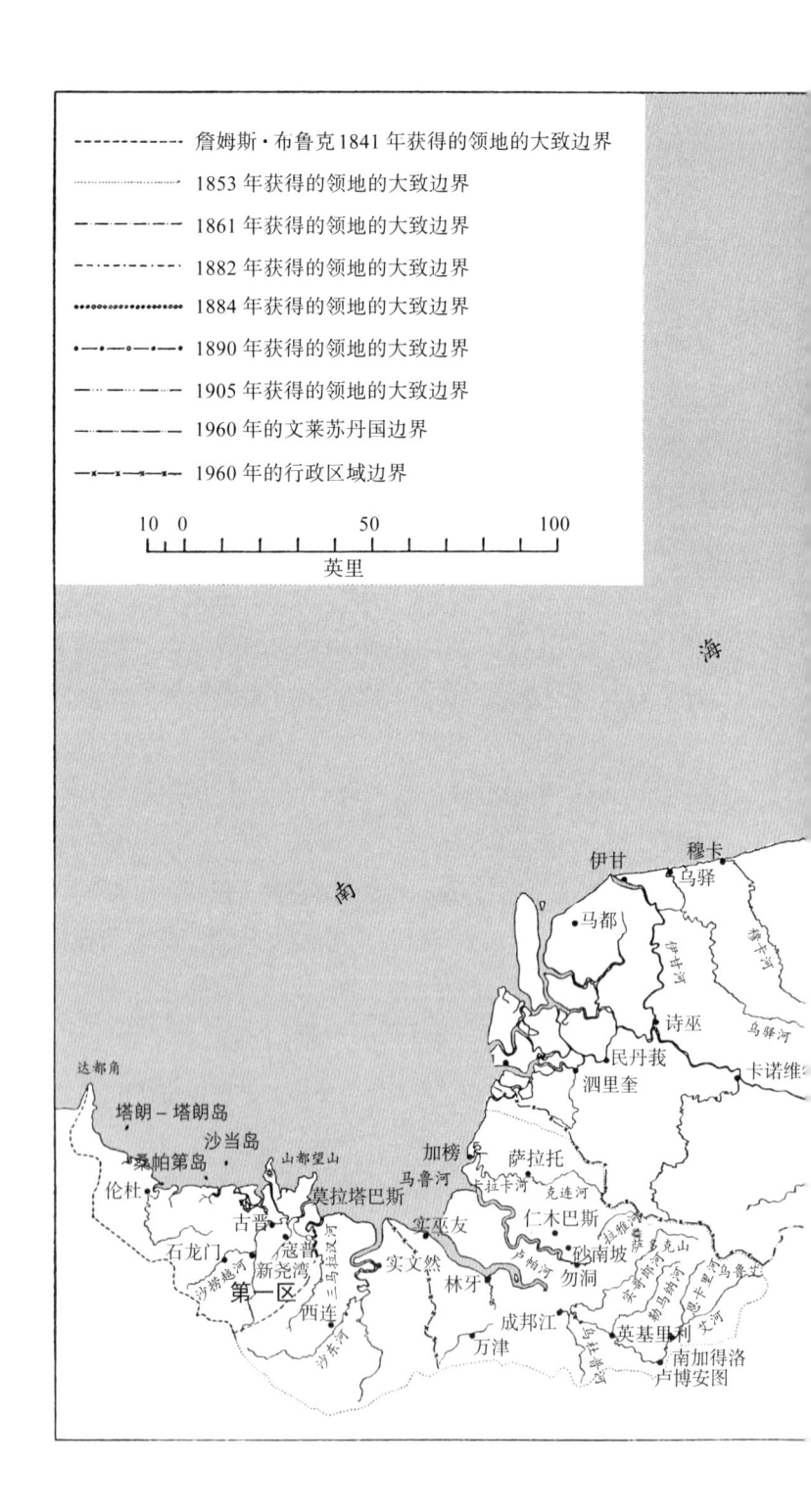

- - - - - 詹姆斯·布鲁克1841年获得的领地的大致边界
.... 1853年获得的领地的大致边界
— — — 1861年获得的领地的大致边界
— - — - 1882年获得的领地的大致边界
•••••••••• 1884年获得的领地的大致边界
—•—•—• 1890年获得的领地的大致边界
—— —— 1905年获得的领地的大致边界
————— 1960年的文莱苏丹国边界
—×—×—× 1960年的行政区域边界

10 0   50   100
英里

南海

伊甘 穆卡
      乌驿
马都
诗巫
民丹莪 卡诺维
泗里奎
达都角
塔朗-塔朗岛
沙当岛
桑帕第岛   山都望山 加榜 萨拉托
伦杜   马鲁河
         莫拉塔巴斯 卡拉卡河 克连河
古晋   实巫友   仁木巴斯
石龙门 寇普   砂南坡
     新尧湾   勿洞
       第一区 林牙
         西连 成邦江 英基利
             万津   南加得洛
                    卢博安图

地图3　沙捞越和文莱的边界变化

韦尔德呈送了一份巧妙的建议书,是关于管理林梦的英国驻扎官的薪水问题的——在韦尔德的支持下,他对这个职位垂涎三尺,但是伦敦认为这笔花费太大。外交部和殖民地部都认为还是把林梦割让给沙捞越比较好,但是不能强迫苏丹。然而,英国不光决定将文莱变为保护国,还要将北婆罗洲和沙捞越纳入其中。

拉惹很高兴。几十年来,他和舅舅一直请求英国给予保护。1887年10月,他急切地给外交部寄去了确立保护关系的草案,其中包含7点内容:英国要保护沙捞越免遭外敌进犯。英国不能插手沙捞越内政。英国要保证拉惹之子及其未来的继承人顺利即位,并在其未成年时接受拉妮或拉惹指定的其他人担任摄政。英国要向沙捞越派驻一位总领事。沙捞越要保有自己的武装部队。沙捞越会通过英国外交部来进行对外交流——处理本地边界事宜时除外。余下所有属于文莱湾的领土都归沙捞越。

外交部在次年5月拿出了自己的草案,其中有6项条款:沙捞越会成为一个独立的受保护国,其内政不受干涉。关于王位继承权的任何争议都要提请英国政府仲裁。所有外交关系,包括跟文莱和北婆罗洲的关系,都要通过英国外交部处理。英国会向沙捞越派驻领事官员。英国公民、航运和商业将享受最惠国待遇。沙捞越不得割让领土。拉惹会同委员会(Rajah-in-Council)接受了除第3项之外的其他条款。第3项被改为允许当地自行决定边界管理事宜。此番修改得到认可。1888年6月14日,拉惹会同委员会签署了确立保护关系的条约,伦敦方面在9月签署并寄回。同时,拉惹获封圣米迦勒及圣乔治一等勋爵士。[26]

文莱在同年9月成为受保护国,虽然苏丹拒绝接受英国驻扎官的辅佐,而出于经济原因,英国政府也默许了他的拒绝。将北婆罗洲确立为保护地的条约大概在同一时间签订，让这家特许公司感到庆幸，该公司不会再受到其他管理限制，也不用担心外敌入侵。新加坡总督成了婆罗洲保护地的高级专员。[27]

保护关系的确立让拉惹非常满意，而且此事隐然肯定了他对特鲁桑地区的所有权。但是林梦问题仍悬而未决。利斯博士曾在弗雷德里克·韦尔德爵士和苏丹的手中受辱，因而身体状况不佳，请了很长的病假。继任纳闽岛代理总督兼代理总领事之位的A. S. 汉密尔顿（A. S. Hamilton）认为苏丹会乐意摆脱林梦，但为了保全颜面得由英国请求他割让。[28]然而他们什么也没做。与此同时，北婆罗洲公司和拉惹之间再次爆发冲突。北婆罗洲公司觊觎克利亚斯半岛上的一小片地方，也就是达米特（Damit）河，它与纳闽岛遥遥相对。这地方不包含在原先的特许权范围中，其边界也没有确定。它属于一位文莱公主，她的兄弟本基兰沙班达（Shabandar）在进行管理时不太顾及大致的边界。北婆罗洲公司决定用武力将他驱逐，因此其代理人在未知会拉惹的情况下雇用了沙捞越境内的达雅克战士。此外，该公司未告知代理总督就将纳闽岛当作行动基地，以致某日下午，代理总督一回家就看到一些达雅克人正在总督府的草坪和花坛里风干遇害者的头颅。汉密尔顿这个脾气暴躁、完全失聪的前海军军官丝毫不觉得有趣。但该公司已经侵占了这一小片地方，他们请汉密尔顿进行仲裁时，他也就彻底消了气。他允许该公司吞并达米特，但要给本基兰和他的姐妹支付足够的赔偿。拉惹可没那么宽容。他无法原谅他们雇用达雅克人作战，本来他正努力教达雅克人用和平手段解决问题。然而本基兰没有深究此事，也不控告该公司给他造成严重损失，这让拉惹很失望。[29]

与此同时，拉惹个人拿到了文莱的一小块地。威廉·考伊是获得北婆罗洲特许权的先锋，后来当上了英国北婆罗洲公司的总经理和董事长，他从苏丹手上租到了位于文莱湾西口的麻拉半岛尖端。那里有煤矿，他正在经营。他当时跟北婆罗洲公司关系不佳，后来却以该公司的真正创始人自居，为了纪念拉惹，他把自己的煤矿和周围建起的村庄命名为布鲁克顿（Brooketon）。这不是个赚钱的项目。早在1887年，考伊就决定止损，并将特许权转给拉惹。拉惹犹豫了，1888年9月，他最终决定买下，这更多是出于担心其落入北婆罗洲公司手中，而不是真相信那地方有什么发展潜力。文莱苏丹没有反对。他已把租赁权卖给考伊，换来了一笔钱，因此不再有经济上的瓜葛。英国政府批准了，只要拉惹是以个人身份而不是以沙捞越统治者的身份购买就行。但他获准用自己的官员和警察来管理这个定居地，尽管是以苏丹的名义。一位由苏丹任命，但却由拉惹付薪的本基兰在名义上照管着文莱的利益。考伊管理煤矿的方式毫无章法。拉惹则置办了最先进的设备，并任命了经验丰富的经理人。但这个煤矿还是在亏损，投入的资金迟迟没有收回。最终，英国在文莱任命了一位驻扎官，于是该区域的管理问题被再次提起。驻扎官要求拉惹撤回警力，并对煤征收出口税。拉惹和英国当局在相互致信时言辞愤怒。不久之后，新发现的油田的开采削弱了人们对煤矿的兴趣。最终，在1921年，第3任拉惹带着些许宽慰把这个地区还给了苏丹。这个煤矿遭到废弃，周围的村庄也被丛林覆盖。如今布鲁克顿已经没有多少痕迹。[30]

1890年初，林梦地区的人开始实行自治。之前6年，他们一直不让苏丹手下的官员踏入自己的土地，也不给文莱交税。现在他们升起沙捞越的旗帜，并请拉惹来接管这片土地。拉惹准备接受他们的请求，因为他通过代理人对河流沿岸的情况了如指掌。他迅速赶到那里，并在3月17日发表声明，承担起管理责任，"除非英国女王另有安排"。英国政府迟疑了近一年才完全批准此次领土兼并。英国领事特里维宁（Trevenen）受命调查林梦人是否真的愿意接受兼并。确认这点之后，英国外交部坚持要求拉惹每年给文莱朝廷6000元，还表示若苏丹连续3年不接受这一赔偿，它便被取消。苏丹提出抗议，甚至直接发电报给维多利亚女王。他的诉求没有结果，于是他拒绝接受这份赔偿。但他私下解释这与其说是因为尊严受损，不如说是想借机惩罚两个桀骜不驯的大臣。本基兰盘陀诃罗和迪加东（Di Gadong）因其职位而享有林梦的大部分税收，因此也享有赔偿金。未经苏丹允许，他们不能接受赔偿金，因此苏丹拒绝接受赔偿，从而明确有效地表达了自己的不悦。[31]

林梦地区被沙捞越吞并后，苏丹就只剩下文莱城和西至巴兰河河口的沿海地区。他还保有两块飞地，一块是林梦和特鲁桑之间的淡布伦（Temburong）河谷，另一块是特鲁桑和北婆罗洲公司领地之间的拉瓦斯（Lawas）小河谷。与此同时，伦敦决定让北婆罗洲总督兼任纳闽岛总督，最终受殖民地部管辖，这一决定安抚了北婆罗洲公司。这项安排持续到1906年殖民地部恢复直接管制，让该公司多少减轻了负担，因为他们发现管理这座岛吃力不讨好。[32]

即使没有纳闽岛这个难题，北婆罗洲公司也经历了一段困难时期。1890年之后的几年里，东方出现了普遍的贸易萧条。北婆罗洲不像他们预期的那样丰饶多产。现在主要的出口商品是销往美国的烟草，但这项贸易因当地在1893年采取高关税政策而受到重创。很多董事对该公司失去信心并辞职离去，其中包括第一任董事长卢瑟福·阿尔科克爵士（Sir Rutherford Alcock）以及布拉西勋爵（Lord Brassey）。布拉西勋爵曾在1887年搭乘游艇"阳光号"（Sunbeam）巡游婆罗洲水域，他提出了一个方案，建议英国政府把婆罗洲及马来半岛的保护地和海峡殖民地整合成一个大的殖民地。他认为英国政府无论如何都应接管北婆罗洲，并逐步卖掉那里的土地以还清股东的钱，要是英国政府不打算行动，那么管理权应交给沙捞越拉惹，沙捞越的政府体系让他非常赞赏。布拉西勋爵的观点让新成立的董事会——凯帕尔上将是其中的一个重要成员——很感兴趣。由于英国政府不介入，所以他们找上了拉惹。后者认为要是对北婆罗洲的整个行政体系进行改革，每年可以节省大约3万元。因此，他打算接管这个地区，前提是他能发行债券，够抵总价高达50万英镑的股票。他保证股东能拿到1%的股息，收益一旦超过他预估的行政管理成本21万元，股息就按比例增加。但他必须有权接管以产权转让的方式付清的所有股本，其价值不得超过50万英镑，从而买下该公司的所有产权。他会接管所有的债务，而且一旦他或他的继承人无法履行义务，该公司便可取消赎回权，英国政府也可以指派一位管理人员。1894年2月，他的提议被呈送股东大会。虽有布拉西勋爵的支持，但该公司的律师们还是强烈反对这一提议。因大多数人反对，这项提议遭到否决。但该公司被授权把这片领土的管辖权交给拉惹。他迅速拒绝。看起来他对自己的提议都不太热心，确实，此事会给他带来超负荷的工作量和烦恼。股东也没理由后悔自己的决定。到1896年，大萧条最严重的阶段过去了，这片土地终于开始产生红利了。[33]

拉惹渴望吞并的不是北婆罗洲，而是文莱。1899年，白拉奕（Belait）和都东（Tutong）地区（位于巴兰和麻拉之间）的居民揭竿而起反抗苏丹。他们的首领升起了沙捞越旗帜，并派代表团到古晋邀请拉惹接管他们的土地。拉惹吸取了经验教训，这次十分谨慎。次年初，他的老友、文莱的本基兰盘陀诃罗催促他出兵白拉奕，但英国领事凯泽（Keyser）先生阻止了他。[34] 叛乱演变成一场断断续续但偶尔非常血腥的战争。新任英国领事休伊特（Hewett）先生在1903年初建议让拉惹兼并白拉奕和都东，但是外交部听取了殖民地事务大臣约瑟夫·张伯伦（Joseph Chamberlain）的建议，再次反对割让领土。休伊特报告称苏丹愿意接受他的建议——后者最近曾向土耳其苏丹求助，答应交出包括林梦在内的所有领土，这让各方都很尴尬。这片土地蕴藏着石油。休伊特认为把这块地给拉惹比留给苏丹要好。没人感激他的提议。相反，殖民地部建议开除他，并为文莱派遣一名驻扎官。瑞天咸爵士（Sir Frank Swettenham）①急于完成此事。

与此同时，拉惹向苏丹提出另一项建议。他希望兼并除文莱城外的所有文莱领土。苏丹及其继承人可以继续领应得的转让费。此外，苏丹每个月可拿到1900元，而他死后他的继承人每月可拿到500元。本基兰盘陀诃罗和本基兰伯曼查（Pamancha）每月可拿到500元，而他们死后他们的继承人每月可拿到250元。苏丹将立刻得到1万元，而两位本基兰各得5000元。苏丹可以拿到麻拉的煤炭开采费，直到这份协议失效。苏丹和本基兰盘陀诃罗可

---

① 本名弗兰克·斯韦特纳姆，英国殖民地官员，曾任马来联邦驻扎官与海峡殖民地总督。

以保留自己的旗帜，享有的礼节也不会少。这项提议在1903年7月被上报给英国外交部。被问及自身看法时，瑞天咸说文莱这个国家并不像人们说的那么乱。但他觉得只要多给点钱，苏丹便会欣然接受这项提议。但是英国外交部和苏丹都没有表态，虽然次年夏天苏丹想跟拉惹借钱。他拿回了对白拉奕和都东地区的一些控制权，却发现那里几乎弄不到一点钱。[35]

1902年，北婆罗洲公司买下了拉瓦斯河的租赁权，从而与沙捞越接壤。可惜，把租赁权卖给他们的那些本基兰并不是这个地区的所有者，该地区多年前就被本基兰阿布巴基尔（Abu Bakir）占据，他声称自己只会把土地交给沙捞越拉惹。于是双方告到高级专员瑞天咸那里。瑞天咸认可阿布巴基尔对这块地的所有权，但也认可这份租约。为了安抚本基兰阿布巴基尔，北婆罗洲公司请拉惹的外甥、曾在沙捞越政府担任财政官的布鲁克·约翰逊来管理这个地区。这并未令人满意。到1904年底，该公司决定慷慨地把拉瓦斯的特许权转让给沙捞越。拉惹则要交给该公司一些隐性的权利，比如北婆罗洲西海岸的采矿权，这是拉惹在买下麻拉的租赁权时从考伊手里拿到的。英国外交部批准了这项交易，于是拉瓦斯在1905年1月12日正式成为沙捞越的一部分。[36]

此番安排使北婆罗洲公司与沙捞越的关系向好发展。竞争的氛围依旧存在，但是怨恨已经消失。

然而拉惹和北婆罗洲公司一样，发现拉瓦斯很难管理。在那里拥有地产的本基兰仍很活跃，而且手续齐全。与此同时，布鲁克·约翰逊从本基兰阿布巴基尔手中拿到了私人特许权。拉惹难以相信自己手下的一名官员，而且还是自己的外甥，竟在婆罗洲的土地上牟取私利。他的儿子王储被派来接管这片土地，并因未能严加管束布鲁克·约翰逊而受到责备。拉惹公开宣布与外甥断绝一切关系,只要布鲁克还是沙捞越俱乐部的会员,拉惹便不再赞助该俱乐部。最终,英国外交部建议他给布鲁克赔偿金,同时他得承认文莱本基兰们的土地权(tulin)①。他很快就将拉瓦斯管理得井井有条。这里在被北婆罗洲公司接管之前是个臭名昭著的奴隶市场。拉惹完成了北婆罗洲公司取缔奴隶贸易的事业。[37]

兼并了拉瓦斯后,沙捞越的疆域最终定型。拉惹又买下了位于麻拉和文莱城之间的哥打巴都(Kota Batu,文莱苏丹国古都所在地),为自己在文莱的财产又添一笔。但这笔买卖引起了某些人的不满,因为此地有几位苏丹及其家族的陵墓。几番讨论之后,拉惹以他购买时的价格把土地卖了回去。[38] 此后没有其他的文莱领土再划归沙捞越。拉惹对于文莱未来发展的提议被讨论了好几年。但在1905年底,英国政府决定再向文莱派遣一名驻扎官,并保护文莱苏丹国的完整。根据一份在1906年新年生效的协议的内容,苏丹必须接受英国驻扎官,涉及文莱对外关系和内政管理的一切事务都必须与之商讨,只有宗教事务除外。他和主要本基兰们的收入都由英国政府保障。瑞天咸爵士始终支持这个方案,甚至还认为若其能实现,拉惹应将林梦还给文莱。其实,违背当地人的意愿归还林梦绝无可能。瑞天咸提醒伦敦,拉惹可能会强烈反对这整个计划,北婆罗洲公司也会反对,只是不那么强烈。然而,虽然拉惹表达了自己的失望,虽然考伊——现在已是北婆罗洲公司的董事长——致信外交部对拉惹的建议遭拒表示遗憾,但

---

① 1906年以前,文莱的土地权分为三部分:Kerajaan(苏丹的土地权)、Tulin(王室成员获得的世袭土地权)和Kuripan(苏丹赏赐给重臣的土地权)。

是最强烈反对派遣驻扎官的是苏丹本人。他表示自己宁愿接受拉惹开的条件。[39]

若以事后角度来看，我们很难不对英国政府的这一决定感到惋惜。指派英国驻扎官来指导本地苏丹这一方法在马来联邦效果很好，但文莱的历史和现状与之不同。英国政府聘请的专业顾问是在马来半岛受的训练，他们从不知道先前行之有效的方法未必能解决婆罗洲的问题。1905年的文莱不是个有前途的国家，多年来它都处于濒临崩溃的状态。然后石油的发现让文莱富有得过分且畸形。如今，1905年为保全文莱所做的那个决定严重阻碍了婆罗洲英国殖民地的整合。

即使拉惹接受了这个决定，英国外交部还是对他极不信任。1906年春，苏丹哈希姆显然命不久矣。5月初拉惹抵达文莱时，英国驻扎官惊慌地发电报给伦敦，说自己在这里不受欢迎，随后又报告称拉惹似乎在跟本基兰盘陀诃罗密谋，而且他拿到了某些未指明的文件。外交部要驻扎官向文莱民众保证他们没有考虑割让土地给沙捞越。可能拉惹拿到的文件是关于这些本基兰在已割让给拉惹的领土上所拥有的权利的，对此，他急于了解正确的信息。同时，他无疑希望自己的朋友本基兰盘陀诃罗继承王位——根据古老的伊斯兰教传统，盘陀诃罗身为王室的高级成员是有资格继承王位的。但是，在英国驻扎官的建议下，哈希姆去世后，王位传给已故苏丹的小儿子穆罕默德·贾拉勒·阿兰姆（Mohammed Jelal ul-Alam），本基兰盘陀诃罗则担任摄政。[40]

临近1907年末，监管婆罗洲保护地这项工作被外交部移交给了殖民地部。拉惹常常觉得在这两个部门中，殖民地部更有同情心，至少在约瑟夫·张伯伦时代之前是这样。总体来说，这一转变改善了沙捞越与伦敦的关系。[41]

  与此同时，拉惹的个人地位也正式确定下来。1888年，英国税务局（有些无知地）问印度事务部拉妮的收入是否应纳税。印度事务部把这个问题转给外交部，外交部表态说拉惹是一个国家的统治者，因此拉妮不用纳税。[42]即使几个月后英国与文莱的保护关系建立，他的身份仍然不变。他很高兴能获封圣米迦勒及圣乔治一等勋爵士，但他不是担心身份问题对他个人的影响。在英格兰时，他尽量避免公务应酬，而且，虽然他对在正式场合被称为查尔斯·布鲁克爵士有些生气，但这更多是因为他觉得这样是对沙捞越的侮辱，而不是说他渴望享有固定的优先权。但拉妮大多数时间生活在英格兰，她觉得除了拉惹政权的威望问题，自己模棱两可的社会地位也带来了诸多不便。国王爱德华七世即位后不久，她就在宫廷里牵线搭桥。国王产生了兴趣，并宣布宫廷中应称查尔斯·布鲁克为沙捞越拉惹，地位仅居印度土邦首领之后。拉惹一开始很高兴，但当拉妮写信向他吹嘘自己的功劳时，他给予了严厉斥责。"最亲爱的玛格丽特，"他回信称，"我必须得承认，国王注意到我的地位这件事有50%是在我的意料之中，因为我认为根本不用提出请求他就会给我荣誉……如此世俗的追求不会给沙捞越和我个人带来一丁点实际好处。"即便如此，出于对国王的尊敬，他还是请求下次来伦敦时能参加国王的招待会，从而正式以拉惹的身份受到接待。他在1912年新年的授勋仪式上被授予从男爵爵位，但他拒绝了。他说自己不认可世袭的头衔。[43]

  拉惹对文莱的整体态度有时会受到批评。当时的很多外交部官员和后来的很多作家觉得这不过是对于领土扩张的原始欲望。他们倾向于怀疑文莱的局势不像布鲁克家族的宣传者说的那样糟糕，或者他迫切想吞并的地区的民众并不想接受他的统治，而是想接受自己所熟悉的同胞的统治，以及在林梦等地区爆发的支持他的起义不是自发的，而是他的代理人努力的结果。可以肯定，马来的上层人士有很多根本就不愿意从文莱的统治转到沙捞越的统治，但那些马来人大多是文莱腐败的受益者。1872年，有个英国游客在米里（Miri）跟当地的一个马来人起了争执。此人对他说："看看沙捞越人，犯了点小错就被罚款，而且罚金是交给政府的，但是在这里，除了强制买卖（serah），我们很少罚款，除非是犯了大罪，而罚金是交给受害者的。"的确，拉惹政府较为高效的管理并不总是受马来的纳税人欢迎。但那些下层民众——大多不是马来人——觉得强制买卖是难以承受的负担，这强迫他们通过地主来处理自己的农产品。而且进一步调查表明，在那一年中，那些占有米里的本基兰从当地居民身上榨取了9000元。非马来人肯定乐意从文莱的统治转到沙捞越的统治，很多马来人也是如此。[44]

然而，拉惹查尔斯跟文莱打交道时确实没怎么顾及统治阶层的自尊和敏感，他的专横至今仍让人多少有些怨恨。斯宾塞·圣约翰在1890年出版的那本简短的拉惹詹姆斯传记中觉得，自己有义务反对"沙捞越强占苏丹领地的行为"。他是特指兼并林梦一事，而且他认为查尔斯要是更圆滑一点，就能在"不违背国际法准则的情况下"达成目的。在过去，拉惹詹姆斯跟文莱打交道时总是温和有礼，虽然他偶尔在那里采取强硬手段，但马来人还是把他当朋友。查尔斯比较急躁，也更清楚自己想要什么。经验教训告诉他，太有礼貌只会导致无尽的耽搁和拖延。他知道自己的统治是对臣民有利的，而且他不会改变主意。无论他的做法是不明智的还是不道德的，他的动机都是为了婆罗洲的利益，而且他达成了自己的大多数目标。就连圣约翰都在写给他的私人信件中承认"要是外交部知晓文莱的拉惹们是怎么管理林梦的,他们就不会反对你接管林梦了"。曾任婆罗洲公司经理的赫尔姆斯并不总是认可布鲁克家族的统治,他曾在林梦的命运悬而未决时造访当地,并在归来后写道:"这条河边现在情况很糟,而且对本地人不公平,他们在观望,不清楚谁会是他们的主子,他们急于向拉惹布鲁克的政府效忠,但又怕被交回原来的监工手上。""出于人道主义",他希望这个地区尽快划归沙捞越。[45]

一个更温和、更圆滑的拉惹可能会跟文莱保持更为友好的关系,让那里的积怨更少。但是,鉴于英国外交部犹豫不决,整个地区仍然在遭受文莱本基兰们混乱而暴虐的统治。查尔斯·布鲁克觉得自己有责任使原住民摆脱这样的命运,他也相信他们盼着他来救。他践行着这些信念。要是感情用事地判定他做错了,那就太草率了。

第十一章

迈向和平与繁荣

1891年，拉惹查尔斯在国民议会的会议上回顾了他服务沙捞越的这39年。他说，这39年可以划分为3等份。在第一阶段，也就是1852—1865年的13年中，他和同伴们致力于打击达雅克人的猎头行为。他们时常要拿着武器并监视狡猾的敌人。在第二阶段，这一阶段大致始于他接管政府，军事行动还是有必要的，但他们也和平地推行和修订了法律，并树立法律权威。在第三阶段，也就是从1878年到他讲话的这一年，他们不必再过以前那样艰险的生活，他和他的老伙计们"可以坐在扶手椅上处理国家的政商事务"。[1]

最后一点并非事实。拉惹自己从未坐过扶手椅，并且斥责那些拥有这种奢侈品的官员。军事行动也不是全然没有必要。但是，除了1879年讨伐朗·恩当、1881年出征巴都山（Bukit Batu）以及1884—1886年平定卡当（Kadang）动乱，其他动乱仅凭一名地方官员和几名警员便能解决，直到临近世纪末，投机分子班廷（Banting）在乌鲁艾发动了叛乱。而且这样的叛乱不是为了反抗拉惹的统治，而是源于对拉惹禁止敌对部落之间的劫掠和猎头行为的不满。拉惹政权的存在本身从未受到威胁，但要让边远地区的臣民过上和平安定的生活，就必须保持警惕。与此同时，和平稳定带来了令人欣喜的收入增长。[2]

相较前任拉惹执政时期，现在的政府更加以拉惹为中心。詹姆斯不负责行政管理，是克鲁克香克等人建立了行政管理机构。但查尔斯一直紧紧掌握着行政大权。人员规模还是很小。1884年，法国游客埃德蒙·科托（Edmond Cotteau）写道："不到30个英国人统治并管理着这个地区，而且只有几百名本地士兵和警察，几乎没有成文法。一小撮异族人得到30万亚洲人的绝对服从——这个伟大成果若不是源于政府的公正和极度精简，还能是因为什么呢？"[3]科托先生高估了沙捞越的人口，但他提到的精简和公正是事实。这种公正确实有些武断。在内陆地区，拉惹手下的官员依照当地的习惯法进行管理，只是在拉惹的命令下就奴隶制等问题进行了修改。在古晋，拉惹本人就是公正的来源，他尽可能地亲自审理每起案件，若他不在就由他指定的代表审理。他执行法律有时是遵照涉事人员的习俗，有时是按照印度成文法，有时是根据自己的常识。判决结果通常会让现代的法官感到震惊。例如，某次警方就一起无足轻重的盗窃案提起诉讼，他判处一个身在抓捕现场但与此案无关的年轻华人短期监禁。当拉妮问及此次判罚的道德依据时，他回答说这个年轻人在法庭上举不出一个为他作证的人，这说明他没有正当的职业，因此在监狱里做一段时间的苦工对他有好处。[4]如此随心所欲的判罚并不罕见。然而，那个社会中的不同群体，包括华人，都认为他是一个非常公正的人。除了少数欧洲评论者，也没有人因为对他的判罚无法提起上诉而感到失望。马来人之间的民事案件仍然由纯粹的马来法庭审理。华人之间的案件由华人顾问协助地方法官审理,直到1911年一个华人法庭成立。这个法庭只审理婚姻、继承和商业伙伴之间的纠纷,但在债务和破产问题上也充当地方法庭的上诉法庭。[5]

行政机构的精简给历史学家带来了难题,因为保存下来的记录非常少。各区的驻扎官都要定期给拉惹呈送报告,概述本区发生的主要民事和刑事案件,还要记录重要的社会或经济事件。但是长篇大论不受欢迎。拉惹保存了自己写的绝大多数信件的副本。但很多决定是地区官员来古晋或拉惹亲自巡视时口头传达的。地区官员把报告呈送给本区的驻扎官,其中很多报告会转呈给拉惹。

驻扎官由欧洲人担任,虽然马来人也可能临时充任驻扎官。地区官员有时候是欧洲人,有时候是马来人,有时候是混血儿。在19世纪80年代的大部分时间里,位于拉让河与巴列河交汇处的加帛(Kapit)要塞都由多明戈·德·罗萨里奥(Domingo de Rosario)掌管。他是第一任拉惹的厨师的儿子,是个来自马来半岛的葡萄牙混血儿,在阿斯塔纳的厨房里出生。他给拉让驻扎官的信虽是以一种独特的英语写就的,却描述了地区官员面临的典型问题。在劫掠中猎头或捕捉奴隶的案件时有发生,地区官员得去确保双方都接受了当局的处置。地区官员负责审理不太重要的诉讼案件,遇到诸如"守城士兵日坎德(Jukand)指控巡佐(sergeant)诱奸自己的妻子"之类的案件则需要驻扎官的意见。地区官员若判定某人有罪,需要由驻扎官来宣判。他还得留意那些在本区内做生意的商人。这有时并不容易。1884年1月,罗萨里奥写信给驻扎官:"长官,这里有传言说拉杰·梅泰恩(Raj Metain)和阿邦·拉提普(Abang Latip)在普瓦(Pois)附近被杀。我希望这不是真的,但要是真的我也丝毫不会感到意外,因为他们是讨厌的骗子,到处骗达雅克人。"[6]他们有时报告某部落即将袭击别的部落的传言,或者对错误的传言进行澄清。达雅克人若是料定政府会出兵打击他们讨厌的某个部落,便会非常兴奋。最后,地区官员还负责向达雅克人征收人头税,并对拖欠税款者进行有效的处置。这些行程是地区官员生活中比较愉悦的片段。白人一来,长屋里的居民便举行庆祝活动,除非收成不好,否则他们会毫不犹豫地交税。

部落的传统和拉惹的法律出现分歧时还是会引发矛盾。1886年,巴兰发生了一起典型案例,有个未婚的肯雅族少女怀孕了,而且拒绝透露情人的名字,于是她被留在森林里饿死。当该地区的首领因为女孩的死而被罚交10石(pikul)米时,他大感意外,但还是交了。[7]

这些边远地区的生活还是很孤独,因此地区官员要有健康的体魄和非凡的勇气。但他们不再像以前那样面临人身威胁。自1870年的诗巫事件之后,就没有人再去攻击堡垒或是谋杀欧洲官员了。只有在征讨抗命的部落时,欧洲人才会有流血的危险。尽管如此,修建堡垒还是有必要的,这些年又建起几座堡垒。古晋的堡垒得以重建,并以拉妮的名字命名为玛格丽特堡。她的另一个名字爱丽丝给了成邦江的堡垒,而第三个名字莉莉则给了勿洞(Betong)的一座新堡垒。1878年,一座堡垒在加榜落成,并以拉惹的名字命名为查尔斯堡。1893年的一场洪水把这座堡垒冲进了海里,重建时往内陆移了一点。拉让河上游的美拉牙建了一座堡垒,它于1883年11月开工,6周后完工,并以王储的名字命名为维纳堡。卡诺维特已经有了一座堡垒,叫作艾玛堡,是以拉惹母亲的名字命名的。穆卡也有一座堡垒(伯德特堡,以伯德特-库茨小姐的名字命名)。建在民都鲁的堡垒叫作凯帕尔堡,是以第一任拉惹老朋友的名字命名的。拉惹喜欢用亲戚、官员和朋友的名字来给各地命名。建在巴兰河畔的行政中心名为克劳德镇(Claudetown),是以这个新区的第一任驻扎官克劳德·德·克雷皮尼(Claude de Crespigny)的名字命名的。那里的堡垒名叫罗斯堡,是以第二任驻扎官罗斯博士(Dr Rose)的名字命名的。特鲁桑河边的堡垒叫作弗洛伦丝堡,取自马克斯韦尔夫人的名字。特鲁桑地区划归沙捞越时,她的丈夫正担任拉惹的代理人。[8] 这些堡垒很简易,是用木头或糙石建的,下面有军械库和守军的住处,二楼为地区官员准备了办公室和简单的住所。只有这个地区彻底安定的时候,地区官员才能搬去自己的房子。当局不鼓励妻子们去内陆居住。拉惹想让这些堡垒尽可能统一,都按照成邦江的堡垒的样子来建,尽量避免新的范例。[9]

古晋的生活渐渐变得更加舒适。欧洲人数量仍然很少。1887年,拉惹举办晚宴招待所有欧洲居民,在场的人中只有5位女士。[10] 单身的男士自得其乐。被斥责或降职的人中,一些人是因为醉酒,另一些人则是因为带着当地的情妇出现在公开场合。很多官员一直欠着财政部或邮政局的钱。还有一些人违背法律,让政府雇员或囚犯到自己家里或花园里干活。但拉惹的铁腕手段渐渐让秩序和高雅举止推行开来。[11] 生活成本很低。1887年的时候,鞋子的价钱大约是2先令6便士,衬衫大约是10先令。[12] 欧洲人获准免税进口大米和烈酒,这可能有误。舒适的住所正在修建。生活非常安全。杰勒德·法因斯(Gerard Fiennes)那年过来当拉惹儿子们的家教,他在家书里称他睡觉的时候开着小屋的所有门窗。他还再次让父母打消对这座城市卫生的担忧。他写道:"除普通的发烧外几乎没什么热病，因为上游的猛浪和日常的大雨冲走了所有污物，让这座城比大多数英国城镇都要干净。"他觉得，预防疾病的唯一必要措施就是在腰间系一条法兰绒。[13] 霍乱偶尔仍会席卷马来村落和拥挤的华人集市。1874年、1877年和1888年都曾暴发严重霍乱，但是欧洲人没有受到影响。最近一次大瘟疫是在1902年，但记录在案的死者只有一个华人。[14]

古晋的规模逐渐扩大。1888年底，古晋城区正式扩展至以政府大楼为中心方圆两英里的范围。[15]

马来人仍是古晋人数最多、最重要的族群。马来族群的领袖跟拉惹和第一区驻扎官一起列席国民议会。马来议员的人数略有变动，1870年有4人，1875年有5人。公认的马来族群领袖是拿督班达尔哈吉·布阿·哈桑（Haji Bua Hasan）。他的父亲在第一任拉惹到来时担任拿督巴丁宜。他的内兄弟是造反的那个拿督巴丁宜阿卜杜勒·贾普尔，此人被流放之后，这个头衔一直搁置到1937年。他的哥哥曾担任拿督班达尔，直到1865年去世。而他自己在继承兄长的头衔之前担任拿督伊玛目。他在1906年以约95岁的高龄去世。他的妻子拿汀伊萨是个伟大的女性，也是拉妮的密友。她坚守那些过时的传统和道德标准，在拉妮开课教授年轻的马来淑女读写时感到担忧。马来人非常尊敬王室和贵族，他们认为马来高级官职应该继续由拿督班达尔家族的人出任。马来人很感激他们在政府中发挥的作用。马来语是拉惹统治下的官方语言，伊斯兰教是官方宗教。他们一直对布鲁克王朝忠心耿耿，只有某些边远地区除外，文莱本基兰在那里仍有些影响力。[16]

到目前为止，古晋还看不到几个达雅克人。一些陆地达雅克人从周边地区赶来做生意。海上达雅克人守着自己的区域。但是政府给了和平部落的首领相当大的管理权,并希望他们约束好自己的族人。国民议会召开时,他们被召到古晋,并在阿斯塔纳受到款待。巴兰被兼并之后,卡扬族的首领也会出席。杰勒德·法因斯很高兴能于1887年在阿斯塔纳举办的一场晚宴上遇到"一个有趣的老骗子(old file),叫迪安(Dian),是一位卡扬首领……他身上只有文身和一条腰布(chawat)"。[17]达雅克人给中央政府带来的主要问题就是如何管理他们的迁移。他们在用简单的耕作方式把土地的肥力耗尽之后就迁到别的地方,并不断向海岸逼近。拉惹在1903年签署的一项命令禁止他们在基杜龙和米里之间的沿海地区定居,此地要留给马兰诺人,但这项命令难以执行。[18]

华人群体逐渐壮大。1856年的起义过后,华人移民活动陷入停滞,很多华人离开了这个地区。拉惹詹姆斯生前小心地试着重新引入移民。他在1863年4月写给伯德特-库茨小姐的信中说:"我有些关于华人移民计划的详情要说。我们的资金不足以大规模引入移民,而且要小心行事,所以我们不能突然把一大群华人放进一个和平的地区,他们之前做的事让我们很难给予信任。因此我建议先试着安置500—2000人,然后逐渐扩大计划的规模。"[19]詹姆斯的努力成效未知。至1871年,沙捞越的华人数量已接近5000人。他们掌控着西米精制厂,很多生意也回到了他们手中。1873年,一个商会在古晋成立,而他们是主要成员。拉惹已经规定让一位华人法官列席债务人法庭(Debtors' Court)。1878年,一大片土地被拨给华商种植胡椒。

移民活动仍是断断续续、缺乏组织。大多数移民是直接从中国过来的,但是清王朝的法律禁止民众移居国外。这一规定直到1894年才废除,但在1860年后就不再严格执行了。1880年,拉惹安排500个华人在拉让河下游定居。他承诺,政府会给移民足够的土地,会每月发放稻米食盐,会安排轮船以确保当地和古晋交流畅通,会以合理的价钱运送货物,会设立警察局来保护定居点,会提供翻译人员来帮助他们。总之,会保障他们的福祉。作为回报,他们必须在这里永久定居。他用这些条件招揽移民,而这些定居点经历了初期的一些困难之后便繁荣起来,吸引了更多的移民。到1887年,沙捞越至少有7000名华人,其中一些人已经搬去了拉让河上游的诗巫。1883年,诗巫只有30个华人,但是两年后,他们发展壮大到足以给驻扎官班普菲尔德先生送去一封有分量的署名感谢信,感谢他帮助他们定居下来。[20]

  移民的积极和勤奋让拉惹深感钦佩。1900年,他继续为诗巫地区寻找定居者。沙捞越政府跟某个叫黄乃裳(Wong Nai Siong)[①]的福州人及其同伴力昌(Lek Chiong)签了协议,要向拉让河地区引入1000名成年华人。1901年6月30日之前招到不超过半数的人,而余下的要在接下来的12个月内招到。政府按照成人30元、儿童10元的价格预付定金,三分之二的钱将通过在新加坡的立约人支付,余下的则在这群人通过古晋时拨付。移民应在新加坡交付第一笔款项后的4个月内抵达。这笔贷款的年利率是20%,周期为5年,从他们第一年的年末开始计算。政府会承担所有路费,并为每个成人提供不少于3英亩的土地,在未来的20年里不收租金,之后每英亩收10%的地租,政府若收回土地会给予赔偿。移民可以自行种植和出售农产品,但是稻米应是首选。政府会提供停泊处和道路,并协助运送货物。政府保证移民不会

---

① 中国近代革命家、教育家,曾参与戊戌变法。

受到本地居民的侵害。移民可以持有一些毛瑟枪，以防止野猪破坏他们的田地。他们未经允许不得贩卖鸦片或赌博。政府承认立约人推荐的港主（Kang Chew）。他的实际职责会在下文详述。最后，两年后要是一切运转良好，这些立约人会安排更多移民过来，但是要付担保金。[21]

第一批移民在1901年初抵达。他们一行73人，都是基督徒，在经历了与义和团有关的反基督教运动后很乐意离开中国。几天后，又有500人在2月抵达，3月又来了500人，实际上比约定的日期提前了。政府没有反对，并提供草棚给他们住。起初一切都很简陋，不时有人被蛇和蝎子咬死，丛林也难以开垦。若非循道宗传教士胡佛（Hoover）先生相助，这个定居点可能已经崩溃了。但它挺过来了，并在1906年引入橡胶种植后迈入一个蓬勃发展的时期。这些移民是福州人，几乎都姓黄。[22]

政府在1901年3月又签了一份协议，要将广东人引入诗巫地区。来的总共有5000人，分为10批，每年引入500人。每引入一个成人，立约人可得5元钱。第一批在那年晚些时候抵达，领头的是位虔诚的循道宗信徒，姓黄。让政府感到宽慰的是，他强烈反对吸鸦片和赌博。1911年，又一批华人循道宗信徒迁入，当时，一个名叫布雷斯特（Brest）的传教士带来了一大批兴化人。这些移民把诗巫从一个小村庄变成了沙捞越的第二大城镇。

此外还有大量私人组织的移民。事业有成的定居者会把自己的亲戚也叫来。他们中很少有人再回中国。华人生了很多孩子。在1870年后的半个世纪里，沙捞越的华人数量增长到刚开始的10倍多。

各个华人聚落或定居点都由其港主管理。港主由当地的驻扎官任命，充当驻扎官与民众之间的联络人。销往定居点的猪肉、亚拉克酒和鸦片由他专卖，赌博与典当行业也由他掌控。在大多数情况下，华人可以沿用自己的习惯法，只在政府极为反感的事情上除外，例如贩卖孩童。华人在结婚、离婚、继承和无遗嘱死亡等方面的习俗得以沿用，但是需要一位政府官员登记或签字认可。然而，在涉及另一个族群时，政府就得制定自己的规章制度。例如，华人不得抛弃和土著妇女的私生子，孩子的母亲若被抛弃则享有孩子的监护权。宗教信仰不同的人结婚要到登记处登记，就算双方是同族也要如此。政府为此类结合后的离婚程序制定了法规。这些华人中有很多是基督徒，而且还不断有人皈依基督教。少数华人是穆斯林，但大部分人保持了他们的古老信仰。华人仍有加入秘密组织的趋势。这些一经发现就会受到严厉打击。[23]

华人没有被当作本地人。虽然政府办公室里雇用的华人办事员越来越多，但他们此前或之后都不会在政府中获得正式职位。然而，他们和所有居民一样享有人身保护。他们精力无限又积极进取，很快就成为这个地区最富有的族群。虽然这并未增加其他种族对他们的好感，但是他们的生活有保障，也称得上愉快。少数人可能还希望增加剥削内陆部落的机会，然而警惕的政府不允许。但若是一位冒险的华商被某个达雅克族或卡扬族猎手砍了头，那么他的亲属可以肯定，如有可能，杀人凶手会受到惩罚。

在古晋有个小小的印度人群体。有些成员是在印度民族起义后被拉惹詹姆斯引进的印度兵和锡克人的后代，充任警察或是民兵。有些是已经定居在那里、主要做布匹生意的商人。他们大多是穆斯林，因此和马来人一样接受伊斯兰教法的管理，虽然纯粹的马来习惯法对他们并不适用。当地还有一群泰米尔劳工，其中大多是皈依基督教者。[24]

基督教正在缓慢地传播。拉惹终其一生都对英国国教传教团的管理颇有微词。他觉得传教团把太多时间花在了转化古晋的华人上，并怀疑很多华人皈依基督教只是为了取悦欧洲人。而且他非常讨厌神职人员干涉他手下欧洲官员的品德和习惯。但当《沙捞越公报》刊登了一篇批评传教团的文章时，他又很生气。他跟钱伯斯主教的关系有所改善，但从来算不上亲切友好。他对1881年接任的霍斯（Hose）主教更友善。但现在新加坡并入了主教教区，让拉惹有些不快，主教有一半的时间不在沙捞越。主教任职初期在沙捞越的主要代理人是会吏长（Archdeacon）梅思尼（Mesney），他曾在万津（Banting）传教。拉惹欣赏他，并任命他为政府专职牧师，这样他便可从政府领取一笔薪水。1897年梅思尼退休后，这个职位就被取消了。[25] 下一任会吏长是夏普（Sharp）先生，他充满干劲，也很虔诚，但不知变通。拉惹认为他的做派太接近高教会派（High Church）①，在看见他组织了一场"荒诞不经的夜间游行"时，拉惹既鄙视又愤怒。这位会吏长还跑到沙捞越游骑兵的军营里骚扰他们，想强迫他们去教堂参加活动。更让拉惹生气的是，伦杜的一位传教士为新加坡媒体撰文批评沙捞越。这个肇事者必须被赶走。会吏长还为皈依者成立了一个华人机构，而政府有理由怀疑这跟秘密组织有关。夏普看到自己最重要的华人助手被驱逐，觉得非常不快。[26] 教会和政府争论的主要焦点是皈依者的婚姻问题。拉惹频频指控那些过于积极的传教士急于让皈依者在教堂成婚，而忘了向当地政府官员领取结婚证。

---

① 英国国教的一个派别，强调圣礼、仪式和神职人员的权威。

他认为，这些匆忙举办的结婚仪式并不总是可取的，而他手下的官员在这个问题上比年轻的传教士们更明智。1908年，霍斯主教退休，人们认为会吏长夏普会接替他。他爱这个地区，他的两个姐妹在教会学校里也表现不错。但拉惹不会同意。他在给坎特伯雷大主教的信中写道："夏普想当主教，但我不会让他在我的地盘上如愿。"会吏长感到痛苦失落，但还是大度地接受了被否决一事。拉惹也没有怀恨在心，反而在他退休时给了一大笔急需的经济援助。[27]

在得知为沙捞越教会筹集的资金部分被转移到新加坡时，拉惹尤为愤怒。霍斯离开后，他欣慰地看到主教教区恢复到原来的规模了。下一任主教芒西博士（Dr Mounsey）只需管理沙捞越和纳闽岛。拉惹不太在意芒西主教，觉得此人对基督教的其他宗派有偏见。这位主教请拉惹介入其手下未婚雇员的私事，这让他很生气。他回应说："他们并不比生活在欧洲城市里的那些人更差，虽然那里有大量教堂和热情的牧师。"他还说他为自己的部下感到骄傲。当主教又开始控告纳妾行为的时候，拉惹建议"那些想改进人类的人从西方着手"。芒西主教在1916年退休。[28]

拉惹对内陆的传教工作更为满意，只要那些传教士跟他手下的官员恰当合作就行。到19世纪末，他们在陆地达雅克人的领地寇普建立了传教站，海上达雅克人的领地上也建立了4个传教站，分别在伦杜、万津、沙步（Sabu）和塞贝坦（Sebatan）。之前还有更多传教站，但是没有足够的传教士去驻守，教堂也变成了废墟。戈梅斯、佩勒姆（Perham）、查默斯和梅思尼等前代传教士建立了传教站，但他们尽心尽力的工作并没有被延续下去。到了1912年，古晋以外的沙捞越领土上只剩下3名英国国教牧师，其中2名是英国人，1名是华人，分别在万津、沙步和寇普。他们没有足够的资金来供养更多的牧师，而且人们私下议论，说海外福音宣道会一点一滴寄来的钱大多被花在了古晋。为了改善这种情况，芒西主教建立了一个婆罗洲传教协会，以支持福音宣道会的工作。但直到很多年后，他们才有足够的钱来扩充人员。传教团管理的学校拿到了政府的资助，但若无人负责，学校也办不下去。到1912年，沙捞越皈依英国国教者不到6000人，其中多数是古晋的华人。[29]

从西班牙和葡萄牙统治的时代起，罗马天主教会就对婆罗洲产生了兴趣，但他们早期让马来穆斯林改宗的尝试失败了。1857年，西班牙的夸特隆神父（Father Cuateron）在文莱和纳闽岛成立了一个传教团。然而，他的冒险精神胜过虔诚之心，他筹钱和花钱的方式都不符合他神职人员的身份。他因轻率的投机行为失去了大部分财产，于是他的教堂被关闭，他本人也销声匿迹了。1880年，天主教会的索尔福德主教，即后来的沃恩枢机主教申请在沙捞越开展传教工作。拉惹回复说只要他们待在不归英国国教会负责的地区，并且不去劝穆斯林改宗，他便不会反对。他还说希望由一位法国人或意大利人来开展传教工作，但还是认可了第一任宗座代牧（Vicar Apostolic）托马斯·杰克逊（Thomas Jackson）。此人曾是军队的专职牧师，并把在第一次英阿战争后得到的奖金用于推进传教工作。罗马天主教会获准将总部设在古晋，但被指派到第三区传教。拉惹建议他们从卡诺维特开始。1901年，他们获准在第四区的巴兰成立一个传教所。到1908年，沙捞越共有11名欧洲牧师、2名世俗修士和11名慈善姊妹会修女。[30]

循道宗把注意力集中在诗巫和拉让河下游的华人身上，他们曾帮忙安排这些人的定居事宜。他们也享受着拉惹的善意。[31]

拉惹在1908年接受一位英国记者采访时表达了自己对于传教团和宗教的整体看法。他说："我们在古晋有两大传教团，一个是天主教传教团，一个是英国国教传教团。他们在教育方面都做出了卓越贡献。但我觉得到目前为止基督教并没有造福达雅克人。穆斯林是一群好人，他们从来不劝人改宗。我对伊斯兰教没有任何指摘，伊斯兰教在沙捞越也没有展现出丝毫狂热。这种宗教慷慨、公道，非常适合东方人的思维。我不允许任何人干涉我的穆斯林臣民，任何干涉他们的传教士都会被彻底驱逐。"[32]

拉惹赞同进行适当的教育。他在1907年出版的一本小册子里问道："我们教育原住民这件事做对了吗？真的没办法把他们培养成这片土地上的合格居民吗？……我们灌输给原住民很多他们不需要了解的学科知识，想把他们教育得像我们一样，好像他们没有自己的想法。"他不知道达雅克人是否愿意离家上学，因为这只会让他们在回到长屋时感到格格不入、无所适从。1909年，他发现一些达雅克少女被带到了古晋，于是下令把她们送回家。"我没法说自己支持对本地女孩进行教育，除非是由她们的族人来教，而且不会让她们与亲人分开。"他如此写道。[33]

虽然如此，他还是愿意支持传教团创办的学校。在麦克杜格尔任职早期，当地就有一所隶属于英国国教传教团的学校，而且这所学校规模逐渐扩大，老校舍不够用了。1886年，得益于霍斯主教的努力，一所新的男校在政府的帮助下落成。而老校舍用作女校，直到他们筹够资金将其重建。到20世纪初，约有300个男孩和60个女孩在英国国教社区学校上学，只是学校一直缺乏员工。罗马天主教徒到来后获准在古晋开办一所学校。拉惹虽然不太热心，但还是给了200元用于修建校舍，每年再给200元用于维护。他每年也给卡诺维特的罗马天主教学校同样数额的维护资金，还送了50元用于修建校舍。罗马天主教学校的规模迅速扩大，不久便稍稍超过了英国国教的学校，这主要是因为他们更容易招到员工。两所学校都有较大比例的寄宿生，他们的学制也和英国普通公立学校的一样。这些学生主要是华人。但是，由于拉惹坚持宗教教育是非强制的，很快就有些马来人把儿子送来上学。那里还有一所规模较小的罗马天主教女校，隶属于一间女修道院。[34]

第一所马来人学校是拉惹在1883年开办的，第二所也在不久后开办。这些学校的员工都是马来人，办学目的只是让学生在基础学科上打下扎实的基础。1903年，政府创办了一所中学，招收各族学生，员工由华人、马来人和印度人组成，随后又有两所公立华人学校成立。在外省，英国国教徒和罗马天主教徒分别开办了5所学校，并获得了小额补助。而循道宗信徒则在诗巫创办了自己的学校。马来人在古晋以外没有学校，虽然每个村的伊玛目都会在清真寺里给男孩们开课，初步讲授《古兰经》。华人的定居点大多有较小的学校，若学生超过16人，便可获得一笔小额补助。在19世纪末，一些达雅克人开始把儿子送到古晋，而外省的教会学校主要为达雅克人和其他内陆族群服务。以当时的标准来看，这些教学设施已经足够了，但是早期教育家的雄心壮志受制于拉惹的一个决定，那就是教育不得破坏本地区的传统。[35]

医疗卫生服务有些落后。古晋有一间医院和一个公立的诊所，但医护人员短缺。政府直到1870年才任命了一位护士，她的固定月薪为8元，但在有活可干的时候会得到额外报酬。几年后她才添了帮手。与此同时，传教团的女眷尽量协助她。传教团经营着小型的旅社，以收容生病的访客。直到19世纪末，这里都只有一名欧洲医务官。地区官员需要掌握一些医学知识，并留意所在地区的医疗卫生状况。在19世纪末，古晋有了一套管道供水系统和一个合格的排水系统。直到1913年，诗巫才有了一间医院（由棚屋改造而成）和一名医务官。当地排水系统非常糟糕，幸好一年两次的洪水能把城镇冲刷干净。1909年，古晋建了一所精神病院。[36]

古晋之外没有道路。所有的交通运输都是靠水路。政府拥有数量不多但持续增加的轮船和汽艇，以维持主要人口中心之间的联系，而婆罗洲公司则保障了沙捞越与新加坡以及外界的联系。这些在1896年遇到了挫折，当时婆罗洲公司的轮船"拉惹布鲁克号"（Rajah Brooke）——"詹姆斯·布鲁克爵士号"的第二代传承者——在从新加坡前往古晋的途中失事。[37]古晋在1900年安装了电话，这很快就推广到了整个上沙捞越。他们已经和新加坡开通了电报，在20世纪初，沙捞越的主要城镇间就建立了电报系统。[38]

然而，拉惹只有确信地区财政状况可以负担时，才会去建设昂贵的公共设施。他谨慎地关注着财政状况，而且愈发满意。到1880年，沙捞越财政收入增至22.9718万元，到1900年为91.5966万元，而在1907年，就在1元叻币（Straits Dollar）①贬值到等价于英国货币的2先令4便士之前，收入为144.1195万元。

---

① 叻币是英国在海峡殖民地发行的货币，在沙捞越也有流通。

支出也从 20.3583 万元增至 135.9247 万元。但每年都有结余。国债慢慢减少，到 1905 年消失。1907 年底，政府结余略超 80 万元，而政府仅有的债务就是流通中的货币，总计 19.0796 万元。[39] 虽然这些数字令人欣喜，但是政府并没有多少钱用于投资。而拉惹个人的一些产业如麻拉的煤矿从来没赚到钱。还清了伯德特-库茨小姐的钱之后，他自己——作为他舅舅的继承人——就成了这个地区的头号债权人。但在还清了欠他的债后，他就尽量减少从该地区获取的收入。他在沙捞越以外没有财产，因此要用政府收入来负担他在英格兰的房产费用和家人开支，而他极力想要限制家人的奢侈生活。[40] 拉妮认为若自己生活俭朴，而拉惹的两个儿子时不时负债的话会有损沙捞越的声望。政府上下厉行节约。虽然生活成本开始上升，但工资却没怎么涨。任何形式的铺张浪费都会遭到反对。

绝大部分的收入依旧是来自政府在采矿业的收益以及垄断权的转让。其中很多由婆罗洲公司持有，该公司仍是唯一一家获准在沙捞越经营的欧洲公司，相当于拉惹的银行。但是，随着越来越多的地方变得繁荣有序，税收开始带来可观的收入。矿场还是让当局感到失望。出产的金子数量虽少但相当稳定，而早前曾是政府主要财源的锑矿却在逐渐枯竭。在第二任拉惹的统治末期，锑矿只在经济中发挥很小的作用。农产品在增加。胡椒种植园逐渐扩大规模。黑儿茶一度成为一种重要的出口商品，但在 20 世纪种植面积不断减少。在穆卡地区种植、在古晋碾磨的西米是主要出口商品之一。随着达雅克人逐渐定居下来，他们学会了采收意荔果（illipe nuts）。与政府有直接利益关系的木材成为日益重要的出口产品。橡胶树在 1905 年的引进让农业经济发生巨变，这些产品的价格都容易波动，而一些作物（如意荔果树）更是出了名地不稳定。[41] 然而，尽管出口额会发生变化，而且依赖单一作物的农民可能会陷入困境，但沙捞越的整体经济状况依旧良好。发展水平提高就意味着进口增加。所有的机械产品和制成品，甚至是布匹，都是从国外进口的。有几年稻米还需要进口。但是出口额很少会低于进口额。1898 年之后婆罗洲公司才开始从沙捞越获利。此前该公司靠着在爪哇、马来半岛和暹罗赚到的钱维持运转。但到了世纪之交，该公司能够在股东面前证明当初选择婆罗洲是对的。[42]

进步是缓慢的。拉惹对大公司的厌恶让批评家们相信，他对沙捞越来说是个狭隘的保守主义者。他坚称欢迎外国投资，只要他确信这些投资者会公正地对待本地民众就行。发现婆罗洲有石油的时候，考验来了。1895 年，拉惹得知在米里（靠近与文莱的交界处）发现了石油，有些品质还不错。起初，众人关于石油开采前景的报告出现了分歧。1897 年，他倾向于相信这里的石油不值得进一步勘探。但到了 20 世纪初，人们发现这些油田值得开发，只是其中很多是在文莱境内。到了 1909 年，探明的石油储量足以让拉惹跟壳牌石油公司协商建立一个子公司来进行开采。在次年 6 月的壳牌公司年度股东大会上，马库斯·塞缪尔爵士（Sir Marcus Samuel）报告称在米里发现了石油，而且不用付钱就能拿到拉惹的特许权。由壳牌石油公司注资成立的沙捞越石油公司很快介入。1914 年，马库斯爵士宣布沙捞越的石油日产量达到 200 吨。他们每开采一吨就要给沙捞越政府一小笔开采费。可惜，从长远来看，这些石油——跟婆罗洲的其他很多产品一样——最终会让人失望。最好的油井位于边境的另一边，也就是英国政府随随便便地留给文莱的那片领土上,但它们看起来也并非取之不尽。沙捞越的财政一方面受益于这些发现,另一方面也受益于拉惹鼓励石油开采,并允许对此进行投资,条件是不会剥削他的臣民。[43]

的确,他的统治是开明专制主义的一个绝佳案例。他就是政府,但他既不蓄意阻挠也不偏执狭隘。沙捞越的繁荣与安定是他的功劳。

第十二章

开明的专制君主

没人给查尔斯·布鲁克写过传记。他的事业不像他舅舅的那样具有浪漫的吸引力。詹姆斯是位杰出的冒险家，喜欢公众的关注，他能建立起真挚的友情，也能引发激烈的争吵，他富有创意，但不在意无聊的细节。沙捞越正是自他的构想中诞生的。在这片土地上，一小群公正无私的欧洲人引导一大批东方原住民在团结友爱、日渐繁荣的环境中共同生活，却不干涉他们的传统和习惯。他的非凡天赋缔造了沙捞越。然而，即便有那些热切而忠诚的助手辅佐，他留下的仍是一个贫困而动荡的政权。是他的外甥确保了这个实验不会失败。[1]

查尔斯在各方面都跟詹姆斯形成了鲜明对比。他讨厌公众的关注。他内敛矜持，难以接近。和达雅克人在丛林里度过的悠长岁月让他适应了没有朋友的生活。他更愿意与他的书籍和思想为伴。他的才智不算突出。他的慰藉主要来自法语的通俗小说，而他的音乐品味一直让拉妮痛心。但他思路清晰，对世界政治局势的观察敏锐而冷静。最重要的是，他善于管理。

在行政管理上，他唯一的缺点就是过于活跃。政府里的每个细枝末节他都要亲自监管。我们发现他亲自决定古晋集市里的鱼摊应贴哪一种大理石板，或是新来的医生住的房子具体该怎样装修。我们发现他亲自下令让霍氏公司（Messrs Hawkes）为市政乐团创作乐曲，并在觉得演出效果不佳时将指挥解雇。"乐团昨晚的表演水平有些降低了，"他在1910年给古晋驻扎官的信中表示，"而且选的曲目很差。我再也忍不了了，现在命你通知德维拉大师（Master de Vera）他不用干了，若有合适的接替者，他这个月底就可以拿着退休金退休。"乐团是他最得意的作品之一，他亲自决定乐团的演出场合和地点。华人老板可以在适当的时候请乐团表演。他喜欢让乐团演奏些舞曲，但更喜欢歌剧作品或是"优秀作曲家创作的较为庄严的曲目"。[2]

他的另一个让他深深地着迷的作品是沙捞越博物馆。他创办这间博物馆主要是为了收藏动物标本，但后来也接纳了人类学和民间艺术藏品。为此，他煞费苦心地寻觅合适的馆长。他对园艺也很感兴趣，并为阿斯塔纳的花园感到骄傲。在执政末期，他专注于修建一条从古晋向南方延伸的铁路。他亲自监管大部分的铁轨铺设工作，并亲自选定发动机和车厢。这条铁路在1915年6月开通，当时已经建好了5英里的轨道，同年8月又完成了2英里，至1917年达到了10英里。铁路上有车厢运送乘客，票价为每英里2分钱，但其主要作用是向古晋运送农产品。[3]

若非他急于掌控一切，情况本可以更好。内陆地区的官员可以发挥能动性，勤勉和进取心也会受到记录和表彰。但在古晋，他的无所不在让下属们失去了积极性。他们不能自己做主，也不能独立行事。当他年岁渐长，据说下属要得到他的关注并获得晋升，就得出席乐团的每一场演奏会，他必定次次到场。但事实上，他对所有的下属、他们的处境以及他们的不端行为都了如指掌。要是有人生病，拉惹会判断此人是否应辞职并离开这个地区。要是有人去世，拉惹会确保其遗孀拿到适当的抚恤金。要是有人举止失当，拉惹会写信斥责。为他效劳不可能轻松，但他还是博得了尊敬和仰慕，因此无人在任期结束前主动辞职。[4]

他在古晋的时候生活规律。他会早早起来，然后到阿斯塔纳的花园里走走，在书房里处理些工作。9点时，他会前往河对岸。一小群官员会在码头迎接他，然后列队跟他走向政府大楼，沙捞越游骑兵的一名军士为他撑起一把破旧的仪式用黄伞。一名马来家臣携带簿册和一把纸伞（下雨时）殿后。驻扎官和4位拿督站成一排迎接他。在与他们一一握手后，拉惹会视察财政部和驻扎官办公室，然后接见所有想见他的人，而他年纪变大并日渐耳聋的时候则会前往法庭主持司法工作。上午结束时他会带领队伍走回码头，回家吃午餐。他喜欢在傍晚骑马或步行去视察现有的公共设施。他有时在晚上招待宾客。他为欧洲人举办的晚宴呆板无趣，若他早早就简单地宣布结束，所有人都会松口气。他宴请马来人或达雅克人的时候较为自在。如果欧洲来的访客对东方表现出浓厚的兴趣，他就会与之畅谈。[5]

他不喜欢排场。只有在生日游行等极少数正式场合，他才会穿制服，即圣米迦勒及圣乔治一等勋爵士的礼服。平时他穿蓝色的哔叽外套和白色的裤子，通常还戴一顶白色的防护帽，上面缠着一条洋红色的头巾。有时他佩戴的毡帽上也有一条类似的头巾。他时常挂一根长长的银顶手杖，在扣眼上别一枝新鲜的金银花。但他希望看到自己的官员穿着得体。在执政初期，他命令所有人都穿制服，包括紧身上衣、裤子、肩带、腰带和翻边帽。他非常在意自己在铜币和邮票上的形象是否得体。他不需要特意要求别人尊敬他，因为没有人敢不这样做。但他要求下级官员称他们的上级为"阁下"（Sir）。在他看来，特定的礼节是有必要的，虽然他个人希望逃避这一切。[6]

他经常不在古晋。他喜欢到各地巡视，喜欢回马当山（Mount Matang）附近的小屋连续住上几天，但他更喜欢去卢帕河上游的成邦江，他年轻时曾在那里的达雅克地区度过漫长岁月。沙捞越彻底安定之后，他每年冬天都回英格兰，在那里享受两个月的狩猎时光。他曾租用斯温登（Swindon）的珀顿别墅（Purton House），后来又买下赛伦塞斯特（Cirencester）附近的切斯特顿别墅（Chesterton House），这就是他余生在英国的家。[7]

这是一种孤独的生活，而他不想换种生活方式。结婚几年之后，他就很少见到拉妮了。她在沙捞越时身体一直不好，她的儿子们在英格兰上学期间，她一直待在那里陪伴他们。1887 年，她和长子、次子在沙捞越待了几个月。之后她的儿子伯特伦（副王）身患重病，数年不愈，而她不想离开他。与此同时，拉惹再次习惯了单身生活，并乐在其中。1895 年，她提出要把伯特伦带去沙捞越，他同意了，条件是她自己承担旅费，而他则在她抵达的几周后只身前往英格兰。即使是在英格兰，她也很少待在他的房子里。她独自住在伦敦或是萨里（Surrey），并时常接待一大群朋友。她特别欣赏文化名流，这些人也都乐于和她交往。拉惹和拉妮并未公开决裂。他们直率且深情地给对方写信，曾共同出席正式场合，还会见面讨论孩子们的幸福。[8]

直到最后，她还是一心为沙捞越的利益着想，但拉惹时常为她的热情感到担忧。当她计划撰写这一地区的历史时，他急忙写信劝阻。"我觉得你不是做这件事的合适人选，"他说，"因为不管你的书写得多好，别人都会觉得内容失之偏颇。"但他还是欣然资助她完成了《我在沙捞越的生活》(My Life in Sarawak) 一书。他按照自己一贯的作风对她保持忠诚。当他的儿子维纳抱怨母亲明显偏爱其他儿子时，他回信指出她一直把沙捞越的真正利益放在心上："她对沙捞越的关心超过了除我之外的任何一人。"但是对于被她宠坏的儿子哈里，他写道："在我看来，你母亲在英格兰针对我和沙捞越所做的事比西方的任何敌人都更具威胁，而且我不止一次在信中提过，但毫无用处。"也许他的家人更多是以娱乐而非尊敬的态度对待他的政治抱负。男孩们的家教杰勒德·法因斯1887年在古晋写道："拉惹仍外出未归……没人知道他在玩什么小把戏，但我非常怀疑他正在文莱为割让林梦而奔走。"法因斯还写道："谋事在拉妮，成事在拉惹。"[9]

拉惹跟身为王储的长子维纳关系不佳。1897年，23岁的维纳来到沙捞越工作。他曾在穆卡和诗巫任职，而且自1904年起，只要拉惹去了欧洲，他就负责管理沙捞越。拉惹始终觉得维纳懒散而缺乏自制力，也不够严肃，但他没理由抱怨。王储在1911年结婚之后，情况变得更糟。拉惹不喜欢这位儿媳，儿媳也不喜欢他。他怀疑她对拉惹木达造成了不良的影响，例如教唆维纳奢侈浪费、寻欢作乐、违逆父亲。父子间的通信常常针锋相对，他们的矛盾在1912年达到了顶点，王储发现父亲让他的弟弟（副王）享受跟他一样的接待规格，并怀疑自己要被罢黜。他和妻子都毫不掩饰自己的愤怒。风暴还是平息了。老拉惹严守分寸，不会废黜他的继承人，尽管他希望深受他信任的副王在他死后与政府保持尽可能密切的联系。王储向父亲道歉，但对方接受得有些不情愿。"这些事情难以原谅，无法忘却。"拉惹在信中写道。拉惹之前提过要退休，只保留财政控制权和麻拉的管理权。现在，他说会继续执政，至死方休。但在几个月后，即1913年2月，他再次告诉王储他将在12月退位，只要当地议会认为权力可以安全交接就行，但是维纳必须保证在沙捞越连续待上两年。这项提议没有落实。的确，整件事与第一任拉惹晚年的情况极其相似。拉惹不在的时候，沙捞越仍交由王储管理，但后者的职能和收入受到严格控制。他的薪水是6000英镑，其中5000英镑是在英国领，另外1000英镑是在沙捞越领。此外，他在沙捞越期间每月有200元的接待和差旅补贴。王储住在阿斯塔纳时要支付厨师、厨房帮佣、贴身男仆及所有仆人的薪水，只有管家、杂役和室外工作人员除外。虽然食物由政府供应，但他得自己购买葡萄酒、利口酒和雪茄。王储尤其不能直接跟殖民地事务大臣沟通，所有事情的完成都要经过拉惹或是拉惹在1912年成立的沙捞越驻伦敦办公室。拉惹不在英国的时候，这个办公室由副王管理。最重要的是，拉惹尽力阻止王储妃（Ranee Muda）到访沙捞越。[10]

拉惹和拉妮都比较喜欢次子副王，这让他生活得很尴尬。虽然他对沙捞越尽心尽力，却并没有统治的野心，而且渴望为哥哥效力，但他的哥哥却忍不住怀疑他联合父母来对付自己。王储的怀疑并不奇怪。当副王之妻副王妃（Dayang Muda）诞下一个儿子时，拉惹公开表达自己的喜悦，但王储妃只有女儿。他对副王的孩子总是比对王储的孩子更加和蔼可亲。两个儿媳对他的看法截然不同。王储妃曾写道"沙捞越的第二任拉惹是多么无耻残暴"，后来又说"人们恨他、怕他、奉承他、哄骗他，直到他失去了对外界的一切判断"，而副王妃则真挚地记述道"这位亲爱的老拉惹"。[11]

拉惹最小的儿子哈里（幼王）在整件事中没发挥什么作用。他自幼便挥霍无度，让父亲深感忧虑，长大成婚后，他妻子那糟糕的身体状况让他更需要钱。她在生下一个儿子后死去，几年后，她的丈夫也随她而去，因此没什么机会证明自己的价值。[12]

拉惹有理由为家人的挥霍忧心。1903年，他的家庭律师博蒂（Booty）先生破产，让布鲁克一家也蒙受了巨大的经济损失。拉惹仔细地确保家族受益人不会受到影响。虽然拉妮指责他挪用了她的钱，但他还是每年给她3000英镑的津贴。他自己过了一段非常拮据的生活，所幸沙捞越正日渐繁荣。[13]

同样，沙捞越处于和平状态——只有乌鲁艾（卢帕河上游和东部边界附近）除外。但是在1893年，一位非凡的达雅克冒险家班廷引发了动乱，此人虽出身寒微，却成了卢帕河流域达雅克人的首领，并跟首领尼坤邦（Ngumbang）结盟。他的部落一直与住在拉让河和边界之间的达雅克人交战。1894年5月，拉惹亲自率军沿着拉让河的南部支流讨伐这些劫匪，但其成果难以维系。1897年，班廷在自己位于得洛的村庄遇袭。他的儿子被杀，村庄被焚毁。这件事以及突袭卢博安图（Lubok Antu）附近的达雅克人失利让他安分了一段时间。但在1902年初，他又开始攻击爱好和平的达雅克村庄。拉惹决定对他施以严惩，于是派出沙捞越有史以来规模最大的一支远征军。这支队伍比他预想的要庞大，因为约有12000个达雅克人坚决要求加入，沙捞越游骑兵和马来人也组成了一支劲旅。军队由王储和第三区驻扎官德松（Deshon）先生统领。6月，他们向卢帕河上游进军，打算封锁乌鲁艾与外界的一切通道。但在南加得洛（Nanga Delok）驻扎期间，兵营里暴发了霍乱。很多士兵丧生,达雅克人尤其如此,幸存者匆匆赶回家,好把尸体葬在自己村里,以免猎头人来抢。死者约有1000人。因疾病和死亡而减员的游骑兵和马来人只能撤退。这是一段非常悲惨的遭遇。尽管在那年晚些时候,第二区驻扎官贝利(Bailey)先生率军烧毁了班廷的追随者在恩卡里(Engkari)河边的村子,以及外围属于尼坤邦的一些村子,但叛乱者并未屈服。

次年3月,拉惹亲自率领约2500人前往卢帕河上游。他没有走太远,因为他听说班廷和尼坤邦有投降的意愿。但这是个错觉,他们还在抢劫周边的居民。因此在随后的6月,两支小分队自成邦江出发。一支在J.巴林-古尔德先生的率领下挺进外围,并在那里击败了叛军;另一支在H. L.欧文(H. L. Owen)先生的率领下沿恩卡里河行进,并摧毁了河边的村落,但没有遇到敌军。拉惹本人对这次出征非常关注,并对行军的顺序做出了详细的指示。特意选出的达雅克人打头阵,后面是沙捞越游骑兵和马来人部队,欧洲人走在中间,其余达雅克人位于两侧。队伍不得在早上7点前开拔,这样士兵就可以先吃饱饭;下午2点半左右停下来休息,让他们有时间建好营地。如有可能,应阻止达雅克人突袭敌军的围栏。最好先破坏周边地区,等到次日早上再发动进攻。欧洲人不得分散,而且附近没有敌人踪迹时要格外谨慎。最好不要在敌人的地盘上停留超过3天。此次战役迫使大多数叛军首领屈服,但班廷和尼坤邦仍在抵抗。1906年,两人提出投降,旋即又改变了主意。然而在1907年,他们发现部下渐渐离开,于是同意在加帛进行和谈,在拉惹和王储的见证下,所有的乌鲁艾达雅克人都同意停止与卢帕河下游达雅克人的纷争。班廷再次食言。在卢博安图的议和会上,他要求罚忠诚的达雅克人上交罐子,在遭到他们的拒绝后便逃之夭夭。次年,由于王储拒绝领兵,便由贝利先生率军进行了一次无情的征讨,最终迫使班廷臣服。此后他再没惹出什么麻烦。[14]

班廷是最后一个有影响力的叛军领袖,不过偶尔还是有人惹事。1908年,住在荷兰属地边界的一个名叫本基兰奥马尔的马来人把挡灾的护身符卖给忠诚的达雅克人,鼓动他们反抗拉惹的统治。他被荷兰当局逮捕,随后一小队人马溯萨多克河而上,惩治了他的追随者。1909年3月,有个叫马西尔(Masir)的人在林牙达雅克人中散布类似的护身符,引诱他们去伏击驻扎官。他们被击退,之后也受到了惩罚。[15] 此事过后,第一区和第二区就再没发生过战斗。几年来,除了偶尔的动荡,成邦江的驻扎官与其部下的往来信件主要涉及建造房屋和花园的细节、游骑兵的训练或是账目的核查,只是偶尔警告某个首领不可信,或纵容某个部落不明智。[16]

特鲁桑地区在被拉惹兼并后不久就出现了一些冲突,但很快就被平定,自此由拉瓦斯河与特鲁桑河流域组成的第五区彻底安定下来。第四区的卡扬人和肯雅人比达雅克人守规矩。他们的首领接受拉惹的统治后,当地就不再有骚乱了。政府只是偶尔需要出面化解部落间的某些矛盾,尤其是可拉必族和毛律族之间的恩怨。有一次,两个部落交换过去猎到的头颅以示讲和,一位可拉必酋长发现他还差一个人头,于是就杀了一个奴隶来凑齐。因此他被处以罚款,这让他既委屈又惊讶。[17]

只有位于巴列河上游的第三区的动乱持续了一段时间。情况在1915年变得危急。当时,巴列河的支流加特(Gaat)河与木戎

（Mujong）河边上的一群达雅克年轻人开始到处杀害手无寸铁之人，其他达雅克人、华商、到访的卡扬人和原始的乌吉人（Ukits）都成了猎头对象。那年初春，一次大规模征讨让他们有所收敛，但不少肇事者退到加特河上游，又继续跟政府对抗了几年。[18]

但是总体来讲，拉惹查尔斯在晚年看着自己的领地是可以感到满意的。他一直活跃到最后。1912年，由于打猎事故，他的一只眼睛失明了，但剩下那只眼睛跟以往一样警觉。他的听力越来越差，但不要以为他听不到别人在他面前说了什么。1914年一战爆发时，他正在英格兰。他在年底回到古晋，比以往要早。沙捞越几乎没受到战争影响，但有必要对物价进行管控，监管也需要加强，不过拉惹抗议新加坡实行的审查制度，因为这给伦敦和古晋的交流造成了不便。他自身的精力似乎没有衰退。他书信集里保存的最后一份书信副本是对会吏长斯莫尔（Small）的一份激烈的控诉，他怀疑斯莫尔企图侵占划分给天主教传教团的土地。"你似乎比我更了解这片土地。"他写道。1915年秋，他前往自己钟爱的成邦江休息了几周。他声称在那里靠阅读和写作度日，而且每天傍晚步行两英里。他现在已86岁，开始觉得自己老了。[19] 1916年9月，他正式把管理达雅克人的工作交给王储。10月底，他生了一场大病。12月初，他康复得不错，可以坐船缓慢地绕过好望角前往英格兰。他抵达伦敦时气色变好，然后便前往切斯特顿别墅。但4月他又病了。他在1917年5月17日去世，距88岁生日不过几周。他在位近50年。[20]

没有几个统治者能取得这么多成就，也没有几个统治者拥有如此鲜明的个性。查尔斯·布鲁克本质上是个独裁者，在外界看来是进步的顽敌。他对于进步有自己的看法，有时会让那些熟知他的人觉得具有革命性。"拉惹非常温和友善，"杰勒德·法因斯在 1887 年写道，"但他是个可怕的激进分子。"他一直认为自己在政治上是个自由主义者。1888 年，在国家自由党俱乐部（National Liberal Club）如期开放时他申请加入。[21] 他强烈反对 1899 年爆发的布尔战争。在 1907 年出版的《问题：过去、现在和未来》（Queries, Past, Present and Future）这本引人注目的小册子中，他表达了对于 20 世纪初盛行的那种帝国主义的强烈反感。"为什么现在我们要让旗帜、英国国旗和三角旗飘扬在教堂、学校和其他大楼上，"他问道，"这些能代表兄弟之爱和善意吗？"他批评新一代殖民地官员的态度。"我们所有的领地都太英国化了。上世纪早期不同种族间的好感和情谊——几乎可以说是爱——现在出现减退和分离的现象，因为英国人发展到了所谓更高的文明程度，他们有妻子、家人和欧洲的奢侈品，这样一来，我们统治靠的是权力，而不是友好的情感交流。"他预料到了结局。"私以为在本世纪中叶之前，现在拥有大量殖民地的国家都会遭受严重损失……""我们肯定会失去印度。"他说。而且他认为加拿大、澳大利亚和新西兰很快就会"获得独立，实施自治并拥有自己的法律"。他经常被指控敌视华人，然而他曾写道："华人的智力与我们相当，身体和我们一样强壮，而且我觉得也和我们一样勇敢，在商业上非常勤奋、积极上进……""华人的心愿是把欧洲人赶出自己的土地。"确实，他不允许华人参与沙捞越的管理，是害怕他们的进取心会对该地区的其他族群不利。他的办法解决了部分问题——就像半个世纪前的做法一样——想要在东方定居的欧洲人必须与原住民通婚，混血儿会更适应那里的生活。对自己手下的官员，他说他的政策是"禁绝那些危险或是不义的本地传统，缓慢而温和地将西方的做法融入东方的习俗。而且在采取这些措施之前要先征得人们的同意"。对于自己的政府，他在别处说道："我对我的臣民完全有信心。要是我没有尽量听取他们的建议，那么我就不会把沙捞越管理成现在这样。"他批评荷兰人不相信他们在爪哇和苏门答腊的臣民。"因此他们失败了，而且永远都会失败。"[22] 正如他对儿媳副王妃所说，他拥有一个"智慧的国度，因为其法律以情感和精神需求为基础"。[23]

他的话语既真诚又智慧。他或许是个独裁者，但并不保守。他慷慨、公正而且高瞻远瞩，有意志力和自控力来将这些付诸实践。比起古晋政府大楼外矗立的那座，现代沙捞越更像是他的纪念碑。

第四部
拉惹维纳

第十三章

和平年代

拉惹去世的消息经电报传到古晋的时候,王储正在沙捞越。一周后,即 1917 年 5 月 24 日星期四,查尔斯·维纳·布鲁克继任拉惹。他的弟弟副王在 8 月赶来与他会合,而新任拉妮则在次年 5 月抵达。他的正式就职仪式在 1918 年 7 月 22 日举行。[1]

老拉惹希望自己对沙捞越的统治延续到死后。在遗嘱中,他最后一次重申自己的执政方针,并希望他的继承人也能遵守。他担心新任拉惹把太多的时间和金钱用在英格兰,要求新拉惹每年至少在沙捞越待 8 个月,并警告说第一任拉惹建立沙捞越的时候"从未想过借此把布鲁克家族变成欧洲的百万富翁"。他骄傲地说拉惹政权及其财政状况发展极好,并希望他为此采取的手段能沿用下去。他并未完全掩饰自己更希望二儿子即位。因此他下令"我的儿子维纳在未与我的儿子伯特伦商量的情况下,不得在领地或政府内进行重大的改良或改革,也不得启动新的工程项目,如公共工程"。新拉惹返回英格兰期间,副王要履行拉惹的职责,管理新政府,而拉惹在沙捞越的时候,副王则要执掌威斯敏斯特的沙捞越咨询委员会(Sarawak Advisory Council)。副王被称为"大老爷"——其实他从未接受这个称谓——并跟他大哥享受同等礼遇。

> 我把次子提升到这个位置（遗嘱写道），希望他也能利用自己长期的经验来保护沙捞越，防备那些只想在沙捞越赚钱而不顾本地切实福祉的投机分子。我和效忠于我的部下通过多年奋斗把沙捞越发展成如今的面貌，我急切地希望我的两个儿子能意识到他们必须团结协作以保护沙捞越并开发其资源。[2]

拉惹查尔斯的担心似乎并无道理。政府体系没有发生显著的变化。曾为老拉惹效命的欧洲官员如今为新拉惹效力，承担相同的责任，也获得同样的信任。他们与马来人及其他族群的关系依旧友好，只是偶尔需要去打击内陆的猎头者。但气氛还是发生了变化。拉惹维纳与已故的那位严肃、勤勉、令人敬畏的独裁者截然不同。在需要时他可以表现得风度翩翩、举止庄重，但冷酷的蓝眸随意一瞥也能让不合时宜的亲近者悻悻而去。他在多数情况下友好随和。他享受生活的乐趣，待人慷慨且更有人情味。但在老一辈人看来，他有点轻浮，对事业缺乏无私奉献精神。[3]多年来阿斯塔纳第一次有了女主人。新拉妮活泼聪明，和婆婆一样对自己移居的这个地区很感兴趣，并写书记述其历史和风土人情。但她喜欢用自己的方式来享受生活，让人以为她是特意来享乐的。在她和拉惹代表的新政府的统治下，古晋的欧洲人生活得更愉快了，但也有些评论家觉得各类标准普遍有所放宽。[4]

拉惹维纳没有严格遵照父亲"每年至少在沙捞越待8个月"

的指令。一开始他的往返相当不规律。1919年，他几乎一整年都不在沙捞越。随后，他的日程变得更规律了：冬天待在沙捞越，春天离开，10月返回。拉妮和3个女儿通常陪他度过在古晋逗留的半数时间。若他外出，副王便会在他离开的几天前自英格兰返回接管政府。在副王管理期间，即使有一个女儿陪伴，阿斯塔纳的生活也非常安静。副王不喜欢住在阿斯塔纳，而更乐意住在与之相连的朴素小屋里，只是把宫殿作为接待场所。在老一辈人眼里，他似乎比哥哥更能展现父亲的理念。他生活俭朴，喜欢频繁前往内陆巡视。两兄弟可谓合作无间。即使拉惹真因为父母更信任弟弟而觉得委屈，他也不是个心怀怨怼的人。副王则一直服从自己的哥哥，并小心翼翼地强调自己是下级。然而，人们注意到副王提出的建议很少被拉惹采纳。[5]

在经济和社会方面，沙捞越继续稳步发展。第一次世界大战对沙捞越的影响非常小，但这里和其他地方一样感觉紧张，战争结束时，局势得到缓解。战后的几年繁荣兴旺，总财政收入起初刚超过170万元，1921年则上升至290万元。1922年略有下降，因为金价下跌，而布鲁克顿的煤矿亏损严重。但稍后财政收入又继续增加，在1929年差不多达到670万元。在20世纪30年代的经济大萧条期间，财政收入再度下降，1933年才略微超过350万元。然后它再次上升，到1940年差不多有750万元。主要农作物之一橡胶和胡椒的价格波动会在财政收入上立刻体现，而后来的收入增长主要是因为米里附近的油田得到开发。1927年的年产油量为70万吨，与1914年大致相同。10年后这一数值翻了倍。1934年，政府尝试通过"割胶假期"计划来限制橡胶的产量，但没什么用，于是在1937年引入个体评估来控制产量。它最初因其复杂性而带来了一些问题，但后来成功让价格稳定了很多。[6]

开支也增加了。公共服务得到发展。前任拉惹非常关心的铁路系统得到重整，1920年后，10英里的铁路在夜间也全线通车。环绕古晋和米里的道路得到修缮。一个无线电站在古晋落成，到1912年底已经能正常运行。到1925年，沙捞越共有8座无线电站，同年新增3座，1926年又新建了7座。1927年，卡诺维特也建起了无线电站。医院和诊所的服务在缓慢提升。1925年，政府任命了一位牙医。人们修建了一所麻风病疗养院，以纪念已故拉惹。同年，政府从英格兰请来了一位政府专家，并首次尝试对沙捞越进行航测。[7] 外省各城镇那些用木头搭建的老旧市集时不时会发生火灾。1928年，成邦江和诗巫的集市都被烧毁，后者的损失接近200万元。但这些灾难的影响不全是负面的，因为政府重建的市集虽然风格缺乏吸引力，却更防火也更卫生。快速发展的诗巫在火灾之后修建了当时最先进的排水系统。[8] 1924年，渣打银行（The Chartered Bank of India, Australia and China）在古晋开了一家支行，满足了当地个人和企业的需求。在那之前，这种必要的银行业务是由政府或婆罗洲公司来办理的。[9] 不是所有的发展规划都能完全实现。1929年1月开启的一项政府航空服务在6月停止。飞机场还不合格，气象服务也达不到要求。[10]

生活成本正在上涨。据估计，在1914—1919年，工资上涨了50%，而食品价格翻了一倍。呈送伦敦殖民地部的一份报告描述了1928年沙捞越的生活条件，文中估计一位在古晋工作的欧洲官员每月要花费200元，要是在地方工作则要花130元。政府官员不用付房租，也不存在所得税。在古晋，厨师或男仆的月薪通常为25—30元，园丁和马夫赚得少一点，车夫赚得多一点。虽然薪水不高，但官员只要不是挥霍无度总能生活得比较舒适，甚至还能攒下一点钱。[11] 申请来沙捞越工作的人显然不缺。遴选过程很随意，招来的通常是前任官员的亲友，或布鲁克家族熟人的亲友。但任何一个向往去沙捞越工作的年轻人都可以向伦敦的办事处提出申请。来自英格兰西南部的男孩比较受欢迎。如果他的申请资料看着不错，并在接受沙捞越高级官员、拉惹或副王的面试时给对方留下了良好的印象，便会立刻得到任用。据传拉妮也喜欢参与考察候选人，以确认他是否会成为新圈子里的社交达人。直到1934年，他们才在伦敦殖民地部的坚决要求下实行考试选拔。[12] 的确，有迹象表明英国当局对这样一个乐于摒弃官僚作风的政府很感兴趣，却无法认同。两位工党议员托马斯·格里菲思（Thomas Griffiths）先生和格伦迪（Grundy）先生在1921年到访古晋，并提出某些批评意见。后者不无道理地指出应允许人们就拉惹法庭的判决提起上诉。前者则认为这个地区应得到更全面、更快速的发展，而不只是——用他的话说——用来让布鲁克家族致富。[13]

或许这一时期的古晋确实给人留下一种悠闲、随意的印象，前任拉惹在位时期那严肃的氛围消失了。住在古晋的妻子越来越多，1920年，本地新开了一家供她们消遣的俱乐部。拉妮只要在阿斯塔纳，就会举办舞会和业余戏剧演出。拉惹建了一间电影院，并以拉妮的名字西尔维娅来命名，他发现这是一笔赚钱的投资。[14]

司法进行了改革。1922年，沙捞越的官方法律吸纳了《印度刑法典》中的一些适用于本地的内容。1924年，以《印度刑法典》为蓝本的《沙捞越刑法典》颁布。1928年，T. M. L. 斯特灵·博伊德（T. M. L. Stirling Boyd）先生成为司法专员，1930年又升任大法官，这减少了拉惹的司法职能。[15]

工作时间并不是很难熬。困难的工作主要由内陆那些较小的站点完成。认真严谨的瑞典人埃里克·米约贝里（Eric Mjöberg）曾在1922—1925年担任沙捞越博物馆馆长，他被自己看到的景象吓到了。他退休后出版了一本书，内容失实又有偏见，却对古晋那种放纵的生活表达了愤慨。他说自己刚到的时候，别人告诉他"在这里我们做什么都慢慢来"。而且他发现，除了早上9点到11点半和下午2点到3点半，其余时间没有人在办公室。在他眼里，拉惹是个善良的人，会尽力而为，但是沉迷享乐，犹豫不决。别人对他说话时，他边听边说"知道了，知道了"，但思绪已经在游离了。他的管理杂乱无章、徇私偏袒。让米约贝里先生震惊的是，拉妮竟当众涂口红。她不准古晋的贵妇们穿黄色衣服，因为这是她专属的颜色。他最讨厌的是辅政司J. C. 莫尔顿（J. C. Moulton）先生。辅政司一职于1923年10月设立，并由莫尔顿先生担任，以取代第一区驻扎官。莫尔顿长期与沙捞越有联系，最近刚成为新加坡莱佛士博物馆馆长。米约贝里说他毫无道德良知。在他的庇护之下，古晋社会发生了"令人难以启齿的事"。米约贝里的敌意可能是源于同行间的嫉妒，也可能是因为莫尔顿试图阻止他在退休时带走大量标本。莫尔顿在1926年6月死于阑尾炎手术，米约贝里得意扬扬地评论称他是被迫自杀。[16]

那些"令人难以启齿"的事似乎只是几个官员在当地找了土著女性做情妇。其实，这件事对沙捞越繁荣安定的影响远不如新来的妻子们对非欧洲人群体那日益增长的鄙视，她们试图阻止这些人加入俱乐部。这样的行为与沙捞越的整个传统相悖，所以人们尽量制止。但是欧洲社群的壮大意味着欧洲人与亚洲人的交往有所减少。[17]

拉惹查尔斯统治时期的很多重要人物在拉惹维纳统治早期已消失不见。芒西主教甚至在老拉惹去世之前就离开了沙捞越。他的继任者丹森（Danson）主教于1918年4月抵达。前任拿督班达尔之子、现任拿督班达尔穆罕默德·卡西姆（Mohammed Kassim）于1921年7月死在前往麦加朝圣的路上，继任者是他的儿子哈吉·阿卜杜拉（Haji Abdillah）。拿督哈基姆（Datu Hakim）在次月去世。4年之后，拿督班达尔的兄弟拿督天猛公也去世了。[18] 文莱苏丹穆罕默德·贾拉勒·阿兰姆在1924年去世，他11岁的儿子艾哈迈德·塔杰穆丁（Ahmed Tajmuddin）即位。7年后，这位年轻的苏丹成年，拉惹便把麻拉和布鲁克顿的煤矿交还给他。拉惹查尔斯曾在1888年买下此地的租赁权，此次归还既是为了示好，也是一项慎重的举措，因为这个煤矿亏损严重，即将被废弃。[19] 沙捞越很多老一辈官员都回家或者去世了。1923年，A. B. 瓦尔德先生退休，他在1899年加入沙捞越政府，后被提升为第一区驻扎官和行政委员会主席。1929年，更早加入政府的巴林-古尔德先生去世，在巴兰担任驻扎官多年的查尔斯·霍斯博士比他早几周。[20] 政府设立了新的职位。辅政司一职在瓦尔德先生退休后设立。几个月后，新部门贸易部得以组建。1929年，一位华人事务部部长被任命，他和他的继任者都会说中文。他们通过首领（Kapitan）来跟华人群体交涉。[21] 不久，剩下的官员里就没人记得上个世纪拉惹查尔斯把和平安定带到这个地区之前的那段岁月了。

骚乱与反叛仍不时发生。1923年，米里爆发了一场骚乱，起因是一名爪哇劳工伤害了一名华人。警察和沙捞越游骑兵只能通过开火来控制人群。13名暴徒被杀，24人受伤，随后秩序才得以恢复。地方上偶尔会出现个别预谋杀人或随机杀人的案件，例如在1926年，一个达雅克警察在诗巫杀了4个华人。更严重的是，乌鲁艾和拉让河支流上游的一些部落仍然拒绝臣服于拉惹，也不愿放下过往恩怨与猎头传统。加特河边的叛乱者在1915年遭遇惨败，但在1919年又起来反抗政府。4月，一支由第三区驻扎官G. M. 吉福德（G. M. Gifford）率领、副王随行的军队自加帛开拔。叛军的村落被烧毁，其头目越过边境逃往荷兰属地。他们在那里落网并被移交给沙捞越当局。4名罪魁祸首布里考（Blikau）、吉拉（Gila）、恩亚特（Unyat）和坤扬（Kunjan）被关进古晋的监狱。他们的追随者被安置在伊甘（Igan）河边以方便监管。[22]

政府的行动震慑了内陆的部落。乌鲁艾达雅克人虽已在1909年正式归顺拉惹政府，却跟恩卡里达雅克人一样，与东边的实哥郎、拉雅（Layar）和勒马纳（Lemanak）达雅克人纷争不断。他们不时袭击实哥郎人，后者则展开报复。现在他们决定讲和。1920年8月，拉惹亲临成邦江，见证了名为"擦干眼泪、洗心革面"（Palit Mata Sapu Moa）的仪式。大家交换旧罐子，象征宿怨消弭。乌鲁艾达雅克人交出了20个罐子，恩卡里达雅克人交出10个，而实哥郎、拉雅和勒马纳达雅克人各拿出10个作为交换。正式交换罐子之后，所有人都尽情庆祝。[23]

4年后有一场更为盛大和重要的和解仪式。拉让河及其支流附近的海上达雅克人和被他们赶出家园的卡扬人、肯雅人以及巴洛伊人（Baloi）结怨多年，政府努力约束他们的行为也无济于事。这些达雅克人和住在边界另一侧荷兰属地内的那些部落宿怨尤深。1921年，双方矛盾激化——15个达雅克人在位于边界另一侧的伊万（Iwan）河边被杀。沙捞越和荷兰当局都下定决心要结束战争，各部落也厌倦了。但要达成普遍和解很难。一些部落在习俗上有地方差异，特别是达雅克人和卡扬人之间。在荷属婆罗洲的隆纳万（Longnawan）进行了初步会谈之后，双方认定应在加帛进行正式和解，而且要遵照达雅克习俗。

10月13日，此前一直逗留英格兰的拉惹回到了古晋。3天后，他在老行政大楼外为献给他父亲的一座纪念碑揭幕。然后他动身去完成一项任务——老拉惹会认为这更值得作为纪念。在11月的第2周，数百名达雅克人聚集在加帛。11月12日，拉惹搭乘自己的游艇"扎霍拉号"（Zahora）抵达，迎接他的是礼炮和各部落的呐喊。次日傍晚，97艘船载着960名边界另一侧的部落民驶入巴列河河口——这条河就在加帛上游注入拉让河。他们曾渡过分水岭，有3个人在上游的急流中淹死。与他们一同前来的有亚波（Apoh）卡扬人地区的荷兰民事监察官（Civil Comptroller）、荷兰殖民地轻步兵团的莫勒纳尔（Molenaar）上尉以及一个巽他人保镖。次日早上，区域驻扎官带着一位沙捞越游骑兵护卫接待了上述官员。跨越边境而来的战士们以四艘独木舟为一排向拉让河下游行驶，并在经过拉惹的游艇时举起船桨致敬。其他达雅克人和卡扬人从邻近地区赶来。那天晚上有超过4000名战士在加帛附近扎营。次日他们相互拜访和宴饮。和解仪式在16日举行。很多猪被宰杀献祭，双方主要首领依次起身祈祷和平长存，并诅咒那些试图重启战端的人。然后拉惹起身感谢那些促成此次和解的人，并告诫他的臣民维护和平。荷兰监察官也对己方进行了类似的警告。最后，拉惹给各方的主要首领赠送礼物。他把一个贵重的古罐送给达雅克本古鲁戈（Koh）和巴洛伊首领塔玛·吉鲁（Tama Kilu），并向他们的每位副手赠送了一面锣。这场盛大的仪式让人切实感受到了善意。[24]

此次和解主要归功于本古鲁戈,这个50多岁的男子现在是公认的拉让河达雅克人首领。他在1870年左右出生于荷属婆罗洲,他的家人是在参与伦塔布叛乱后逃到那里的。但他的祖父在他年少时就带他回来了,并在松(Song)附近以两个奴隶的价格从当地部落成员手中买下一些土地,那里仍属于卡扬人和肯雅人地盘的边缘。他的叔叔被巴当肯雅人杀害之后,他就砍下7个肯雅人的首级来为叔叔报仇。为此他成了亡命之徒,但最终来到古晋跟拉惹和解。他被罚上缴1.5石的东西,大概价值43元。此后他跟随政府军远征拉让河与巴列河上游,最后在加帛附近定居并种植橡胶。他的高贵出身、冒险经历和个性很快就让他成为达雅克人中的领袖人物,而政府封他为本古鲁。为感谢他为和解做出的努力,政府晋升他为本古鲁天猛公,并承认他是达雅克的高级首领。他占据这一位置长达30多年,直到1956年去世。[25]

这个盛大的和解仪式消除了内陆的主要民族矛盾。在之后的数年里,这里几乎实现了彻底的和平,重新引发动乱的不是部落矛盾,而是经济问题。很多达雅克人开始种植橡胶和其他的丛林作物。在1929—1930年,他们的农产品的价格大幅下跌,引起了人们普遍的不满,偏远地区的民众很难理解这不是政府的错。卡诺维特河与恩达拜河上游的居民最愤愤不平。反叛者推举了一个叫亚新(Asun)的人当领导。他是位本古鲁,后来因反叛倾向而被降职。1931年,政府不得不派一支远征军去卡诺维特河上游逮捕亚新。几个反叛者被抓,并被带到古晋,但是亚新和他的主要部下都逃进了丛林。当时负责管理沙捞越的副王亲自去卡诺维特河上游见他。但是亚新野蛮好斗,决定继续造反。副王就此次会面报告称，困难主要源于边远站点负责任的欧洲官员太少，僵化死板的办事员太多。部落成员出售农产品没赚到多少钱，因此交不上税，办事员无权给他们宽限，又不会亲切地与他们交谈，并用达雅克人喜爱的随和举止跟幽默语言把事情解释清楚。年底，亚新提出要进行谈判。政府在反叛地区的四周建起碉堡，并派军队把守，使其与外界隔绝。亚新没能说服卢帕河的达雅克人加入他的行列。最终，他在1932年12月向政府投降，随后被流放至伦杜，但过上了惬意的生活。[26]

亚新的反叛促使一群达雅克年轻人结伴去猎头。他们从未超过30人，虽然遭到追捕，但直到1941年才完全落网。他们杀害的人并不多。1934年春，3个华人在拉让河上游遇害，8月，一群马来人和卡扬人在柏拉固（Pelagus）遭到袭击，其中有几人遇害，并被砍下头颅。这些猎头者撤退到卡蒂巴斯地区。政府在那里建了一批碉堡，把他们包围起来。巡逻队杀了其中两个不法分子，又在同年抓到第3个。次年春天，又有4个不法分子被杀，其他人也在当年晚些时候落网。到了1936年，这些碉堡已经没有派兵驻守的必要了。少数罪犯仍躲在丛林深处，最后4人在1940年秋天自首，并相信拉惹会宽大处理。让法官们不满的是，拉惹赦免了他们，并欣喜于能在庆祝布鲁克家族统治100周年之前根除猎头习俗。1939年还有几起个案，最严重的一起是住在松附近的一个华人家庭遭到袭击。但是凶手很快落网并被判处死刑。到了1940年，任何在沙捞越旅行的人都不必担心自己的头颅会成为某个长屋的装饰。清除这种在婆罗洲居民中根深蒂固的习俗是一项了不起的成就。[27]

随着治安的提升，沙捞越游骑兵在1932年初解散，这支勇敢活跃的部队已经存在了 70 年之久。此后，依靠警察部队和一个名为 B 军团（Force B）的军事组织便足以维持秩序。[28] 拉惹在 1928 年 9 月 26 日他生日这天设立了"沙捞越之星"（Star of Sarawak）勋章，象征他的政权已发展成熟。拉惹查尔斯会觉得此举无聊可笑，但是获得勋章的人却倍感荣幸。华人群体尤其满意，因为他们的领袖王长水（Ong Tiang Swee）是首批获得勋章的人之一。[29]

和平和发展仍在继续，老人消失，新人登场。丹森主教在 1931 年退休，由诺埃尔·赫德森（Noel Hudson）主教接任。麦克杜格尔主教死后，沙捞越的英国国教会逐渐摆脱了"低福音派"的朴素氛围。虽然拉惹詹姆斯和拉惹查尔斯都不会赞同，但仪式的增加或许能给皈依者带来更大的精神满足。然而循道宗在拉让河边的华人中仍旧盛行，多年后，野蛮的毛律人也会成为朴素福音派组织的忠实信徒。[30]

1936 年 12 月 1 日，拉妮玛格丽特在英格兰逝世，享年 86 岁。此时距她最后一次到访沙捞越已有 40 年，但她的勇敢、善良和魅力让那里的民众把她牢记在心，直到现在依然如此。早期，她发挥重要作用，使布鲁克家族的统治受到沙捞越本地妇女的拥戴；后期，虽然她丈夫有时不赞同她的做法，但她还是尽力在英国政府面前营造沙捞越的良好声誉。[31]

两个月后，她的儿媳——同样渴望为沙捞越效力，但是品味更加现代的拉妮西尔维娅前往好莱坞，商谈拍摄一部以沙捞越为背景的电影。[32]

1937 年 4 月，拿督巴丁宜的头衔得以恢复，并被授予拿督班达尔哈吉·阿卜杜拉。同年晚些时候，备受欢迎的赫德森主教因任期结束离开沙捞越，由会吏长霍利斯（Hollis）接任。[33]

这样的新闻如今是《沙捞越公报》上最重要的内容，没有什么严重危机需要报道。国家已从大萧条中恢复，而且农业也在繁荣发展。石油从米里的油井中不断涌出，尽管说来有些讽刺的是，位于边界另一侧的油井显然产量更大，而那片区域被英国政府留给了文莱苏丹国。文莱原来是一个濒临破产的地方，现在即将变成东方最富裕的国家之一。不过，文莱日渐繁荣也造福了周边国家。一切似乎都预示着前途一片大好——起码沙捞越继续与外界隔离的话会是这样。[34]

然而，悲观的预言家不仅预料到了欧洲的战争，还担心战火会波及整个东方世界。另一些预言家则关注着这个统治王朝的命运。

第十四章

王朝终结

　　布鲁克家族的不幸在于他们虽然才华出众、积极进取且不乏奉献精神，但在关键时刻很难达成一致。第一任拉惹和自己大外甥之间的仇隙险些让政权毁于一旦。第二任拉惹毫不掩饰对自己长子兼继承人的怀疑，这虽未变成尽人皆知的丑闻，却让家族内部产生争执。第三任拉惹也与亲属不和。

　　历史学家不可能对家族内的纷争做出评判。人际关系很多时候受未曾记录在案的私事影响。家书里包含了一时激动写下的段落，但这些并不是常态。然而，若涉及领地的未来，这样的争执便不可全然忽略。历史学家必须公平、客观地陈述已知事实，力图进行解释而非批评。

　　拉惹维纳和他的拉妮育有3个女儿，但没有儿子。沙捞越的法律包含了前两任拉惹的遗嘱，规定只有布鲁克家族的男性成员才有权即位。拉惹詹姆斯传位查尔斯之时，让查尔斯的子嗣遵循长子继承制，若其绝嗣，则由查尔斯的弟弟斯图尔特的子嗣继位——虽然查尔斯要是愿意的话，也可以让他大哥的儿子当继承人。查尔斯让自己的子孙后代遵照长子继承原则，若绝嗣则传给他弟弟斯图尔特的子孙，若他们也绝嗣则让英国接管。因此拉惹维纳的继承人就是他的弟弟副王。但是副王只比拉惹小两岁，而且身体一直不好。第二继承人是副王的儿子安东尼·布鲁克（Anthony Brooke），他出生于1912年。倘若拉惹去世，副王即使还活着也很可能会放弃自己的继承权，让安东尼·布鲁克成为下一任拉惹。拥有大笔遗产却无法传给自己的后代，这着实悲哀。侄子毕竟不是儿子，虽然拉惹没有记仇的习惯，但之前父母对弟弟的偏爱让他有理由心生妒忌。讽刺的是，拉惹之位最终还是会传给弟弟的孩子。拉妮似乎比拉惹更在意这件事，毕竟拉惹的侄子跟她没有血缘关系。她试探过人们的意见，看看能否让她的某个女儿继承，或者至少让她长女的儿子继承。拉惹没有她那么乐观。他承认安东尼是他的继承人，但还是忍不住怀疑和指责安东尼。[1]

安东尼·布鲁克在1936年开始为沙捞越效力，起初在第三区担任地区官员。他一来就对这笔未来的遗产表现出浓厚兴趣，并直言不讳地对其管理提出了很多强硬的看法。不难猜测，他与他伯父的意见不会始终一致，而冲突是必然的。然而，拉惹一开始就把侄子当作首要继承人。1939年3月，安东尼·布鲁克被封为王储，册封仪式在4月9日举行。这个头衔虽不等同于法律上的储君，却意味着他事实上会继承拉惹之位，并在拉惹外出时代行其职。几天后，拉惹就去了英格兰，由王储接管政府。[2]

这个结果令人遗憾。有些资历老的官员对王储表示怀疑，后者那些坦率的观点并不总是受到他们欢迎，尤其是他毫不掩饰地表示中央政府权力过大。包括辅政司和大法官在内的4位高级官员刚好在6月份退休。虽然遭到否认，流言还是将他们的退休归结于对新政府的不满，或是对某些具体措施的不赞同。王储让拉惹注意到政府工作中的某些不当之处，并得到拉惹的感谢，但此事似乎招致了某些人的不满。不久，政府设立了总顾问（General Adviser）一职，并给这位新官员划拨了一间房子。财政官及其部门成员认为，王储布置这间房子用了太多公款。几乎同时，王储还预支财政部的钱给一两位官员还债。他觉得自己既然代行伯父之职，便可以自由地使用公款。[3]

1939年9月，欧洲爆发战争，于是拉惹返回沙捞越。他在10月初抵达。临近月底时，已订婚的王储离开古晋去迎接自己的新娘——她正从英格兰乘飞机赶来。在仰光举行婚礼时，他收到拉惹的指令，让他前往英格兰。经拉惹同意，他在苏门答腊度了蜜月，然后飞往欧洲。他的母亲当时正在雅典，于是他中途去看望她。在那里，他被拉惹告知古晋已发表声明，剥夺了他王储的头衔和地位，理由是他"不能胜任这个重要职位"。

若不是让公众产生了不安情绪，这件事的影响本该局限在布鲁克家族内部。拉惹要是觉得自己册封的人越权了，当然有权撤销他的头衔。但这个头衔意义不明，它虽代表安东尼·布鲁克已是公认的拉惹继承人，在法律上却不严谨。副王和以前一样是假定继承人，但是沙捞越的普通民众并不理解这些法律概念，他们自然而然地认为拉惹之位的继承发生了变化。这时还有其他问题。大家都知道拉惹在商讨退休的事，据说拉妮在想办法更改继承顺序。最重要的是，战争的爆发虽然尚未对沙捞越的物质生活造成影响，却依旧让人们的精神更加紧张。[4]

继承问题似乎让拉惹开始考虑是否该卸下一部分权力和职责。对很多人而言，独裁统治已经过时，整个世界正朝着所谓民主化的方向发展——虽然民主这个词语义不明。英国当局也不打算让一个英国公民全权掌控一片可能拥有战略和经济价值的土地，尤其是在战争时期。英国加强控制的第一步便是任命一位来自英国的总顾问。拉惹本人已经累了。若是有个儿子，他的态度可能会截然不同。但作为一个普通人，他对一笔或许会传到侄子手中的遗产不是那么在意，而且这个侄子已经和他产生严重分歧。他也有位十分倚重的顾问，是个叫杰勒德·麦克布莱恩（Gerald MacBryan）的怪人。此人在沙捞越最后一段独立时期扮演了令人不安的角色。

杰勒德·麦克布莱恩不仅才华出众，而且相貌英俊、聪慧过人，他伶牙俐齿，通晓多门外语，但也给人一种野心勃勃、肆无忌惮、极不安分的印象。他于1920年离开皇家海军，为沙捞越效力，并在第三区任职。凭借出众的语言天赋，1924年，他在促成达雅克人和卡扬人于加帛议和时发挥了重要作用。1926年，他辞去职务，但次年又秘密返回古晋，并迅速官复原职。1929年，拉惹任命他为私人秘书。辅政司一职空缺了数月，在此期间，很多官员觉得是麦克布莱恩在掌管沙捞越。他们的不满促使他于次年辞职。随后他前往澳大利亚，并在那里结婚。他再次出现在沙捞越是在1935年，据说正在从英国赶赴澳大利亚离婚的途中。他被要求离境，但在离开前可以待足够长的时间以拜访朋友。逗留期间，他宣布自己皈依伊斯兰教。随后他带着一位马来女孩离开，并在新加坡举行了伊斯兰教的婚礼。她陪着杰勒德前往伦敦，然后一同去麦加朝觐。欧文·拉特（Owen Rutter）的书《成功的朝觐之旅》（*Triumphant Pilgrimage*）根据他提供的信息记述了此次朝觐经过。虽然此书将麦克布莱恩化名大卫·沙莱（David

Chale），却无意隐藏他的身份。卷首插图是他身着穆斯林朝觐者服饰的照片。这本书充分表明他有意成为一位远东的穆斯林领袖，并以沙捞越为大本营。

1940年，沙捞越当局准许他带着妻子回来，以便她与族人相见。由于二战已经爆发，他也正处于服兵役的年龄，他的英国护照要求他在1940年底之前回英格兰报到。他在沙捞越莫名弄丢了这本护照，因此获得一本沙捞越护照。当年8月，他在沙捞越博物馆获得一份工作。12月，拉惹带着他去林梦巡视。1941年1月，他被任命为政治秘书（Political Secretary），并在最高议会拥有一席之地，不久他再次成为拉惹的私人秘书。拉惹显然是被他的聪明和口才迷住了，因此不计较他的过往。人们普遍认为拉惹自此以后的举动都是受他影响。[5]

1941年是布鲁克家族执掌沙捞越的100周年。虽然欧洲战火纷飞，沙捞越却欣欣向荣。1940年，拉惹从国库拿出两笔钱给英国，一笔100万，另一笔50万。1941年初，他又送出100万。根据1888年的条约，英国要保护沙捞越不受外敌侵害，这样看来沙捞越理应为英国的作战提供经济支持。沙捞越能提供这笔捐款表明其发展势头良好。只要战争局限在欧洲和近东，沙捞越的繁荣局面就有理由持续下去。该地的石油、橡胶和食品等出口商品价格有所上涨，虽然进口商品也涨价了，但贸易依然是顺差。布鲁克家族内部的纷争也平息下来。安东尼·布鲁克回到沙捞越工作，担任泗里奎的地区官员。经过了一百年，布鲁克家族的尝试似乎证明了他们是对的。除了远方的那场战争，没什么能破坏这次百年庆典的欢乐气氛。[6]

1941年3月，拉惹正式宣告他计划放弃自己的绝对权力，并为沙捞越制定一部宪法，以庆祝立国百年。第一步是在3月31日成立了一个行政委员会，由辅政司领导——拉惹把自己的权力下放给该委员会，直到宪法颁布。同时各方订立了一份协议，以保障拉惹今后的财务状况，并给王室成员和拉惹个人雇用的官员发放津贴，此外还要给拉惹一笔钱，以消除他对国家的经济义务，补偿他失去的权利。具体内容没有公开。这项决策可能受到了误解，因为它不可避免地引发了谣言，说拉惹在卖掉自己与生俱来的权利，而他的一些顾问也在借这次交易牟取利益。[7]

沙捞越宪法于1941年9月24日颁布。百年庆典周此时已经拉开帷幕。难题已经出现了。拉惹欢迎别人对他的方案提出批评意见，并打算让自己的侄子，即前王储当继承人，从而一劳永逸地解决继承问题。但他的侄子拒绝了这份荣誉，理由是其父副王，即合法的假定继承人依然在世，而且没有放弃自身权利。安东尼还给宪法方案提出了冗长而详细的批评意见，让拉惹很不高兴。一次由误会引发的不当行为——未经批准擅自离岗，成了安东尼·布鲁克被沙捞越政府开除的理由。随后拉惹劝说副王依据新订立的宪法接受继承人之位。拉惹在即位时就发誓遵守前任拉惹查尔斯的遗嘱，这份遗嘱要求他在对沙捞越政府做任何改变之前都要跟弟弟协商，还规定了拉惹之位的继承顺序。出于对兄长的忠心，副王没有提自己的协商权被忽略一事，但他觉得没必要改变父亲安排的继承顺序。他已经是假定继承人了，这个地位很明确。但是，如果新宪法允许拉惹任命继承人，他大概也可以撤销任命，使继承人的地位再次变得不稳定。最终拉惹不顾副王的反对将其立为继承人，但若副王比拉惹先离世，行政委员会就必须跟英国政府商讨对策。[8]

百年庆典始于1941年9月20日，终于9月28日，共持续一周。全境各民族和群体的主要领袖和代表齐聚古晋，给拉惹献上礼物。庆祝活动多种多样，其高潮是9月26日的一场仪式。在仪式上，拿督巴丁宜哈吉·阿卜杜拉庄严地将国剑（Sword of State）献给拉惹，全体首领依次奉上礼物，马来人、达雅克人和华人群体的领袖发表演说。大家重申了效忠誓言，激昂赤诚，十分感人。毫无疑问，布鲁克家族的统治受到了所有臣民的尊敬和爱戴。[9]

但这种统治不再是专制的了。宪法已在两日前生效。阐释宪法的文件开篇就宣告了九项基本原则。这是布鲁克家族的拉惹们执政的基础。这些原则是：

1. 沙捞越是我们臣民的世袭财产，我们为其代管。
2. 应发展和改善社会与教育服务，逐步提高沙捞越人民的生活水平。
3. 任何个人或团体不得拥有与本地人民的权利相悖的权利，不得以任何方式剥削我们的臣民以及那些寻求我们保护和照顾的人。
4. 人人可享司法公正，可自由会见拉惹和各位公职人员。
5. 应允许并鼓励言论自由（包括口头和书面形式），人人可享信仰自由。
6. 公职人员应始终铭记自己只是人民公仆，完全依靠民心。
7. 公职对各个民族或教派的臣民自由开放且一视同仁，根据他们的教育背景、能力和品格来判断能否胜任。
8. 应时刻谨记自治这一目标，沙捞越人民待时机成熟可进行自治，要不断教导他们理解义务、责任以及公民权，从而加快这一目标的实现。

9. 我们的前辈和我们自己借以让本地各族人民幸福、和谐共处的总方针应传承下去，继任者和公职人员以及所有后来人都应恪守不渝。

定义了各种概念之后，宪法设立了一个最高委员会，其成员不少于5人，沙捞越公职人员和国民议会成员应占多数。辅政司和财政官因其职权当然位列其中。在任的最高议会成员仍可终生任职，剩下的席位由拉惹指定。这些获得任命的成员会在3年后退职，但可再次获得任命。辞去沙捞越公职或是离开沙捞越超过12个月便自动失去最高委员会成员身份。成员可以自由请辞。会议的法定人数为3人，在场多数成员支持的意见即被视为最高委员会决议。除了提名最高委员会成员的权力之外，拉惹迄今为止拥有的所有权力和特权都被移交给了拉惹会同委员会。

最高委员会的下面是国民议会，将由25人组成。其中14人从沙捞越公职人员中选取：辅政司、财政官、五大区的驻扎官以及负责原住民和华人事务的部长因其职权当然位列其中，另5人由拉惹会同委员会指定。其余11人是非公职人员，由拉惹会同委员会任命，将尽量涵盖本地的众多族群并代表其利益。这些人的任期是3年，但可以再次获得任命。他们可以自由请辞。议会中至少要有5名原住民成员。此外，在任的国民议会成员即便不属于这两类仍可继续任职，直至死亡或辞职，不过这样成员数就超过25人了。如果成员缺席、生病或丧失工作能力，拉惹会同委员会可以任命一位代表来替代他。国民议会在辅政司的主持下每年至少要开两次会。从今以后，若未得到国民议会的建议和许可，拉惹会同委员会不得颁布任何法律；未经国民议会同意也不能使用公款——虽然财政官在拉惹会同委员会授权的情况下可以事后再征求国民议会的同意。拉惹有权否决在国民议会上通过的法案，但要是3场单独的会议都通过了这项法案，那么拉惹只能认可。

最后，拉惹死后由指定的储君即位，并遵照1888年与英国订立的条约。最高委员会应在一个自然月内立他为拉惹，此前则担任摄政。如果拉惹不在沙捞越，拉惹会同委员会可以指派一位官员来管理政府，并让他享有拉惹拥有的一切权力和特权。要是拉惹未成年或丧失工作能力，那么最高委员会也将指定一位这样的官员。只有英国公民或沙捞越原住民可以成为拉惹。

一份清单列出了所有被视为沙捞越原住民的族群。他们是：马来人、伊班人（海上达雅克人）、陆上达雅克人、卡扬人、肯雅人、克雷门坦人（Klementans）、马兰诺人、毛律人以及他们的混血儿。另一份清单列出了最高委员会和国民议会的成员宣誓的内容。两方成员都要宣誓拥护九项基本原则。[10]

这部宪法得到了英国政府的批准，不久，双方一致同意向沙捞越指派一位英国顾问，以便更为密切地监管外交政策和其他与保护权有关的事项。这份协议在11月签署，协议说明规定立即执行。[11]

接下来该进行行政改革了，尤其是要让更多的原住民担任政府要职。很多人，尤其是英国人，认为制定一部新宪法是有必要的，而且到了20世纪中叶，再让一个英国公民对一大片领土拥有绝对统治权就不合适了。1941年颁布的沙捞越宪法具有某些优点。这部宪法无意改变人们已经习惯的模式，还保证会延续让布鲁克家族的统治深得民心的那些方针政策。而且它意味着政治决策不再取决于一个人的想法，并承诺让当地各族居民在行政管理中发挥更大的作用。但它只是迈向自治的很小一步。拉惹其实是把自己的绝对权力让给了一个由他自己指定的机构。可以说，专制统治仍然存在，只是被掩饰了，效率也降低了。虽然原住民及其利益在国民议会上有了代表，但这些代表是由拉惹和他指定的人任命的。民选代表并不存在。确实，当时还难以制定合适的选举制度。截至那时，沙捞越在民选自治方面的唯一尝试就是建立村委会，1928年，这率先在陆地达雅克人中实行，他们不实行首领世袭制，因此比其他族群更能适应这种新制度，随后该制度在其他族群内实行。但是，针对新宪法最猛烈的抨击似乎认为这并不是沙捞越人民想要的。宪法的条款强调九项基本原则，设立的议会和委员会采取了人们熟悉的名字，这似乎是为了让本地民众相信变化不大。其实，一项基本要素已经发生了变化。东方传统的民主概念跟民选议会没有任何关系。前者强调的是每个公民——无论贵贱贫富——都能直接面见君主。要是君主无用或无能，这项权利就没什么价值。但布鲁克家族的历任拉惹都恪守这种亲民做法。每个臣民都可以当面对他们陈冤诉苦，请他们进行斟酌评判。就算未能如愿，臣民也会因自己的案子得到最高统治者的直接关注而感到满足。而拉惹会同委员会不能像拉惹那样直接会见民众。只有充分学习西方政治思想，才能理解领会拉惹会同委员会的益处。

沙捞越居民中很少有人学习过这些。华人群体中或许有这样的人，但他们没有从这部宪法中获得半点好处，因为政府明确将他们排除在原住民之外。然而，各群体还是毫无异议地接受了这部新宪法。虽然他们中理解其条款或含义的人不多，但这既然是拉惹的意愿，就必须遵从。[12]

拉惹本人似乎也已经厌倦了统治。他在百年庆典中展现出惯有的庄重、风趣和魅力。但他或许觉得自己无力再承担与直接统治相伴的义务和责任，而且他对于继承人——无论此人是谁——的疑虑让他决定将统治委托给委员会，这样他就能退休了。有人批评他不顾父亲的遗愿，但他不为所动，尽管对很多老一辈的马来人来说，此等不孝之举简直不可想象。他已经舍弃了在古晋的一些财产，比如他所建造的西尔维娅电影院。百年庆典结束几天后，他带着私人秘书前往马来半岛，他在金马伦（Cameron）高原有一处房子，几周后，他们从那里前往澳大利亚。沙捞越的管理工作被交到辅政司勒格罗·克拉克（Le Gros Clark）上校手中。[13]

新宪法的实施情况注定无法为人所知。新成立的国民议会只来得及在11月17日召开一次会议，沙捞越就被卷入战乱，使宪法问题变得无关紧要。人们已经意识到了战争对整个远东的威胁，但大体上还是抱着乐观的态度。直到在1941年12月7日，他们猝不及防地接到消息：日本突袭了珍珠港，同时对英国和荷兰在亚洲的属地展开进攻。[14]

不出几日，沙捞越显然要沦陷了。沙捞越的保护国英国在全世界范围内有更紧迫的任务，因此无力提供庇护。保卫沙捞越的只有第15旁遮普团第2营这支小规模守军，他们根本不可能击败日军。沙捞越也没有舰船或是飞机来抵御侵略者。天空中突然出现了前来侦察的敌机。经过短暂的前期轰炸后，一支约有1万人的侵略军在12月16日抵达米里。石油公司的职员们在少数守军的协助下毁掉了设备,然后才分乘3艘船前往古晋。他们在途中遭到空袭。12月19日,古晋遭遇了严重的空袭,有几人丧生,婆罗洲公司的燃料库也起火了,人们费了很大劲才控制住火势。诗巫和其他较小的城镇则在后续几天遭到轰炸。日军的运输船正沿海岸航行,有些被勇敢的荷兰潜艇和飞机击沉,有些受到损坏。但这些损失与日军的整体规模相比并不算大。12月24日,日军开始沿沙捞越河逆流而上。到了圣诞节那天,古晋已经落入他们手中。

这场袭击来得突然,而且大英帝国兵力不足,新加坡军方的指令又前后矛盾,因此人们无法组织起有效的抵抗。民政部门没有从外界得到任何指令,也没时间思考如何应对敌军占领。拉惹在澳大利亚,副王在伦敦掌管设在那里的沙捞越办事处,而他的儿子最近被沙捞越政府开除。在沙捞越历史上的这次惨烈危机爆发之际,布鲁克家族没有一个成员在当地。勒格罗·克拉克上校作为执掌政府的官员,决定和行政官员们留在古晋,他们不能抛弃民众,也不能在未得到官方许可的情况下放弃城镇。医务人员得留下。其他人则要尽量逃离沙捞越。大多数欧洲妇女在危机伊始就被送走。随着日军逼近,传教团的女性和少数未离开的官员之妻被转移到内陆的成邦江,只有拒绝离开修道院的天主教修女们除外。

焚毁政府文件和财物票据并破坏设备之后,勒格罗·克拉克上校和他的助手们镇定地等待日军到来,然后被粗鲁地撵进临时搭建的战俘营。与此同时,有一群难民沿陆路前往新尧湾和石龙门,然后沿沙东河向上游走,越过分水岭进入荷兰属地。旁遮普部队进行了一场混乱的抵抗,并摧毁了一座飞机场,然后军官设法将他们集结起来,并有序地撤退,其间没造成太大伤亡。他们分成两队朝东南方向撤退,一队前往婆罗洲南部沿海的桑皮特(Sampit),另一队前往桑皮特以西的庞卡兰布翁(Pangkalanbuun)。这次行军漫长而又艰险。第一支队伍在路上受到日军堵截,于是去跟第二支队伍会合。但是太迟了。4月8日,整支队伍被迫投降,随后被关进战俘营。一些文官,如司法专员和财政官,被要求在平安夜离开,其他人则在圣诞节逃离。他们受到沿路村民的接待,但是村民们急着把他们送走。他们的目的地是桑高,那里有很多荷兰官员,会安排他们前往坤甸。

另一队日军沿伊甘河而上,并在12月27日占领诗巫。在拉让河下游地区工作的欧洲人还来得及逃往第二区——沿着崎岖的小路穿过英基里利(Engkilili),前往边界附近的卢博安图。来自成邦江的难民在那里与他们会合。然后他们越过位于荷兰属地的卡普阿斯河上游河谷,来到塞米陶(Semitau),并在荷兰人的帮助下从那里前往坤甸。旅程艰难,但所有人都挺了过来。拉让河上游的欧洲人遇到了更多困难。他们唯一的出路就是翻过高高的分水岭。包含几个妇女儿童在内的一群人从卡诺维特前往加帛和柏拉固,然后逆着激流抵达美拉牙。接着,他们翻过群山、越过边界,最后来到隆纳万这个偏远城镇,那里有个小小的荷兰殖民地。他们到的时候该地已经没有欧洲人了,但是当地官员既友好又能干,难民们也得到了充足的食物和住所。部分人决定继续前进,前往隆吉兰(Longiram)和三马林达(Samarinda),但是路途漫长而艰险,没人知道日军已经向内陆挺进了多远。其中5人从那里出发,在丛林里跋涉了18天后抵达三马林达。留在隆纳万的人中有些因生病而决定返回沙捞越,并在那里被俘;剩下的人最终被移交给日本人,日本人将他们全部杀害,男人、女人和小孩无一例外。

除了待在三马林达的这群人——他们得以乘飞机前往爪哇,在坤甸还有一群沙捞越来的难民,他们在这等了几天。战争爆发时拉惹正在澳大利亚,他试图返回沙捞越,但刚到巴达维亚就来不及了。返回澳大利亚后,他派遣一名刚好在那里的官员皮特-哈达克(Pitt-Hardacre)先生去巴达维亚安排将难民送离婆罗洲。他派飞机把他们从坤甸接到巴达维亚。有些人从那里前往英国,但大多数人在悉尼跟拉惹会合。拉惹的私人秘书也飞往巴达维亚,此人有个返回沙捞越煽动骚乱的粗略计划,但这个计划愚蠢而行不通。[15]

看到沙捞越原住民对日军的入侵表现得如此顺从,欧洲人有些失望。古晋出人意料地没有出现恐慌,尽管在欧洲人撤离时发生了几起抢劫事件。诗巫的恐慌和抢劫现象较为严重。但是没人去抵抗敌军。这并不奇怪。一百年来,沙捞越对其统治者充满信心,就连差点推翻拉惹政权的华人起义都被迅速扑灭,造反者也受到严惩。如今,整个政府体系突然崩塌。拉惹手下的官员虽然有英国的支持,但还是迅速而全面地溃败了。只有非常乐观的人才敢预测拉惹的统治会恢复。如果拉惹身在沙捞越,对他个人的忠诚可能会促使民众奋起反抗,但他们此时也做不了什么了。配合侵略者的人很少。另一方面,很多人忠于他们的欧洲朋友,也有不少人勇敢地救助战俘营的囚犯。但大多数人在受到惊吓后变得冷漠而小心。马来拿督们撤回自己的房子里,以免日军发现他们为欧洲人工作,很多低级官员便有样学样。内陆的达雅克人和卡扬人在村庄里静观其变。华人群体对于旧政府从来不像马来人或达雅克人那样忠心耿耿,他们起初以为日本人会对他们采取怀柔政策。他们讨厌印度兵,觉得日本人不会比他们更差。如果日本人没那么残暴,而是表现得圆滑慷慨一些,人们可能会默默接受其统治。然而,尽管他们到来时高调承诺会给亚洲人民自由,但很快就暴露出其吹嘘的"共荣圈"只是为了日本人自己的利益,任何异议都会招致残酷的惩罚。很快,人们就开始渴望欧洲人回来。[16]

在接下来的三年半中,沙捞越与世隔绝。外界收不到它的任何消息。那里没有能向盟军提供报告的特工。虽然红十字会付出种种努力,但是从战俘营寄出的信鲜少能抵达目的地。平民囚犯被关在古晋郊区的一个大院里,他们的处境一直很糟糕,而且有逐步恶化的趋势。不久,在北婆罗洲被俘的平民囚犯也被关到这里,其中有很多妇女和儿童。男女分开关押,但是妇女和儿童并不比男人好过。随着时间推移,食物严重短缺,而药品几乎没有。人们对疾病束手无策,而没有人能不生病。有些俘虏挺过了这漫长的折磨,展现了坚韧和勇气。很多人病死了。另一些人则被日军处决,其中就有勒格罗·克拉克上校,他死前一直担任俘虏的领袖和发言人。不远处的军事战俘营条件更加差,死亡率高得恐怖。[17]

日本人集中在城镇和沿海地区,深入内陆的不多。那里的原住民部落没受什么影响,很快他们就忍不住又去猎头,目标是日本人。掉队的日本军官或士兵大多失去了踪迹,而某些长屋得到了一两个日本人的头颅作为装饰。某间卡扬长屋得意地摆着一个鲁莽的教育总监(Director of Education)的头颅,还保留着他的金边眼镜,眼镜每天都受到精心擦拭。不久日本人便招来了极度的憎恨。马来人总体上对他们没什么好感，但是华人开始积极地筹划对付他们，并试图与外部的自由世界取得联系。他们一旦被发现或受到怀疑，便会立刻遭到处决。

随着时间推移，食物成了问题。沙捞越一直在进口大米，但现在，运到当地的大米都落入日本人手中，只有很少一部分能流入市场。沙捞越的产品被日本人掠夺，价格也是他们定的。物质生活愈发艰难悲惨。随着东方战场的开辟，日本人发现自己的防御越来越糟糕。他们不仅抢走了所有食物，让城里的平民濒临饿死，还比以前更加紧张多疑，稍有风吹草动就要将人处决。岛上的居民都盼望他们赶紧离开。[18]

这是一番漫长的等待。婆罗洲稍稍偏离了盟军的战略家计划的进攻路线。英军最高指挥部专注于更靠西的缅甸，而美军则想直接从新几内亚进入菲律宾，再进攻日本本土，这就避开了婆罗洲和东印度群岛的其他部分——一旦主要目标达成，这些岛屿自会获得解放。直到1945年初期，一些了解沙捞越的英勇义士才获准空降到沙捞越和北婆罗洲的日军后方。他们对盟军的整体战略或许没什么影响，但却有助于扰乱和削弱驻婆罗洲日军的士气，并鼓舞当地民众。随着游击战的消息传遍婆罗洲，以往的忠诚得以复兴。看来被压迫的漫长噩梦终究要结束了。[19]

结束来得很突然。1945年6月10日，澳大利亚士兵开始登陆纳闽岛和文莱湾沿岸，此时欧洲的胜利消息尚未传至婆罗洲。日军起初负隅顽抗，但现在他们无法得到外界援助，游击队则在内陆取得优势。8月15日，日本宣布投降，于是正规军停止了抵抗。但直到近一个月后，也就是9月11日，伍滕（Wootten）少将率领的澳大利亚军队才进入古晋，接受日军的正式投降。少数日本人逃入丛林，并心惊胆战地躲藏了几个月。两年后他们才全数落网。[20]

盟军的政策是不能过早地进攻古晋，也不能轰炸城镇，以防聚集在那里的战俘受到伤害或遭到报复。因此，这座城镇没有遭受什么物质损失，但是城中的居民生活艰辛，而获释战俘的处境更是惨不忍睹。至于其他城镇，诗巫受到的破坏不太严重，但米里在空袭中化为废墟。管理秩序和基本服务的运行恢复得很慢。整个地区受到了7个月的军事管制，原本的政府官员或者正从战俘营的经历中恢复，或者正从世界其他地区赶来。在战争期间，拉惹大多数时候待在澳大利亚。他的流亡政府起初设在悉尼，后迁至伦敦，而位于伦敦的沙捞越办事处在副王的执掌下与英国政府保持着必要的联系。但他们能做的也只有管理沙捞越那些未落入敌人手中的金融资产，为顺利逃脱的沙捞越官员安排工作，以及救济战俘的家属。[21]

军事管制在1946年4月15日结束，盟军最高统帅蒙巴顿勋爵在古晋签署了一份声明，恢复了民事政府，并将管理权移交给拉惹。拉惹和拉妮提前几天抵达，民众的热情营造了一幅动人的场面。很多旁观者可能想不到，这样一个深受民众爱戴的人早已决定抛弃他的臣民。[22]

战争的最后几个月里，英国殖民地部提出了关于沙捞越与英国未来关系的问题。也许明智的做法是让两者结合得更紧密一些。沙捞越虽曾取得繁荣，但也受到重创，而且重建工作花费不菲。沙捞越肯定要向英国求助，而英国政府会对其提供的援助的支出情况进行一定的监管。此外，在伦敦的很多官员看来，布鲁克家族为防止剥削而减缓经济发展的政策亟须改变。沙捞越要是不充分利用经济资源，就会在社会福利和教育发展方面落后于英国的殖民地。拉惹一开始不愿意讨论对沙捞越状况的任何改变，因为当时沙捞越人民正被敌军控制而无法发表意见，但他同意在未来进行初步的讨论。拉惹现在已经原谅了自己的侄子在1941年的态度，并再次封他为王储，让他担任行政长官（Officer Administering the Government），以临时政府首脑的身份去跟英国殖民地部谈判。谈判进度缓慢，这主要是因为临时政府想要在沙捞越的国际地位问题上获得最佳法律建议，而殖民地部则宣称可以根据《域外管辖权法案》（Foreign Jurisdiction Act）为沙捞越立法。同一时期，沙捞越被解放，拉惹也改变了对于整件事的看法。10月，由于临时政府不让步，他罢免了王储的职位并解散临时政府，自己重掌大权。几乎与此同时，他对英国政府提出想把自己的领地交给国王陛下。英国同意了。[23]

詹姆斯·布鲁克一直希望英国来接管他的领地。早在1843年，他就提出要把沙捞越交给英国。1866年的一份备忘录重提此事，并列出明确条款，他唯一的要求就是尊重当地人的宗教和习俗。德比勋爵所领导的英国政府对此提议不屑一顾，因此拉惹詹姆斯认真考虑过要把领地转交给法国、比利时或是荷兰。拉惹维纳重提了他舅祖父的计划。拉惹查尔斯证明了沙捞越可以作为一个自治实体而存在并且繁荣发展。但他的儿子觉得环境已经变了。[24]

很多人支持他的决定。他这样做似乎既是因为不信任自己的继承人，也是因为自己的年龄和身体状况。但他可以给出更为正当的理由。沙捞越无疑需要英国在资金和技术上提供帮助，而刚刚让工党政府再度执政的英国民众大概不想向一个由英国家族统治的地区提供援助。英国肯定也想从北婆罗洲公司手上接管北婆罗洲。沙捞越能够置身事外吗？如果沙捞越人民发现，因为拉惹政府给不起，所以他们就享受不到自己的邻居所享有的好处，他们不会产生不满吗？他无疑和手下的部分官员一样，认为英国政府如今能为沙捞越民众做的事情比自己能做的更多，而且拉惹制度在现代社会已经过时。说他的决策愚蠢无疑有些草率，但坚称这是明智的抉择同样毫无意义。[25]

瑞天咸爵士在讲述英属马来半岛的一本睿智的书中说："要是你信任马来人、苏丹、穆斯林朝圣者、酋长或是小村子头人，要是你想请教影响这个地区的所有问题，你可以把他带上，让他感兴趣并予以配合，他会在发展的道路上走得极快。"达雅克人及其同族都对这种待遇表示欢迎。拉惹詹姆斯清楚地意识到这一点。如果要把沙捞越移交出去，那么移交工作要逐步进行。他在1863年提出转让领土时曾给伯德特-库茨小姐写信："地区的发展需要成熟的政府，只有充分了解局势以及民众的需求意愿，沙捞越才会逐渐变成一个英国殖民地，而不用承受剧变的风险，实现这一切可能要花费数年的时间——3年或是10年，因为这样做符合英国的利益。"[26]

如果这些智慧之言得到重视，沙捞越或许就不会遭受那么多苦难。但是决定一旦做出，拉惹和殖民地部就迫不及待地要贯彻执行。1月，再次成为拉惹私人秘书的麦克布莱恩被派往沙捞越，与殖民地部的一位高官一起进行前期准备。他的做法不恰当。马来拿督们抱怨自己被要求在看不懂的文件上签字，以为这样拉惹就会快点回来，他们也能拿到大笔钱。其中最年长的拿督巴丁宜把自己收到的礼物还给了管理该地区的军事当局。他不习惯收受贿赂。然而，据说最高委员会认可拉惹的做法。华人社群的领袖似乎也真心接受了。[27]

2月6日，拉惹在沙捞越对民众发表了一篇声明。他首次将自己的设想正式公布。由于拉惹的权力受制于1941年颁布的宪法，而且他始终强调要征求民众的意见，所以声明里的最后一段话听起来有些奇怪。"沙捞越的情况是，"他写道，"一切权力来自拉惹。民众信任拉惹，而拉惹为民众提出的建议就代表了民众的意愿。我就是民意的代言人。除了我之外没人有权代表你们发声。你们无人可以质疑我为你们的崇高利益所做的一切……"[28]

同一天，殖民地事务大臣发表声明，以回应下议院对此次领土转让的拟定条款的疑问。他宣称沙捞越的累计储备金约为275万英镑，其中的100万应留作信托基金，其收益将交给拉惹、拉惹的家人以及其他需救济者，但这笔钱最终会还给沙捞越。下议院想要确认此事已充分征求沙捞越人民的意见。殖民地事务大臣指出这该由拉惹安排。[29]

在英国，领土转让的提议让那些了解东方的英国人感到不安，沙捞越也是同样，那里只有华人表现得欢欣鼓舞。拉惹因为没有征求副王的意见而再次违背了自己即位时的誓言，这本是兄弟间的私事，但是东方人不喜欢违背誓言和罔顾先父遗愿的行为。拉惹维纳坚决不顾拉惹查尔斯遗愿的行为让自己失去了威信和支持。但是一百年来，沙捞越人民已经习惯了信任拉惹。在很多人看来，拉惹若是想转让领土，那必然有他的道理，但他们还是为此感到困惑和不悦。

下议院在3月27日进行了一场相当激烈的辩论，其间宣布将派工党议员里斯-威廉斯（Rees-Williams）先生和保守党议员甘曼斯（Gammans）先生去沙捞越考察民意，看看领土转让的时机是否成熟。他们两人都在马来半岛工作过,会说马来语。拉惹已经准备前往古晋。有人问副王和他的儿子王储是否可以同行。殖民地事务大臣回答说此事由拉惹定夺。但是后来,无疑是考虑到下议院的意见,他说服拉惹同意让副王飞往古晋,以列席国民议会的每一场重要会议。[30]

两位议员搭乘一艘扫雷艇游遍了沙捞越,考察了能抵达的每一处人口聚集地。他们汇报称转让已经得到舆论的充分支持,故可以向国民议会提交一份议案,以批准拉惹的计划。他们的建议不太容易理解。甘曼斯先生在返回英格兰后撰写的一篇文章表现出了对这一地区的充分了解。他见到的人大多无法理解领土转让的完整含义。对他们而言,问题在于统治他们的是他们认识的拉惹,还是他们不认识的英国国王。他们想知道能不能像见拉惹那样去见英国国王。去古晋的阿斯塔纳要花 8 元钱,去见国王要花费更多吗?他写道:"只有华人支持领土转让,他们显然觉得英国的统治会带来更多生意,若参照马来半岛近期发生的事,或许也能让他们在政治上占优。"部分文化水平较高的马来人、达雅克人和部分在当地出生的华人强烈反对领土转让。"但是,"他又写道,"大多数人或者感到失望,但还是认命地接受了拉惹的声明,认为这已不可改变,或者明显对拉惹满怀信心,只要拉惹说这对他们有益,他们便给予信任和支持。"因此,他觉得将领土转让给英国总体上会是对民众最有利的选择。但他没怎么解释为什么他和其他议员建议尽快做。可能他们认为要转让领土就不能耽搁,否则会滋生迟疑和犹豫,让反对派趁机引发骚乱。[31]

国民议会的几场关键会议在 5 月 16 日和 17 日召开。34 名议员参加了二读辩论,35 名议员参加了三读辩论。其中 26 人不是欧洲人。正如甘曼斯先生——他与里斯-威廉斯先生一同出席会议——指出，部分安排有待改进，各方发言没有被翻译给原住民听，而主席，即辅政司阿彻（Archer）先生，也不打算做到一视同仁。

在参与辩论的人中，有两位马来议员支持这项提案。其中一人，即拿督巴拉望（Pahlawan），同意议案，但又说自己并不情愿。另一位支持者代表第三区的马来人和马兰诺人。拿督巴丁宜和3位分别代表林梦、巴兰和卢帕河地区的马来人表示反对。在海上达雅克人当中，一人起初支持这项提案，后来又表示反对，说转让领土无视了九项基本原则；另一人虽有些遗憾，但表示若这是拉惹的意思，他愿意支持。唯一表态的华人表示支持。在欧洲人中，一名驻扎官表示反对。他似乎觉得这项提案提得过早，时机不对，让民众来不及考虑。在沙捞越阅历丰富的传教士彼得·豪斯（Peter Howes）牧师发表了一番精彩的演讲。他说人们还没准备好，并质疑：如果要像之前宣称的那样尊重每个人的权益，那副王的权益怎么办呢？副王也在现场，但是没有投票，他严肃地说出自己的看法，认为这决定做得太仓促。他希望沙捞越和英国建立一种新的关系，而这需要从长计议，但他也明确表示继承顺序应服从民众的意愿。"我告诉你们，"他说，"我宁愿看到传承中断，也不愿看到此事引发的家庭纠纷让沙捞越人民陷入争执和怨恨。"

支持这项提案的3个欧洲人强调，沙捞越无法独自承担重建和发展带来的经济负担，也无法满足技术发展的需要。最后发言的是辅政司，他强调拉惹经过深思熟虑才做出这个决定，我们必须服从他。沙捞越不能再保持独立了。

二读的投票结果是18票赞成，16票反对，但非欧洲人的投票结果是12票赞成，13票反对。两位华人议员投了赞成票，印度人的代表投了反对票。马来、达雅克及其同族部落中有9人赞成，12人反对。三读的投票结果是19票赞成，16票反对。一位非欧洲官员改变了主意，而另一位赞成转让领土的因病缺席。但是此外似乎还有一位欧洲议员投了反对票。[32]

投票结果被报给伦敦，英国政府犹豫了一阵，然后判定既然沙捞越国民议会通过了领土转让议案，他们也没有理由再反对领土转让，尤其是考虑到那两位议员写的报告。因此，沙捞越的最高委员会批准拉惹在5月20日签发领土转让文件，而驻沙捞越的英国代表则替国王陛下签署。[33]

1946年6月26日，英国枢密院下令自7月1日起将沙捞越并入英国。7月1日当天，沙捞越成为英国殖民地的消息被公开宣告。白人拉惹的统治至此终结。[34]

后　记

　　领土转让在仓促间潦草进行。此次事件的主角没有一个受到赞扬。沙捞越要为此蒙受损失。

　　对研究白人拉惹的历史学家来说，详述其统治带来的后果毫无意义。做了的事情不能抹去，领土转让一旦生效便不可取消，除非发动一场成功的起义。但是沙捞越的反对派看到这项议案只是凭借欧洲官员的投票才勉强通过，因此不相信它无法撤销。他们通过游行示威表达观点，并坚信能依靠宪法拨乱反正。被他们视为领袖的前任王储也希望从宪法中找到补救手段。但是宪法没提供什么机会。1941年颁布的宪法基本就是用总督会同委员会（Governor-in-Council）取代了拉惹会同委员会而已。或许王储低估了在宪法中找到有效途径的难度，又或许他低估了宿命论的影响，宿命论让很多曾反对转让领土的人看到木已成舟便乖乖接受。但还是有很多人愤愤不平，尤其是在马来人群体中。很多马来官员辞职以示抗议。身为布鲁克家族的成员，他很难不去回应那些对其家族忠心耿耿的朋友们的请求。

政府处理这个问题的方式称不上明智。他们不准安东尼·布鲁克进入沙捞越，就算是去为一桩诽谤诉讼收集证据也不行。对于一个英国公民，因为他会惹出麻烦就拒绝给予他应有的权利，这件事在道德或法律上很难判定是否合理，但这个做法很蠢，因为它显露了惧意。显露惧意的政府必将受到惩罚。它的愚蠢之处也在于让马来人明白，遵照宪法手段的话什么也得不到，于是那些桀骜不驯之人采取了直接手段。[1]

高潮发生在1949年。那年夏末，第一任总督查尔斯·阿登-克拉克爵士（Sir Charles Arden-Clarke）被调去黄金海岸任职。他的继任者邓肯·斯图尔特（Duncan Stewart）先生在11月中旬抵达古晋。12月3日，他乘汽艇抵达诗巫。他一登岸，一个年轻的马来人就冲出来刺伤了他。一周后他死了。[2]

这位能干又无辜的官员丧命要归咎于处理此次领土转让事宜的方式及其后果。这起悲剧看似残忍，但也带来了好处。在马来人看来，这次冷酷的暗杀行为有辱他们的尊严。在安东尼·布鲁克的全力支持下，他们开始平息反对领土转让的骚动。领土转让日被当成法定假日来庆祝——尽管看起来有些不合适，直到那时，众多反对领土转让的团体仍会在这一天举行最大规模的示威游行。1951年初，安东尼·布鲁克发电报给他们，劝他们不要再游行，他还向媒体庄严宣告自己正劝说沙捞越的朋友和支持者接受英国政府。看来布鲁克家族的任何成员都不可能再回来执掌这片由他们创建的属地了。[3]

这个老故事结束了。现在再去争论1946年的一系列事件是否合理，或猜测沙捞越若继续由布鲁克家族执掌将会如何，都毫无意义。如今到访这个地区的游客会看到很多令人振奋和欣慰的事物。发展和繁荣的景象随处可见。通信水平得到提升。人们修建了道路，又在丛林里开辟出飞机跑道。学校越来越多，到英国接受技术培训的学生也越来越多。当地有了优质的广播服务。农业研究给农民提供了帮助。卫生服务显著改善。最重要的是，疟疾几乎被根除。沙捞越或许从管理不足变成了管理过度。官员数量激增，赋税也增加了。若是没有渗入现代生活方方面面的规章制度和烦琐文书，内陆的村民可能会更开心。但得益于制度的进步，他们有机会表达自己的观点了。多民族参与的地方自治制度在城镇和乡村实行，而后者本计划实行分民族自治。新宪法将选举制度引入国民议会。

但是最令游客难忘的并不是这些有形的东西。确实，一些以发展进步的名义破坏审美的行为可能会令人叹息。沙捞越的魅力在于人文气息。很多殖民地或前殖民地存在的限制在这里都不存在。欧洲游客可以遍访城镇和乡村，走到哪里都会受到欢迎和平等的对待。的确，他面临的最艰巨的考验就是长屋里的娱乐狂欢。要是他不喜欢熬夜，要是他的胃无法承受过度饮用米酒，那他最好还是待在可拉必族和毛律族的高地上。那里受到婆罗洲福音派传教团严格而高效的监管，这类事情是禁止的。

这种氛围源于白人拉惹当政时期，并得到了保留。很多曾在拉惹政府工作的官员在领土转让后继续任职，从而保证管理方式的延续。九项基本原则被纳入新宪法，但其含义略有调整，以便适应当下环境。殖民地部精心挑选派往沙捞越的官员。最重要的是，在1950年后的许多年里，管理该地的总督一直遵循拉惹的做派，在必要时保持庄重，但本质上不拘礼节、非常亲民，并期盼走遍沙捞越的每个角落。一些马来村落里仍有执着反对领土转让的人，他们盼望拉惹从海的那一边回来。但这些人的影响力与18世纪的詹姆斯党①不可同日而语。

没有人知道未来会如何。这里的居民属于不同民族，拥有不同的传统和文化发展水平，故有许多难题需要面对。迄今为止，沙捞越各族尚能和谐共处，这种和谐是布鲁克家族带给他们的。各个群体如果明智的话就会将和谐延续下去，因为他们各自发挥着不同的作用，纷争只会给所有人带来麻烦。华人很快就变成了人数最多的群体，其影响力不可小觑。他们既勤奋又上进，大大推动了沙捞越的发展。大家希望他们继续忠于共同的利益。他们的路不好走。在布鲁克家族的统治下，他们始终觉得自己未被彻底接纳，而他们强大的母国一直发挥着强烈的影响力，如今那个积极进取的政府再度对南洋表现出浓厚的兴趣。虽然婆罗洲和中国的联系非常久远，但现在住在沙捞越的华人家庭来到这里不过三四代人的时间。然而，他们大多理所当然地认为自己已经融入当地。他们或许希望在政治和经济上取得领导权，但这领导权若不是通过耐心、智慧和对他人权利的关注所赢得，便只会引发混乱。马来人也长期居于领导地位，而达雅克人及其同族在机会降临时迅速了解了世界运行的法则，并运用其所学。愿他们未来能继续相互协作。

历史不能向我们阐明未来，但有助于解释现在。如果我们对现在的沙捞越感到满意，就必须感谢它的缔造者。这些白人拉惹各有缺点。他们遭遇过不幸，有时也会犯错。但他们取得了非凡的成就。在那个时代，殖民手段有时很不光彩，对权力和商业利

---

① 在英国光荣革命后仍拥护詹姆斯二世一系的人。

益的贪求常常支配施政策略，但他们却展现了少数欧洲人是如何给一个蛮荒无序的地区带来和平与满足的，他们对当地民众怀有善意，甚至可以说是爱。他们靠的是人道、无私和正直。时间无情流逝，他们的实际做法可能已经过时。但物质是短暂的，只有精神是永恒的。让我们共同祈祷指引他们的精神在未来继续指引寄托着沙捞越前途命运的人。

注 释

第一章

1. Captain Daniel Beekman, *A Voyage to and from the Island of Borneo in the East-Indies*, pp. 34–5. 连 19 世纪早期的作家克劳福德都认为婆罗洲比新几内亚大（J. Crawfurd, *A Descriptive Dictionary of the Indian Islands*, p. 57）。
2. Beekman, *op. cit.* p. 35.
3. 对婆罗洲森林的最佳描写参见 O. Beccari, *Wanderings in the Great Forests of Borneo*, esp. pp. 4–16, 379 ff。See also T. Harrisson, *Bornean Jungle*, *passim*.
4. 近年来，在尼亚和沙捞越其他地方的发掘成果中不乏有趣且重要的内容，参见项目负责人哈里森先生所著的多篇文章。特别参见 *Sarawak Mus. J.* VIII, 12 (new series), pp. 549–666（这是哈里森先生与他人合著的文集）。对于目前为止的工作的一份有用的总结，参见 *Sarawak Ann. Rep.* (1958), pp. 136–45。
5. 由于人类学研究的进展，关于婆罗洲人类学的某些早期作品现已过时，例如 Ling Roth, *The Natives of Sarawak and British North Borneo*, and C. Hose, *Natural Man: A Record from Borneo*。婆罗洲诸部落的起源问题仍存在争议，尚未出现权威解释。我参考了《沙捞越年度报告》的最新（1947 年）人口普查结果和随后的人口登记表，还参考了出生与死亡登记员在 1956 年 6 月公布的民族状况。关于各个民族的情况，参见当地专家出版的系列短文，颇为有用。这些文章的内容最初通过电台访谈公布，随后刊登在《沙捞越公报》上，并被我引用。See J. L. Noakes, *A Report on the 1947 Population Census*.
6. I. A. N. Urquhart, 'Nomadic Punans and Pennans', *Sarawak Gaz.* no. 1209 (30 November 1958). See also G. Arnold, *Longhouse and Jungle*, pp. 95–114, and Urquhart, 'Some Notes on Jungle Punans', *Sarawak Mus. J.* V, 3 (new series).
7. T. Harrisson, 'The Kelabits and Muruts', *Sarawak Gaz.* no. 1208 (31

October 1958). 另参见 T. Harrisson, *World Within*, pp. 3–133，该书生动地描绘了战前可拉必族的生活。

8. C. H. Southwell, 'The Up-river People—Kayans and Kenyahs', *Sarawak Gaz*. no. 1207 (30 September 1958).
9. R. A. Bewsher, 'The Bisaya Group', *Sarawak Gaz*. no. 1210 (31 December 1958).
10. J. F. Drake-Brockman, 'The Land Dayak', *Sarawak Gaz*. no. 1206 (31 August 1958). See also W. R. Geddes, *The Land Dayaks of Borneo*, and *Nine Dayak Nights*.
11. A. J. N. Richards, 'Sea Dayaks—Ibans', *Sarawak Gaz*. no. 1205 (31 July 1958). See also E. H. Gomes, *Seventeen Years among the Sea Dyaks of Borneo*, and J. D. Freeman, *Report on the Iban of Sarawak*. 在本书中我都是用"海上达雅克人"而非"伊班人"这个称呼，因为早期的官方机构都是用这个词（参见拉惹查尔斯写于1892年11月10日的信，我在书中有所引用），而且普通读者更熟悉这个词。
12. 参见上文列出的图书，特别是弗里曼、格迪斯、戈梅斯和哈里森的作品。
13. 对猎头行为的解释，参见 Harrisson, *World Within*, pp. 90–9。
14. R. G. Aikman, 'Melanaus', *Sarawak Gaz*. no. 1210 (31 December 1958).
15. 马来人的早期历史仍存在很多争议，参见 R. O. Winstedt, 'History of Malaya,' *J. R. Asiat. Soc. Malay Branch*, XIII, I, pp. 18–31, and F. J. Moorhead, *History of Malaya*, pp. 28–115。关于文莱苏丹的宗谱，参见 H. Low, 'Sĕlĕsīlah (Book of the Descent) of the Rajas of Brunei', *J. R. Asiat. Soc. Straits Branch*, V, pp. 1 ff. See also W. H. Treacher, 'The Genealogy of the Royal Family of Brunei', *ibid*. XV, pp. 79–81, and H. R. Hughes Hallett, 'A Sketch of the History of Brunei', *J. R. Asiat. Soc. Malay Branch*, XVIII, 2. 关于沙捞越王室主支的宗谱，参见 M. Yusof Shibli, 'The Descent of some Kuching Malays', *Sarawak Mus*. J. V. 2 (new series)。我也要感谢哈吉·优素福（Haji Yusof）提供的其他宗谱信息。
16. J. C. Moulton, 'A Hindu Image from Sarawak', *J. R. Asiat. Soc. Straits Branch*, LXXXV (1922); *Sarawak Ann. Rep*. (1958), pp. 143–5; S. Baring-Gould and C. A. Bampfylde, *A History of Sarawak*, pp. 38–9. See also T. Harrisson, 'Indian Pioneers in Borneo', *Sarawak Mus. J*. VI, 6 (new series), pp. 511–17.
17. Low, 'Sĕlĕsīlah of the Rajas of Brunei', p. 6.
18. "Sherif"是阿拉伯语单词"Sharīf"的马来语形式，指先知的后裔。关于这些阿拉伯冒险家的负面影响，参见莱佛士给明托勋爵的报告，摘自 Lady Raffles, *Memoir of Sir Thomas Stamford Raffles*, pp. 73–4。
19. Winstedt, *op. cit*. pp. 37–59; Moorhead, *op. cit* pp. 116–47.
20. W. P. Groeneveldt, *Essays relating to Indo-China*, I, pp. 166 ff.; R. Braddell, 'P'o-li in Borneo', *Sarawak Mus. J*. V, 1 (new series), pp. 5–9; Ju-K'ang T'ien, *The Chinese of Sarawak*, appendix I (unpublished), 'The Early History of the Chinese in Sarawak', *passim*.

21. See Harrisson, '"Export wares" found in West Borneo', *Oriental Art*, V, 2 (new series), pp. 3–12; Baring-Gould and Bampfylde, *op. cit.* pp. 36–8. 皮加费塔1512年报告称中国的钱币在文莱流通。
22. Groeneveldt, *Essays relating to Indo-China*, I, pp. 166 ff.; Ju-K'ang T'ien, *loc. cit.*
23. 对旅行家汪大渊的引述，参见Ju-K'ang T'ien, *op. cit.*。Harrisson, '"Export wares" found in West Borneo', and 'Humans and Hornbills in Borneo', *Sarawak Mus. J.* V, 3 (new series), pp. 400–1; S. Cammann, 'Chinese Carvings in Hornbill Ivory', *ibid.* pp. 393–9.
24. Ju-K'ang T'ien, *op. cit. passim.*
25. Low, 'Sĕlĕsīlah of the Rajas of Brunei'; Treacher, 'Genealogy of the Royal Family of Brunei'; Baring-Gould and Bampfylde, *op. cit.* pp. 37–8.

第二章

1. *Travels of Ludovico de Barthema*, pp. 247–8.
2. 关于欧洲人在婆罗洲的早期历史，参见J. Crawfurd, *A Descriptive Dictionary of the Indian Islands*, pp. 57–66。
3. *The First Voyage Round the world*, by Magellan, ed. Stanley, pp. 17–21(Genoese pilot's account), 110–18 (Pigafetta's account), 202–5 (Maximilian's account), 227 (Alvo's log-book). 皮加费塔描绘的异教大城即使存在，现今也无法辨别。
4. 马丁·德·拉达（Martin de Rada）在16世纪解释过这个名字。他说"婆罗洲并不完全属于文莱人"。Boxer, *South China in the Sixteenth Century*, p. 262 n.
5. Crawfurd, *A Descriptive Dictionary*, pp. 64–5; J. R. Logan, 'Borneo: Notices of European Intercourse with Borneo Proper prior to the Establishment of Singapore', in *J. Indian Archipelago* (1848), pp. 495–9. 贡萨沃·佩雷拉（Gonsavo Pereira）证实了1530年与文莱签订的条约，他是首个提到沙捞越的作家，称之为"沙拉瓦"（Cerava）。有个故事提到了1527年的一支葡萄牙使团，他们向苏丹献上一幅描绘亨利八世与阿拉贡的凯瑟琳大婚的挂毯，然后立即遭到驱逐。苏丹认为画中之人会窃取他的王国，参见Low, 'Sĕlĕsīlah of the Rajas of Brunei', p. 30. 这个故事多半是虚构的。托梅·皮雷斯从未亲自去过婆罗洲，他在1512年的作品中称婆罗洲各岛屿的居民都是异教徒，他们似乎是一群热爱和平的人（*Suna Oriental of Tomé Pires*, II, p. 89）。
6. Boxer, *op. cit.* pp. lxxvi, lxxx.
7. See V. Harlow, 'Early British Pioneers in Borneo', *Sarawak Mus. J.* VI, 6 (1955), pp. 444–5.
8. G. Irwin, *Nineteenth-century Borneo*, p. 7.
9. *Ibid.*; Sir W. Foster, *England's Quest for Eastern Trade*, pp. 248–51; Harlow, 'Early British Pioneers in Borneo', p. 445.
10. Irwin, *op. cit.* pp. 4–6; Crawfurd, *Descriptive Dictionary*, pp. 65–6.

11. Irwin, *loc. cit.*
12. Crawfurd, *History of the Indian Archipelago*, III, pp. 211 ff.; Lady Raffles, *Memoir of Sir Stamford Raffles*, pp. 75–8; Hunt's sketch of Borneo or Pulo Kalamantan, in H. Keppel, *Expedition to Borneo of H. M. S. Dido*, pp. 386–8; O. Rutter, *The Pirate Wind*, pp. 25–48.
13. Daniel Beekman, *op. cit.* See also T. Harrisson, 'The First British Pioneer-Author in Borneo', *Sarawak Mus. J.* VI, 6 (1955), pp. 452–69; Irwin, *op. cit.* pp. 7–8.
14. C. N. Parkinson, *Trade in the Eastern Seas*, pp. 336–56; Harlow, *The Founding of the Second British Empire*, I, pp. 63–95; Irwin, *op. cit.* pp. 8–10.
15. Irwin, *loc. cit.*; Rutter, *British North Borneo*, pp. 94–6.
16. Irwin, *op. cit.* pp. 6–7.
17. *Ibid.* pp. 12–13.
18. Lady Raffles, *Memoir of Sir Stamford Raffles*, pp. 1–85, esp. pp. 59–64; Irwin, *op. cit.* pp. 12–14.
19. Lady Raffles, *op. cit.* pp. 91–6; Irwin, *op. cit.* pp. 14–16.
20. Irwin, *op. cit.* pp. 16–17.
21. *Ibid.* pp. 17–19; C. A. Gibson-Hill, 'John Clunies Ross and Alexander Hare, Merchant', *J. R. Asiat. Soc. Malay Branch*, 1952, parts 4 and 5, pp. 22 ff.
22. Irwin, *op. cit.* pp. 21–2.
23. Lady Raffles, *op. cit.* pp. 46–8; Irwin, *op. cit.* pp. 22–8. 斯宾塞·圣约翰后来遇到一个参与了1812年10月那场战斗的依拉农海盗（*Life of Sir James Brooke*, p. 21）。
24. Irwin, *op. cit.* pp. 28–32.
25. *Ibid*, pp. 32–4.
26. *Ibid.* pp. 34–49; Gibson-Hill, *art. cit. passim.* 奇怪的是，没人尝试过给黑尔写一部传记，《国家人物传记大辞典》（*Dictionary of National Biography*）也没有收录他的词条。
27. Irwin, *op. cit.* pp. 52–67.

第三章

1. Gertrude L. Jacob, *The Rajah of Sarawak*, I, pp. 1–3. 雅各布小姐对詹姆斯·布鲁克早年生活的记录是最完整的，因为她可以看到布鲁克家族的文件，也认识布鲁克的许多童年好友。See also Burke's *Landed Gentry* (1955), article 'Brooke of Sarawak'.
2. Jacob, *op. cit.* pp. 3–9; S. St John, *Life of Sir James Brooke*, pp. 1–2.
3. Jacob, *op. cit.* pp. 9–11; St John, *Life*, pp. 2–6. 欧文·拉特编纂了詹姆斯·布鲁克和伯德特-库茨小姐的书信集。他在前言中写了约翰·迪尔·罗斯（John Dill Ross）告诉他的一个故事，说詹姆斯·布鲁克的伤口位于比较私密的部位，所以他终生未婚。若此事为真，那么就很难解释为什么19世纪初的时候，母亲要把子弹放在那么显眼的位置。这也让鲁本·乔治·布鲁克的故事更加扑朔迷离。See Emily Hahn, *James Brooke of*

Sarawak, p. 16. 詹姆斯·布鲁克终生未婚更可能是因为他结婚的意愿一直不是很强烈。
4. Jacob, *op. cit.* pp. 11–32, 此处大量引用了詹姆斯的书信和日记。St John, *op. cit*, pp. 6–8.
5. Jacob, *op. cit.* pp. 11–32, esp. pp. 13, 21, 28.
6. *Ibid.* pp. 32–48. 此处再次大量引用。St John, *op. cit.* pp. 8–10. 詹姆斯和伯德特－库茨小姐显然在1847年的见面之前就认识了。考虑到伯德特一家偶尔会去巴斯，两人初次见面必定是在这一时期。
7. Jacob, *op. cit.* pp. 48–58.
8. *Ibid.* pp. 58–60; St John, *op. cit.* pp. 10–11.
9. Jacob, *op. cit.* pp. 60–4. 詹姆斯从莱恩（T. D. Lane）牧师手中买下了"保王党人号"。莱恩牧师是皇家快艇队的成员，并推荐詹姆斯加入这个俱乐部。他于1836年5月14日获准加入（感谢皇家快艇队的干事友情提供的信息）。
10. *Ibid.* pp. 65–6, 70–89, 此处刊出了略微删减的计划书。该计划书的概述刊载于 *J. R. Geogr. Soc.* VII, pt 3 (1838), pp. 443–8, 还可参见1838年10月13日的《雅典娜》杂志。坦普勒率先将全文公开，参见 *Private Letters of Sir James Brooke* (1853), I, pp. 2–33。
11. 关于法国和荷兰的反应，参见 Irwin, *Nineteenth-century Borneo*, p. 98。
12. Jacob, *op. cit.* pp. 66–9.
13. H. Keppel, *Expedition to Borneo of H. M. S. Dido*, I, pp. 5–13; R. Mundy, *Narrative of Events in Borneo and Celebes*, I, pp. 5–13. 凯帕尔和芒迪的书都是根据詹姆斯的日记编纂而成，但各自摘录的内容不同，而且有时会修改措辞。芒迪尽量避免重复凯帕尔已出版的章节，而且他的版本看起来比凯帕尔的更准确。Templer, *Private Letters of Sir James Brooke*, I, p. 55.

第四章

1. S. Baring-Gould and C. A. Bampfylde, *A History of Sarawak*, pp. 43–54; Mundy, *Borneo and Celebes*, I, pp. 178–90; Templer, *Private Letters of Sir James Brooke*, I, p. 114. See also H. Low, 'Sĕlĕsīlah (Book of the Descent) of the Rajas of Brunei', *J. R. Asiat. Soc. Straits Branch*, V (1880), and H. R. Hughes Hallett, 'A Sketch of the History of Brunei', *ibid. Malay Branch*, XVIII, 2 (1940). 沙捞越的叛乱是本基兰尤索普和三发苏丹联手策划的（Templer, *loc. cit*）。
2. Baring-Gould and Bampfylde, *op. cit.* pp. 55–8; St John, *Life of Sir James Brooke*, pp. 50–3; Jacob, *The Raja of Sarawak*, L, pp. 170–3.
3. O. Rutter, *The Pirate Wind*, pp. 31–42; Baring-Gould and Bampfylde, *op. cit.* pp. 92–7.
4. Templer, *op. cit.* pp. 55–61; Keppel, *Expedition to Borneo*, I, pp. 13–16.
5. Keppel, *Expedition to Borneo*, I, pp. 17–28.
6. Templer, *op. cit.* I, pp. 64–70, 71–8; Keppel, *Expedition to Borneo*, I, pp. 28–93; Mundy, *op. cit.* I, pp. 17–30. 古晋，意为"猫"，源于穿过该城的

溪流名称。直至1871年，该城的官方名称一直是沙捞越。See Baring-Gould and Bampfylde, *op. cit.* p. 64.
7. Templer, *op. cit.* I, pp. 78–81; Jacob, *op. cit.* I, p. 118.
8. Keppel, *Expedition to Borneo*, I, pp. 108–37; Mundy, *op. cit.* I, pp. 30–176.
9. Keppel, *Expedition to Borneo*, I, pp. 138–89; Mundy, *op. cit.* I, pp. 176–8; Templer, *op. cit.* pp. 91–104; Jacob, *op. cit.* I, pp. 129–44; St John, *Life*, pp. 27–49.
10. Keppel, *Expedition to Borneo*, I, pp. 208–14; Templer, *op. cit.* I, pp. 105–7; Jacob, *op. cit.* I, pp. 148–9.
11. Keppel, *Expedition to Borneo*, I, pp. 192–200; Mundy, *op. cit.* I, pp. 240–1; Jacob, *op. cit.* I, pp. 145–8.
12. Keppel, *Expedition to Borneo*, I, p. 201; Mundy, *op. cit.* I, pp. 241–5; Jacob, *op. cit.* I, p. 149; St John, *Life*, pp. 53–4.
13. Irwin, *Nineteenth-century Borneo*, pp. 98–100.
14. Keppel, *Expedition to Borneo*, I, pp. 205–7, 215–35; Mundy, *op. cit.* I, pp. 245–73; Templer, *op. cit.* I, pp. 105–7.
15. Keppel, *Expedition to Borneo*, I, pp. 235–51; Jacob, *op. cit.* I, pp. 156–64.
16. Templer, *op. cit.* I, pp. 97–103.
17. Keppel, *Expedition to Borneo*, I, pp. 251–2; Mundy, *op. cit.* I, pp. 268–71; St John, *Life*, pp. 55–7.
18. 在首次颁布的法律中，詹姆斯·布鲁克称自己为"詹姆斯·布鲁克先生，沙捞越的统治者（拉惹）……"。
19. Irwin, *op. cit.* pp. 99–102; Hahn, *James Brooke of Sarawak*, pp. 66–7.

第五章

1. 韦斯特曼和威廉森在新加坡加入了詹姆斯的队伍。据圣约翰所述（*Life of Sir James Brooke,* p. 61），韦斯特曼"对沙捞越没什么兴趣，因此从未掌握当地语言"，他似乎在1842年末离开了。一位新的外科医生约翰·特雷彻在1843年初抵达。威廉森被圣约翰描述为"一位来自马六甲的有色人种翻译，有用但不太可靠"。但凯帕尔认为他"积极又聪慧"，而且是"一位杰出的管理者"。他在1846年初意外溺水身亡。克林布尔被圣约翰（圣约翰没有指出名字，但也不难辨别）形容为"一个遭遇海难的爱尔兰人，之前是个职员，勇猛如狮，但是在其他方面没什么用处"。凯帕尔提到了道格拉斯和埃利奥特上尉的到访。詹姆斯的书信中提到过麦肯齐。关于威廉森，另参见 St John, *Life*, pp. 106–7。
2. *A Letter from Borneo, with notices of the country and its inhabitants, addressed to James Gardner, Esq.* By James Brooke, *Esq.* London, published by L. and G. Seeley, 1842.
3. Keppel, *Expedition to Borneo*, pp. 267–9.
4. *Ibid*, pp. 253–5, 273–4, 285–90; St John, *op. cit.* pp. 59–60.
5. Mundy, *Narrative of Events*, I, pp. 285–94; Jacob, *The Raja of Sarawak*, I, pp. 193–6; St John, *Life*, pp. 63–4.

6. Keppel, *Expedition to Borneo*, I, pp. 296–312.
7. *Ibid.* pp. 275–6.
8. *Ibid,* pp. 293–6; Mundy, *op. cit.* I, pp. 308–10.
9. *Ibid.* pp. 59–60; Keppel, *Expedition to Borneo*, I, pp. 278–90.
10. Templer, *op. cit.* I, pp. 144 ff.; Keppel, *Expedition to Borneo*, I, p. 293; St John, *Life*, pp. 63–4. 这一时期詹姆斯送给母亲的"布鲁克钻石"其实是一颗白色托帕石（Templer, *op. cit.* I, p. 88 n）。
11. Keppel, *Expedition to Borneo*, II, pp. 276–7, 315–16, 318–32.
12. *Ibid.* pp. 332–3; Mundy, *op. cit.* I, pp. 321–2; St John, *Life*, pp. 67–9.
13. Keppel, *Expedition to Borneo*, esp. pp. 322–3; St John, *Life*, pp. 66–8.
14. Keppel, *Expedition to Borneo*, I, pp. 333–6; Mundy, *op. cit.* I, pp. 323–4; St John, *Life*, pp. 69–71.
15. Keppel, *Expedition to Borneo*, I, pp. 336–7; Mundy, *op. cit.* I, p. 336.
16. Templer, *op. cit.* I, pp. 191–6; St John, *Life*, p. 73; Hahn, James Brooke of Sarawak, pp. 84–5.
17. Keppel, *Expedition to Borneo*, I, pp. 336–8; Mundy, *op. cit.* I, pp. 337–42; Templer, *op. cit.* I, pp. 196–205, 209–16.
18. Templer, *op. cit.* I, pp. 238–41, 246–56; Mundy, *op. cit.* I, pp. 338–9; *Selection of Papers relating to Borneo*, pp. 1–2; E. Belcher, *Narrative of the Voyage of H. M. S. Samarang*, I, p. 18.
19. Keppel, *Expedition to Borneo*, I, pp. 1–2; Mundy, *op. cit.* pp. 342–3.
20. Templer, *op. cit.* I, pp. 141, 292; Marryat, *Borneo and the East Indian Archipelago*, pp. 97–8; Keppel, *Expedition to Borneo*, II, pp. 15–16 and 305–6 (a memoir of George Steward). 在沙捞越历史上扮演重要角色的亚瑟·克鲁克香克是詹姆斯的姐夫查尔斯·约翰逊牧师的外甥。1844年来了一个姓斯通豪斯的管家（*Selection of Papers relating to Borneo*, p. 61）。
21. Keppel, *Expedition to Borneo*, II, pp. 2–73, 凯帕尔亲自记录了此次出征的完整经过。Mundy, *op. cit.* I, pp. 344–7.
22. Belcher, *op. cit.* I, pp. 55–7; Marryat, *op. cit.* pp. 6–24.
23. Belcher, *op. cit.* I, pp. 170 ff.; Marryat, *op. cit.* pp. 97–8.
24. Mundy, *op. cit.* pp. 353–6; Belcher, *op. cit.* I, p. 60; Foreign Office MS. 12/2.
25. Templer, *op. cit.* II, pp. 8–12.
26. *Ibid.* I, pp. 273–8.
27. *Ibid.* II, pp. 1–2; Jacob, *op. cit.* I, pp. 260–2.
28. Keppel, *Expedition to Borneo*, II, pp. 72–4; St John, *Life*, pp. 86–9.
29. Keppel, *Expedition to Borneo*, II, pp. 75–129; Mundy, *op. cit.* I, pp. 375–9; Jacob, *op. cit.* I, pp. 263–4.
30. Belcher, *op. cit.* I, pp. 159–77; Marryat, *op. cit.* pp. 105–18; Mundy, *op. cit.* I, pp. 375–83.
31. Templer, *op. cit.* II, pp. 24, 41–4; *Selection of Papers relating to Borneo*, pp. 3–4, 11, 26. 此备忘录参见Keppel, *Expedition to Borneo*, II, pp. 143–62。

32. *Selection of Papers relating to Borneo*, pp. 53–71; Keppel, *Expedition to Borneo*, II, pp. 163–6; Mundy, *op. cit.* II, pp. 9–31. Irwin, *Nineteenth-century Borneo*, pp. 78–9, 此书较为公允地指出，由于怀斯之后与詹姆斯·布鲁克发生争执，布鲁克的传记作者并未公正地描述怀斯早先为沙捞越付出的精力和热忱。
33. Keppel, *Expedition to Borneo*, II, pp. 167–9; Templer, *op. cit.* II, p. 60.
34. Keppel, *Expedition to Borneo*, II, pp. 169–85; Mundy, *op. cit.* II, pp. 31–40; F. O. MS. 12/3; C. O. MS. 144/1.
35. Templer, *op. cit.* II, pp. 25–31; Mundy, *op. cit.* II, pp. 41–82; Jacob, *op. cit.* I, pp. 279–81.
36. 由于怀斯的警告，凯帕尔的书在出版过程中似乎遇到一些阻碍。首版只留下一份校样（一份副本上有怀斯手写的"备注：禁止出版，1845年9月10日"，存于大英博物馆）。第二版出版于1846年，有一两章批评荷兰人的内容被删除了。第三版于次年出版，新增了由沃尔特·K. 凯利（Walter K. Kelly）撰写的一章，内容是关于1846年的事件。See Templer, *op. cit.* II, p. 107.
37. Mundy, *op. cit.* II, pp. 87–94（詹姆斯·布鲁克记叙自己获知大屠杀的消息时，最后一句话没说完便戛然而止）and pp. 96–313（芒迪上校详细描述了文莱和马鲁杜湾发生的事情以及纳闽岛的割让）。Keppel, *Expedition to Borneo* (3rd edition), II, pp. 238–60; St John, *Life*, pp. 108–17. 圣约翰撰写此书之前在文莱待了很多年。他认为哈希姆及其兄弟因傲慢而自毁前途。
38. Mundy, *op. cit.* II, pp. 357–67; Jacob, *op. cit.* II, pp. 351–4; St John, *Life*, pp. 118–24.
39. St John, *Life*, pp. 123–4.
40. Irwin, *op. cit.* pp. 101–8; Jacob, *op. cit.* I, pp. 346–51. 相关文件参见 Colonial Office MS. 144/1。
41. Jacob, *op. cit.* II, pp. 355–7.
42. *Ibid.* pp. 357–8.
43. *Ibid.* pp. 361–3.
44. *Ibid.* pp. 358–61; St John, *Life*, p. 129. *Mr Brooke and Borneo* 是婆罗洲传教协会发行的小册子。Mrs McDougall, *Sketches of our Life in Sarawak*, pp. 13–14; C. J. Bunyon, *Memoirs of Francis Thomas McDougall and of Harriette his Wife*, pp. 22–5; MS. letter from Spencer St John to S. Baring-Gould, dated I May 1907.
45. St John, *Life*, pp. 124–6, 234–7; Irwin, *op. cit.* pp. 127–30. Jacob, *op. cit.* II, pp. 7–8.
46. Keppel, *Visit to the Indian Archipelago in H. M. Ship Maeander*, I, p. 32.

第六章

1. St John, *Life of Sir James Brooke*, pp. 130–6.
2. Jacob, *The Raja of Sarawak*, I, pp. 362–4; St John, *Life*, pp. 136–42.
3. Jacob, *op. cit.* I, p. 378; Baring-Gould and Bampfylde, *History of Sarawak*,

pp. 158, 163 n.; Mrs McDougall, *Letters from Sarawak*, pp. 101–2.
4. Jacob, *op. cit.* II, pp. 3–4. Irwin, *Nineteenth-century Borneo*, pp. 130–1. 此处给出参考资料以表明新加坡的格利登（Gliddon）公司自己对于矿场失去了兴趣，因为他们发现无法盈利。
5. Jacob, *op. cit.* I, pp. 5–8; Irwin, *op. cit.* pp. 135–6. 詹姆斯在1848年8月28日写信给怀斯。怀斯在10月份言辞犀利地回复，并拒绝给出解释。人们对詹姆斯亏钱一事所知甚少，参见 *Parliamentary Papers*, no. 357 (1852), pp. 128 ff。
6. St John, *Life*, pp. 142–3; McDougall, *Letters from Sarawak*, pp. 58–9; Jacob, *op. cit.* I, pp. 364–6. 紫色十字架很快就被换成黑色的，因为黑色染料更容易获取。
7. Keppel, *Visit to the Indian Archipelago*, II, pp. 39–87; St John, *Life*, pp. 144–54; Jacob, *op. cit.* I, pp. 366–71.
8. St John, *Life*, pp. 154–7, 171–2; Jacob, *op. cit.* I, pp. 371–2. 詹姆斯在1849年6月21日给帕默斯顿勋爵写了一封信，详细描述了与苏禄签订的条约。
9. Keppel, *Visit to the Indian Archipelago*, II, pp. 302 ff.; St John, *Life*, pp. 174–90. 圣约翰目睹了这场战斗。McDougall, *Letters from Sarawak*, pp. 84–8. See also *Parliamentary Papers*, no. 378 (1851), pp. 1–4, and W. J. Roff, 'Mr T. Wallage, Commanding H. C. Str. Nemesis', in *Sarawak Mus. J.* VI, 4, 1954.
10. St John, *Life*, pp. 212–15; Jacob, *op. cit.* I, pp. 377–9.
11. St John, *Life*, pp. 212–15; Bunyon, *Memoirs of Francis Thomas McDougall*, pp. 123–36.
12. *Parliamentary Papers*, nos. 87, 91 and 357 (1852). 此处包含关于纳闽岛煤矿的所有报告。See Irwin, *op. cit.* pp. 133–6; Hahn, *James Brooke of Sarawak*, pp. 142–4.
13. *Hansard*, House of Commons, 21 August 1848.
14. *Parliamentary Papers*, no. 682 (1851) and 517 (1852)，此处详细描述了双方的情况。凯帕尔在1849年9月2日写信给怀斯，试图安抚各方情绪，但是失败了。他说怀斯不应该建立"那个畸形而无用的机构，也就是纳闽岛政府"，还说"我的朋友布鲁克对于商业一窍不通。内皮尔也没好多少……就只有土木工程师斯科特做了点有用的事"。Colonial Office MS. 144/6.
15. *Parliamentary Papers*, no. 1462 (1852), pp. 11 ff.; Jacob, *op. cit.* I, pp. 8–9. 怀斯率先发难，在1849年11月26日给首相约翰·罗素写了一封信，意在引起恐慌。休姆起初是通过《海峡时报》上的一篇关于1849年3月卡拉卡远征的文章知晓婆罗洲战争的。该文于6月25日重刊于《每日新闻》。《海峡时报》一直对詹姆斯有敌意，这并不奇怪，因为该报代表的是新加坡商人，而詹姆斯不允许他们进入沙捞越。该报对马鲁河之战的报道充满恶意。休姆的完整论据可参见他的《致马姆斯伯里伯爵阁下的一封信》(*Letter to the Rt. Hon. Earl of Malmesbury*)，这封信在1853年公开。
16. *Hansard*, House of Commons, 11 February, 21 March, 23 May and 12 July 1850.

17. St John, *Life*, pp. 217–19.
18. St John, *Life*, pp. 219–25; Jacob, *op. cit.* II, pp. 32–3. See also W. F. Vella, *Siam under Rama III*, pp. 134–9. 我很感激泰国的朱拉·乍甲蓬（Chula Chakrabongse）王子殿下帮助我从暹罗的资料和传统中获取信息。他会在即将出版的《生活的贵族》（Lords of Life）中详细讨论使团。
19. St John, *Life*, pp. 231–3; Jacob, *op. cit.* II, pp. 38–9; *Parliamentary Papers*, nos. 339 and 534 (1852), *passim*; Rajah James, letters to Admiral Austen, dated 29 and 30 May and 11 and 16 July 1850. 另一封信是在1851年1月31日写给海峡殖民地总督的，他重申反对任命伍兹为副警长，并愤怒地说："我在此公开谴责新加坡副警长伍兹先生十分恶毒且虚伪。"还有一封信写于2月2日，说他惊讶地看到"一个堕落无耻的卑鄙小人"得到任命。（拼写错误可能要归咎于他的沙捞越抄写员。）
20. United States State Department Archives, Sarawak; Foreign Office MS. 12/8; St John, *Life*, pp. 220, 240–1.
21. *Hansard*, House of Commons, 10 July 1851. 迈尔斯那封行文拙劣的信全文可见于Hahn, *op. cit.* pp. 170–1。大概与此同时，圣约翰就格莱斯顿关于马鲁河之战的两项调查给出了完整的答复，参见John, *Life*, pp. 193–210, 这封信没有写日期。
22. Jacob, *op. cit.* I, pp. 48–51, 此处列出科布登的演讲片段。演讲全文刊印在1851年11月29日的《泰晤士报》上。
23. *Parliamentary Papers*, nos. 1462 and 1536 (1852), 此处包含所有相关通信。Irwin, *op. cit.* pp. 153–5; Hahn, *op. cit.* pp. 164–74; Rajah James, letters dated 28 December 1850 and 7 and 9 January 1851; Keppel, *Visit to the Indian Archipelago*, II, pp. 389–96. 对彭斯更为同情的一种观点可参见T. Harrisson, 'Robert Burns: the first Ethnologist and Explorer of Interior Sarawa', in *Sarawak Mus. J.* V, 3, November 1951, 此处重刊了彭斯关于卡扬人的文章。哈里森先生认为詹姆斯及其幕僚打压彭斯，但彭斯依然声名狼藉，尽管他是一位优秀的人类学家。1851年10月7日的《北不列颠邮报》（*North British Mail*）清楚地报道了彭斯一案。
24. *Hansard*, House of Commons, 18 and 23 March 1852. 迈尔斯的真名是席德（Sidd），被德拉蒙德错看成劳埃德。
25. St John, *Life*, p. 239.
26. Jacob, *op. cit.* II, pp. 53–6.
27. St John, *Life*, p. 238; Jacob, *op. cit.* II, p. 58.
28. Jacob, *op. cit.* II, pp. 58–61.
29. St John, *Life*, pp. 239–40; Jacob, *op. cit.* II, pp. 62–3. 休姆把他的小册子寄给了即将卸任的外交大臣马姆斯伯里勋爵。第一本反对布鲁克的小册子名为"一次海军行动"，署名"W. N."，发表于1850年，它对马鲁河之战的记录过度夸张。1851年又出现了文章"婆罗洲真相与假象"，出自和平协会干事L. A. 查莫洛夫佐（L. A. Chamerovzow）之手。文章错漏百出，表明作者对婆罗洲的情况一无所知。1853年出现了文章"沙捞越拉惹詹姆斯·布鲁克爵士的冒险"，作者乔治·福戈（George Foggo）是国家历史遗迹协会的干事。文章主要是从詹姆斯自己的作品中截取的血腥片段，还大差不差地重述了休姆对海盗的错误看法。东群岛公司在1853年或1854年对自身行为进行了一番没那么夸张的辩护，以回应詹姆斯·布鲁克在那一年为反击休姆而撰写的小册子（*A Vindication of his Character and Proceedings in reply to the Statements Privately Printed and Circulated by Joseph Hume, Esq., M. p.*, by Sir James Brooke, K. C. B., Rajah of Sarawak）。詹姆斯的律师建议他不要告休姆诽谤（Jacob, *op. cit.* II, p. 65）。

30. Jacob, *op. cit.* II, pp. 67–73; St John, *Life*, pp. 241–3.
31. Jacob, *op. cit.* pp. 76–7, 89–101. 此处给出了相关信件的内容。
32. St John, *Life*, pp. 244–6; Jacob, *op. cit.* II, p. 86.
33. St John, *Life*, pp. 244–6; McDougall, *Letters from Sarawak*, pp. 136–69.
34. St John, *Life*, p. 246.
35. *Ibid.* pp. 263–5; Jacob, *op. cit.* II, pp. 75–6; C. Brooke, *Ten Years in Sarawak*, I, pp. 36–41.
36. St John, *Life*, pp. 247–9. Jacob, *op. cit.* II, pp. 77–81. 此处引用了霍斯伯勒先生对于这一疾病的描述。
37. St John, *op. cit.* pp. 248–52.
38. C. Brooke, *Ten Years in Sarawak*, I, pp. 82–101.
39. Jacob, *op. cit.* I, p. 101; C. Brooke, *Ten Years in Sarawak*, I, pp. 101–7.
40. St John, *Life*, pp. 255–60; Jacob, *op. cit.* II, pp. 114–17.
41. C. Brooke, *Ten Years in Sarawak*, I, pp. 106–18.
42. St John, *Life*, p. 255.
43. C. Brooke, *Ten Years in Sarawak*, I, pp. 121–8; St John, *Life*, pp. 265–71. 此处误把出征日期写为5月。
44. *Parliamentary Papers*, nos. 130 (1859) and 253(1855). 此处完整地展现了调查过程和调查员的报告。Jacob, *op. cit.* I, pp. 128–73. 此处全面概括了事情的经过，并附上了拉惹抗议的全文。St John, *Life*, pp. 270–3. 这是一份简要的记录，对于拉惹的行为不无批判。完整的证据随后以《婆罗洲问题》（*The Borneo Question*）之名在新加坡出版。
45. Jacob, *op. cit.* II, pp. 183–4. 格莱斯顿把1877年的保加利亚大屠杀与布鲁克对达雅克人的屠杀相提并论。他在《当代评论》（*The Contemporary Review*）的一篇文章中详述了这一指控。
46. Jacob, *op. cit.* II, pp. 180–2, 188–93, 204–10.
47. St John, *Life*, pp. 277–9; Jacob, *op. cit.* II, pp. 210–16.
48. St John, *Life*, pp. 279–80; Jacob, *op. cit.* II, pp. 217–20.

第七章

1. St John, *Life*, pp. 273–6; A. R. Wallace, *The Malay Archipelago*, I, p. 54 and *My Life*, I, pp. 341, 345–7.
2. St John, *Life*, pp. 288–9; Jacob, *The Rajah of Sarawak*, II, pp. 223, 233; McDougall, *Sketches of our Life at Sarawak*, pp. 121–5.

3. Jacob, *op. cit.* II, pp. 192–4; St John, *Life*, p. 282; C. Brooke, *Ten Years in Sarawak*, I, pp. 149–54.
4. Jacob, *op. cit.* II, pp. 194–9; St John, *Life*, pp. 285–6.
5. C. Brooke, *Ten Years in Sarawak*, I, pp. 158, 168–98; Jacob, *op. cit.* II, pp. 218–19; Baring-Gould and Bampfylde, *History of Sarawak*, pp. 166–7.
6. St John, *Life*, p. 277.
7. Jacob, *op. cit.* II, pp. 211–17; St John, *Life*, pp. 279–81.
8. St John, *Life*, pp. 281–2; McDougall, *Our Life in Sarawak*, p. 107; Bunyon, *Memoirs of Francis Thomas McDougall*, pp. 113–15; G. C. Turner, 'Bishop McDougall and his wife Harriette', in *Borneo Chronicle*, centenary no. May 1955, and H. P. Thompson, 'Consecration of Bishop McDougall', *ibid*. 麦克杜格尔在1855年10月18日即圣路加日成为纳闽岛主教。拉惹随后在1856年1月1日颁布政令，让纳闽岛主教兼任沙捞越主教。
9. St John, *Life*, pp. 282–3; Jacob, *op. cit.* II, pp. 213–14, 233; L. V. Helms, *Pioneering in the Far East*, pp. 130–5.
10. Jacob, *op. cit.* II, pp. 236–7.
11. *Sarawak Gazette*, no. 1213, 31 March 1959, article by R. Outram, 'Sarawak Chinese'.
12. Keppel, *Visit to the Indian Archipelago*, I, pp. 352–3. 这里描写荷兰人与华人在三发开战后从邦嘎（Pamangat）涌来的难民。他说这些人反对"公司"，而且"大量华人涌入有利于未来的发展"。圣约翰估计难民数量约为3000人，参见 *Forests of the Far East*, II, p. 332. 他对这些人没那么热情。对秘密会社发展的描述参见 Idem, *Life of Sir James Brooke*, pp. 291–3. See also Baring-Gould and Bampfylde, *op. cit.* pp. 185–9.
13. Baring-Gould and Bampfylde, *op. cit.* pp. 187–8.
14. C. Brooke, *Ten Years in Sarawak*, I, pp. 27–30.
15. St John, *Life*, pp. 286, 292–4; C. Brooke, *Ten Years in Sarawak*, I, pp. 207–14.
16. St John, *Life*, p. 294; Baring-Gould and Bampfylde, *op. cit.* p. 191.
17. St John, *Life*, pp. 294–5.
18. Jacob, *op. cit.* II, pp. 237–44, 此处引述拉惹的书信，并给出了他仆人潘迪的一份简短的记录。Helms, *op. cit.* pp. 164–92, 主要是他的秘书蒂德曼的长篇叙述。McDougall, *Our Life in Sarawak*, pp. 120–56. 麦克杜格尔夫人在25年后进行了这番描述，可能是基于信件和他们夫妇俩的记忆。St John, *Forests of the East*, II, pp. 336–64, and *Life of Sir James Brooke*, pp. 294–315. 圣约翰在5个月后到访沙捞越，根据拉惹和其他参与者的言谈写下这些内容。C. Brooke, *Ten Years in Sarawak*, I, pp. 214–25. 我尽量把这些版本结合起来。
19. Jacob, *op. cit.* II, pp. 245–6; St John, *Life*, p. 314.
20. St John, *Forests of the East*, II, p. 364, *Life*, p. 313.
21. St John, *Life*, pp. 315–17; Jacob, *op. cit.* I, pp. 244–5. 圣约翰高兴地看到拉惹心情愉悦且没有怨言，但很快就察觉到他有些忧郁，缺乏活力（*Life*,

p. 319）。失去藏书对他影响很大。圣约翰详述了藏书的价值。

第八章

1. St John, *Life*, pp. 315, 318; Jacob, *The Raja of Sarawak*, II, pp. 246-7, 251-2.
2. St John, *Life*, pp. 318-19.
3. Jacob, op. cit. II, pp. 249-51; C. Brooke, *Ten Years in Sarawak*, I, pp. 253-63. 河水突然暴涨让副王的人马损失惨重。
4. St John, *Life*, pp. 319-20; Jacob, *op. cit.* II, pp. 259-61.
5. Jacob, *op. cit.* II, pp. 261-2.
6. St John, *Life*, pp. 321-2; *Rajah Brooke and Baroness Burdett-Coutts*, ed. O. Rutter, pp. 42-3.
7. Jacob, *op. cit.* II, pp. 264-8; St John, *Life*, p. 323; *Rajah Brooke and Baroness Burdett-Coutts*, pp. 44-5.
8. St John, *Life*, pp. 321.
9. Jacob, *op. cit.* II, pp. 268-300. 此处完整记录了与德比勋爵的谈判过程。*Rajah Brooke and Baroness Burdett-Coutts*, pp. 45-53.
10. 拉惹早先的传记作者完全没有提到鲁本·乔治的事情，但是项美丽却进行了长篇讨论，参见 *James Brooke of Sarawak*, pp. 223-9，这是基于小布鲁克后人保存的书信。这个年轻人的存在必然增加了小布鲁克的不安，但像欧文（Irwin）那样将其视作"舅甥失和的真正原因"无疑是把事情简单化了，参见 *Nineteenth-century Borneo*, p. 186, n. 594. A. A. 诺克斯在 1868 年 6 月 30 日，也就是第一任拉惹逝世后不久写给第二任拉惹的信中道出了拉惹某些密友的怀疑。信中写道："他确实承认了乔治这个年轻人，所以我觉得应该为他的未来做打算。他常常做前后不搭的事情……"
11. Jacob, *op. cit.* II, pp. 285-7; St John, p. 323; *Rajah Brooke and Baroness Burdett-Coutts*, pp. 47-9.
12. Jacob, *op. cit.* II, p. 307; St John, *Life*, p. 326; Mrs McDougall, *Our Life in Sarawak*, pp. 167-9; Bunyon, *Memoirs of Francis Thomas McDougall*, pp. 178-80; Hahn, *op. cit.* pp. 234-5.
13. Helms, *Pioneering in the Far East*, pp. 216-31. 此处引述信件全文，可能是布鲁克给他看的。写信日期是 1858 年 12 月 19 日。
14. St John, *Life*, pp. 326-7. 在 1931—1932 年的经济萧条时期，有人建议拉惹维纳预付一些钱给该公司。他回答该公司费尽心机地迫害他的舅公，故他看不到帮助该公司的理由（源于私人信息）。
15. St John, *Life*, pp. 326-7; Jacob, *op. cit.* II, pp. 312-13; *Rajah Brooke and Baroness Burdett-Coutts*, pp. 54-9.
16. Jacob, *op. cit.* II, pp. 312-13; Helms, *loc. cit.*; St John, *Life*, pp. 326-7; *Rajah Brooke and Baroness Burdett-Coutts*, p. 61.
17. Jacob, *op. cit.* II, pp. 303-5; St John, *Life*, p. 324; Hahn, *op. cit.* pp. 232-3.
18. St John, *Life*, pp. 324-6; C. Brooke, *Ten Years in Sarawak*, I, pp. 269-321; Jacob, *op. ci*t. II, p. 318.

注　释　321

19. C. Brooke, *Ten Years in Sarawak*, I, pp. 329-34; St John, *Life*, pp. 328-9.
20. C. Brooke, *Ten Years in Sarawak*, I, pp. 325-9, 335-58; St John, *Life*, pp. 329-31; Jacob, *op. cit.* II, pp. 318-19; *Rajah Brooke and Baroness Burdett-Coutts*, pp. 65-7.
21. C. Brooke, *Ten Years in Sarawak*, I, pp. 358-63; St John, *Life*, pp. 331-2. Mrs McDougall, *Our Life in Sarawak*, pp. 174-86; Bunyon, *op. cit.* pp. 195-200.
22. St John, *loc. cit.*; Mrs McDougall, *Our Life in Sarawak*, p. 186.
23. C. Brooke, *Ten Years in Sarawak*, II, pp. 1-13; Baring-Gould and Bampfylde, *History of Sarawak*, pp. 235-40.
24. Baring-Gould and Bampfylde, *op. cit.* p. 241.
25. *Rajah Brooke and Baroness Burdett-Coutts*, pp. 66-71; Irwin, *op. cit.* pp. 185-6.
26. *Rajah Brooke and Baroness Burdett-Coutts*, pp. 63-4, 72-3, 78-82; St John, *Life*, pp. 333, 336; Jacob, *op. cit.* II, pp. 3-4, 321-2. 圣约翰和雅各布小姐都没有提伯德特-库茨小姐的名字。或许她希望在生前保持低调。
27. C. Brooke, *Ten Years in Sarawak*, II, pp. 30-59; St John, *Life*, pp. 337-9; *Rajah Brooke and Baroness Burdett-Coutts*, pp. 93-4. 源于私人信息。
28. St John, *Life*, pp. 340-1; Jacob, *op. cit.* II, p. 326.
29. St John, *Life*, pp. 341-2; *Rajah Brooke and Baroness Burdett-Coutts*, pp. 98-9, 118-21; Jacob, *op. cit.* II, pp. 327-9.
30. St John, *Life*, pp. 342-5; *Rajah Brooke and Baroness Burdett-Coutts*, pp. 122-4; Jacob, *op. cit.* I, pp. 328-34. Baring-Gould and Bampfylde, *op. cit.* pp. 262-5.
31. C. Brooke, *Ten Years in Sarawak*, I, pp. 104-53; Jacob, *op. cit.* II, pp. 340-1; *Rajah Brooke and Baroness Burdett-Coutts*, p. 128; Baring-Gould and Bampfylde, *op. cit.* p. 265.
32. St John, *Life*, pp. 387-8. 这支军队的组建过程不详。See *Sarawak Gaz.* no. 942, 1 March 1932.
33. St John, *Life*, pp. 347-9; *Rajah Brooke and Baroness Burdett-Coutts*, pp. 124-6; Helms, *op. cit.* p. 219.
34. St John, *Life*, pp. 350-1; *Rajah Brooke and Baroness Burdett-Couts*, pp. 85, 141-2, 234; Hahn, *op. cit.* pp. 233-5.
35. St John, *Life*, pp. 351-3; *Rajah Brooke and Baroness Burdett-Couttts*, pp. 174-6; Bunyon, *op. cit.* pp. 240-3. 沙捞越档案馆存有圣约翰写给巴林-古尔德的一封信，日期是1907年5月1日。他在信中说，拉惹写的小册子《为纳闽岛主教辩护》(*The Bishop of Labuan, a Vindication*) 以圣约翰之名发表，并披露了另一些细节。
36. *Rajah Brooke and Baroness Burdett-Couttts*, pp. 134, 137, 152-3.
37. *Ibid.* pp. 139,146; St John, *Life*, pp. 353-4.
38. Helms, *op. cit.* pp. 212-13; Mrs McDougall, *Our Life in Sarawak*, pp. 204-14; Bunyon, *op. cit.* pp. 227-40; Baring-Gould and Bampfylde, *op. cit.* pp.

269-74.
39. *Rajah Brooke and Baroness Burdett-Coutts*, pp. 147-52; St John, *Life*, pp. 353-5; Jacob, *op. cit.* II, pp. 344-5; Helms, *op. cit.* p. 233; Hahn, *op. cit.* pp. 251-2.
40. *Rajah Brooke and Baroness Burdett-Coutts*, pp. 154-5, 158.
41. *Ibid.* pp. 155-9.
42. *Ibid.* pp. 162-9.
43. *Ibid.* pp. 170-91.
44. C. Brooke, *Ten Years in Sarawak*, II, pp. 230-312; Jacob, *op. cit.* pp. 347-9.
45. *Rajah Brooke and Baroness Burdett-Coutts*, pp. 191-6; St John, *Life*, pp. 356-8; Helms, *op. cit.* pp. 234-9. 博物学家华莱士想在伯德特-库茨小姐面前为布鲁克美言几句，结果她再也没有跟他说过话，虽然拉惹对他一如既往地友善（A. R. Wallace, *My Life*, II, pp. 51-2）。
46. *Rajah Brooke and Baroness Burdett-Coutts*, pp. 203-8, 214-15, 217-19; St John, *Life*, p. 358.
47. *Rajah Brooke and Baroness Burdett-Coutts*, pp. 211-14; Jacob, *op. cit.* II, pp. 350-1.
48. *Rajah Brooke and Baroness Burdett-Coutts*, pp. 212-14; Jacob, *op. cit.* II, pp. 351-3; St John, *Life*, pp. 358-69; Irwin, *op. cit.* pp. 188-9.（这里指出，对第一任领事的任命采用这样的措辞，是为了解释外交部在1877年说他们没有给予正式任命。这位领事是从"当地政府"手中获得领事证书的，拉惹未被提及。）里基茨被改派到马尼拉，他试图振兴沙捞越的出口贸易，但是失败了。他在1868年给查尔斯·布鲁克写的几封态度友好且有帮助的信被保存下来。
49. *Rajah Brooke and Baroness Burdett-Coutts*, pp. 226-9, 235, 237-8, 245-7, 257-8. 伯德特-库茨小姐不想雇佣华人到寇普庄园干活，这让拉惹和副王感到为难。拉惹最终没理会她的意见。
50. *Ibid.* pp. 220-5, 270-4, 292-5; St John, *Life*, pp. 372-3; Irwin, *op. cit.* pp. 189-90. 詹姆斯在1866年写信给德比勋爵，明确提出要割让领地以换取现金。圣约翰在1868年3月10日给查尔斯写了一封信，警告他如果布鲁克还能来东方维护自己权利的话，就不要相信任何一位亲戚（指的是查尔斯的表兄克鲁克香克）。
51. J. C. B. Fisher, 'Sarawak Postal History', *Sarawak Mus. J.* VIII (10 December 1957), pp. 236-8. See also G. E. Hansford and L. A. Noble, *Sarawak and its Stamps*.
52. *Rajah Brooke and Baroness Burdett-Coutts*, pp. 218-20, 230-42, 254-64, 280-1; St John, *Life*, pp. 373-4; Jacob, *op. cit.* I, pp. 356-64. 克鲁克香克（1868年2月9日）、圣约翰（1868年3月10日）和诺克斯（1868年6月30日，拉惹死后）写给查尔斯·布鲁克的信中都提到了最后一次争吵。诺克斯说："她们在他生命的最后6个月里对他表现出的残忍和冷酷无人能及，就算她们现在痛哭道歉，也为时已晚。"据此可以理解诺克斯为什么对这几位女士怀有偏见。他觉得布朗太太非常嫉妒拉惹对伯德特-

库茨小姐的影响力。就连克鲁克香克也在1868年7月3日的一封信中说"愿上帝宽宥她们的邪恶"。

53. *Rajah Brooke and Baroness Burdett-Coutts*, pp. 285–91, 299–306; St John, *Life*, pp. 375–7; Jacob, *op. cit.* II, pp. 364–7. 他临终时姐姐艾玛·约翰逊陪在他身边,让他感到欣慰(见于克鲁克香克1868年6月16日给查尔斯·布鲁克的信)。

第九章

1. Bring-Gould and Bampfylde, *History of Sarawak*, pp. 307–8; *Rajah Brooke and Baroness Burdett-Coutts*, pp. 306–7.
2. St John, *Life of Sir James Brooke*, pp. 274–5.
3. Charles Brooke, *Ten Years in Sarawak*, with an Introduction by H. H. the Rajah Sir James Brooke. See especially, I, pp. 89, 207.
4. C. Brooke, *Ten Years in Sarawak*, II, pp. 330–9.
5. *Rajah Brooke and Baroness Burdett-Coutts*, pp. 233–4, 236–7; St John, *Life*, pp. 274–5 and 328.
6. 源于私人信息。
7. Baring-Gould and Bampfylde, *op. cit.* p. 310.
8. *Ibid.* pp. 111–13. See also Alleyn Ireland, *Far Eastern Tropics*, pp. 71–6.
9. *Sarawak Gaz*. no. 59 (1 March 1873); personal information. 1868年的一份高级官员名单及其对应薪水参见 Rajah's MS. Order Book, I, p. 31. See also *Sarawak Gaz*. no. 1079 (2 February 1948) for prices in the 1870's.
10. *Sarawak Gaz*. no. 8 (17 December 1870).
11. *Rajah Brooke and Baroness Burdett-Coutts*, pp. 309–10. 克鲁克香克与诺克斯在1868年写给查尔斯·布鲁克的信揭示了前任拉惹的债务是多么庞大而棘手。
12. Baring-Gould and Bampfylde, *op. cit.* p. 426; *Sarawak Gaz*. no. 221 (2 June 1884.)
13. Baring-Gould and Bampfylde, *op. cit.* pp. 427–38; Alleyn Ireland, *op. cit.* pp. 76–7. 婆罗洲公司曾打算通过开采朱砂获利。1868年,赫尔姆斯满怀希望地在给查尔斯的一系列信件中提及此事。但最终结果令人失望。
14. Baring-Gould and Bampfylde, *op. cit.* pp. 446–7; Eda Green, *Borneo*, pp. 117–18; Ranee Margaret, *Good Morning and Good Night*, pp. 45, 62–3; Rajah Charles, MS. letter, dated 13 July 1916. 早在1862年,实哥郎的地区官员沃尔特·沃森就在一封信中(3月24日)向查尔斯抱怨,"钱伯斯太太带着丈夫、两个令人不快的牧师和一群华人来到他的驻地"给他带来的麻烦。
15. Rajah Charles, letter to Sir Thomas Fairbairn, dated 11 August 1880; Order Book, *passim*, esp. pp. 76, 238. 候选人推荐信没有寄到伊顿(见克鲁克香克给拉惹的信,日期为1868年9月25日)。
16. 在《沙捞越公报》发行第1000期的时候(1937年1月2日),拉惹维纳坦言:"老实说,我认为《沙捞越公报》将永远是对沙捞越历史最准确、最有趣的记录。"
17. Baring-Gould and Bampfylde, *op. cit.* pp. 320–2.
18. 参见第八章相关内容。
19. Ranee Margaret, *Good Morning and Good Night*, pp. 20–34.
20. 拉妮在《早安，晚安》(*Good Morning and Good Night*) 中坦率地描述了与丈夫的关系。拉惹的看法可参见下文。
21. Ranee Margaret, *Good Morning and Good Night*, pp. 51–4.
22. *Ibid.* pp. 73–98, 186–96 and *My Life in Sarawak*, pp. 43–60, 109–34; H. de Windt, *My Restless Life*, pp. 29–60.
23. Ranee Margaret, *Good Morning and Good Night*, pp. 132–3; Baring-Gould and Bampfylde, *op. cit.* pp. 400–1. 1874 年，他们在阿斯纳塔的庭院里用安格尔西大理石为这些孩子竖立了一座纪念碑，参见 *Sarawak Gaz.* no. 93, 5 January 1875。
24. Rajah Charles, letter to Hope Brooke, dated 18 October 1879.
25. Baring-Gould and Bampfylde, *op. cit.* pp. 320, 323–4.
26. *Ibid.* pp. 374–82.
27. General Council, *Proceedings*, 1883 and 1884, pp. 10–12; Baring-Gould and Bampfylde, *op. cit.* pp. 315–18; Order Book, p. 283.
28. Baring-Gould and Bampfylde, *op. cit.* pp. 318–19; Rajah Charles, letters to Resident at Pontianak, dated June 1880 and to Commander, West Borneo, dated 12 June 1885; Ranee Margaret, *op. cit.* pp. 114–18.
29. *Sarawak Gaz.* no. 130 (16 April 1877).

第十章

1. Earl of Derby to Charles Brooke, 10 May 1875, F. O. MS. 12/42; Ranee Margaret, *Good Morning and Good Night*, pp. 243–4.
2. See article, Sir John Pope-Hennessy, in *Dictionary of National Biography*, also Maxwell Hall, *Labuan Story*, pp. 188–91. 此处提到了和他有关的地方传统。他与拉惹詹姆斯很熟，甚至曾在巴拉托尔居住过。
3. Sarawak General Council, *Proceedings*, pp. 1–2; Pope-Hennessy to Foreign Office, 23 April 1868; C. O. M. S. 144/28.
4. Sultan of Brunei to Pope-Hennessy, 13 April 1868, F. O. MS. 12/34a; Pope-Hennessy to Charles Brooke, 23 April 1868 and Charles Brooke to Lord Stanley, 30 April 1868, C. O. MS. 144/28; Foreign Office to PopeHennessy, 2 December 1868, F. O. MS. 12/34a.
5. Irwin, *Nineteenth-century Borneo*, pp. 193–4.
6. *Sarawak Gaz.* no. 21 (15 July 1871).
7. Baring-Gould and Bampfylde, *History of Sarawak*, pp. 332–5; Ranee Margaret, *Good Morning and Good Night*, pp. 144–60.
8. Bulwer to Earl Granville, 18 June 1872, C. O. MS. 144/37; Ussher to Earl of Derby, 15 September 1876, *ibid.* 144/64.
9. Irwin, *op. cit.* pp. 195–6; Tregonning, *Under Chartered Company Rule*, pp. 5–8.

10. Irwin, *op. cit.* pp. 196-8; Tregonning, *op. cit.* pp. 8-10.
11. Irwin, *op. cit.* pp. 198-201; Tregonning, *op. cit.* pp. 10-15.
12. Irwin, *op. cit.* pp. 202-6; Tregonning, *op. cit.* pp. 16, 23.
13. Charles Brooke to Treacher, 6 April 1878, Overbeck to Treacher, 7 April 1878, Treacher to Earl of Derby, 17 April 1878, C. O. MS. 144/50.
14. Charles Brooke to Earl of Derby, 11 April 1878, and Pauncefote's minute on it, F. O. MS. 12/53; Marquess of Salisbury to Charles Brooke, C. O. MS. 144/51. See Irwin, op. cit. pp. 207-8.
15. Borneo Company minutes of Board Meetings of 16 June and 14 August 1878; Charles Brooke to Foreign Office, 10 December 1878, Colonial Office to Foreign Office, 9 February 1879, Foreign Office minute, 15 February 1879, F. O. MS. 12/52; Treacher to Marquess of Salisbury, 3 May 1879, Sultan of Brunei to Treacher, 18 May 1879, Marquess of Salisbury to Charles Brooke, 25 August 1879, Charles Brooke to Marquess of Salisbury, 29 August 1879, C. O. MS. 144/52.
16. Irwin, *op. cit.* pp. 210-12; Tregonning, *op. cit.* pp. 17-30.
17. Leys to Foreign Office, 18 January 1882, Charles Brooke to Leys, 13 June 1882, C. O. MS. 144/56; *Sarawak Gaz.* no. 204, 1 January 1883. 领土割让的文件直到1885年才签署，文本可参见*The Laws of Sarawak,1958*, VI, pp. 15-20。
18. Rajah Charles, letters dated 29 August and 3 December 1883.
19. *Foreign Office Confdential Papers, Affairs of Borneo and Sulu*, pt. Ⅷ (1885), no. 4, Rajah Brooke to Earl Granville, 4 January 1885, nos. 26-30, Treacher to Foreign Office, 22-28 December, 1884; Rajah Charles, series of letters to Treacher, written daily from 10-24 March 1885 and at irregular intervals till 5 May 1885; *Sarawak Gaz.* nos. 228 and 229 (3 January and 2 February 1885). *Laws of Sarawak*, 1958, VI, pp. 13-14. 这是将特鲁桑转给拉惹的文本。
20. Colonial Office to Foreign Office, 22 May 1885, C. O. MS. 144/60; *Sarawak Gaz.* no. 234 (1 July 1885).
21. Tregonning, *op. cit.* pp. 32-3, 39-40.
22. Baring-Gould and Bampfylde, *op. cit.* pp. 348-9; Tregonning, *op. cit.* pp. 33-4.
23. *Foreign Office, Affairs of Borneo*, pt. X (1887), no. 1, Leys to Earl of Iddesleigh, 23 November 1886.
24. *Ibid.* pp. 16-23, 34, British North Borneo Company to Foreign Office, 23 February 1887, draft answer to parliamentary question by Admiral Mayne, 28 February 1887; British North Borneo Company to Foreign Office, 9 March 1887, pp. 40-2, 71-2, Leys to Foreign Office, 13 and 22 March 1887, pp. 63-4, British North Borneo Company to Foreign Office, 23 April 1887, and Leys to Foreign Office, 25 April 1887, p. 109.
25. *Ibid.* pp. 105-17 and X, 2, pp. 1-114. 这里列出了外交部、殖民地部、拉

惹查尔斯、英属北婆罗洲公司、弗雷德里克·韦尔德爵士、利斯博士和戴维斯先生之间的所有信件往来。

26. *Ibid.* no. 146, p. 90, Rajah Brooke's memorandum on Protectorate, 27 October 1887, X, 3, no. 64, pp. 35–6, Foreign Office draft for Sarawak Protectorate, 3 May 1888, no. 85, pp. 57–8. Agreement as passed by Sarawak Council, 14 June 1888, no. 112, p. 72. Agreement returned counter-signed, 11 September 1888; *Sarawak Gaz.* no. 270 (2 July 1888), Rajah Charles, letter (thanking for G. C. M. G.) dated 22 June 1888.
27. Tregonning, *op. cit.* pp. 37–8; Baring-Gould and Bampfylde, *op. cit.* pp. 351–2.
28. *Foreign Office, Affairs of Borneo*, XIII, no. 59, pp. 57–8, Hamilton to Foreign Office, 12 December 1889.
29. Tregonning, *op. cit.* pp. 39–40; Maxwell Hall, *op. cit.* pp. 236–9; Rajah Charles, letter dated 16 January 1889.
30. *Foreign Office, Affairs of Borneo*, XI-XIII, no. 133, pp. 79–80, Hamilton to Lord Knutsford, 8 September 1888; Tregonning, *op. cit.* pp. 35–6, 38, 53; Baring-Gould and Bampfylde, *op. cit.* pp. 357–8, 368–70. 关于布鲁克顿管理方面的争议，参见 *Foreign Office: Brunei Confidential Despatches from the Secretary of State*, series of letters and despatches dated 8 June 1906, 6 and 13 November 1906, and 7 and 13 March 1907。拉惹在当地经营赌场的权利得到了瑞天咸爵士的支持，参见 Sir F. Swettenham, *ibid.* 21 September 1907 and 25 March 1914。关于归还这一区域给文莱，参见下文。
31. *Foreign Office, Affairs of Borneo*, XIV-XVI, 1889–90, no. 1, p. 1, Colonial Office to Trevethen, no. 32, pp. 19–20, Smith to Lord Knutsford (telegram) 4 April 1890, no. 41, p. 23, Rajah Brooke's proclamation, no. 55 pp. 32–46, papers forwarded by Dickson to Foreign Office concerning the whole question, no. 92, Foreign Office to Smith, 11 November 1890, no. 98 p. 86, Sultan of Brunei to Queen Victoria (telegram) 12 December 1890, and no. 102, reply to Sultan, 22 December 1890; Baring-Gould and Bampfylde, *op. cit.* pp. 352–6.
32. Tregonning, *op. cit.* pp. 41–2, 48.
33. *Sarawak Gaz.* nos. 336, 338 and 339 (2 January, 3 March and 2 April 1894); Tregonning, *op. cit.* pp. 49–55.
34. Rajah Charles, letters dated 11 April and 18 May 1900, and 17 February 1901; *Sarawak Gaz.* nos. 403 and 427 (1 August 1899 and I June 1901).
35. *Foreign Office, Affairs of Borneo*, XXVII (1903), Colonial Office to Foreign Office, 14 March 1903; Hewett to Foreign Office, 10 and 11 April, 7 and 25 June 1903, and reporting Rajah's offer, 12 August 1903; McArthur to Foreign Office, 9 August 1904.
36. *Ibid.* British North Borneo Company to Foreign Office, 25 October 1904; Foreign Office to British North Borneo Company, 30 November 1904. *Sarawak Gaz.* no. 469 (2 February 1905); Tregonning, *op. cit.* pp. 43–4.

Laws of Sarawak, 1958, VI, pp. 23–30 (text of the transfer).

37. Foreign Office, Affairs of Borneo, XXVIII, Conway Belfield to Foreign Office, 1 and 29 May 1905; Rajah Charles, letters dated 13 December 1904, 28 January, 26 February, 23 April, 26 May, 20 June and 25 July 1905. Laws of Sarawak, l958, VI, p. 31. "Tulin"是一种不带有主权性质的领土占有。
38. *Foreign Office, Affairs of Borneo*, XXVIII, McArthur to Foreign Office, 25 September, 10 and 29 November 1904; Rajah Charles, letter dated 29 November 1904.
39. *Foreign Office: Brunei, Confidential Despatches from Secretary of State*, copies of correspondence to date, 21 February 1906; Lord Elgin to Anderson, 19 October 1906; *Affairs of Borneo*, XXVIII, Swettenham to Colonial Office, 17 January 1905.
40. *Foreign Office: Brunei*, despatches from Brunei, dated 9 and 10 May and 27 August 1906.
41. *Ibid.*, correspondence between Foreign Office, Colonial Office and Treasury, summarised 5 July 1907, and notification to Sarawak and British North Borneo Company, dated 4 October 1907.
42. *Foreign Office, Affairs of Borneo*, XVII nos. 36 and 42, Inland Revenue to India Office, Foreign Office to Inland Revenue, 14 and 21 March 1888.
43. Ranee Margaret, *Good Morning and Good Night*, pp. 272–3, and MS. letter to Bampfylde, dated 11 September 1901; Rajah Charles, letters dated 18 October 1901, 27 January 1902 and 31 December 1911.
44. N. Denison, 'Journal of a Trip from Sarawak to Miri', *J. R. Asiat. Soc. Straits Series*, no. 10 (1883), entry dated 7 May 1872.
45. S. St John, letter quoted in Baring-Gould and Bampfylde, *op. cit.* p. 354, and his own *Rajah Brooke*, p. 216; Helms, letter quoted in Baring-Gould and Bampfylde, *op. cit.* pp. 410–11.

第十一章

1. General Council, *Proceedings* (1891), p. 15; Baring-Gould and Bampfylde, *History of Sarawak*, pp. 373–4. 班普菲尔德先生记录的"坐在扶手椅上"这句话在官方的演讲总结中被删掉了。
2. Baring-Gould and Bampfylde, *op. cit.* pp. 381–4. 1883年的收支情况，参见 *Sarawak Gaz.* no. 221, 6 June 1884。
3. Edmond Cotteau, *Quelques notes sur Sarawak, passim.*
4. 源于私人信息。
5. *Sarawak Gaz.* no. 582, 16 June 1911. See also Aikman, *Episodes from Sarawak History* (unpublished), Episode VII. 对于法院的批评，R. S. 道格拉斯在1911年7月17日写给秘书处的一封信中抱怨，普通法院中仍有很多涉及华人的案件。
6. F. 多明戈·德·罗萨里奥，生于1843年，卒于1924年。拉妮玛格丽特在她的书中称其为"明戈"（Mingo），参见 *My Life in Sarawak*, pp. 215–36。

7. Report from C. W. Daubeny, Baram Division, dated 2 August 1886.
8. 堡垒的名单参见 *Outlines of Sarawak History*, pp. 30–2。
9. Order Book, p. 238.
10. Letter from Gerard Fiennes, dated 10 May 1887.
11. Order Book, *passim*, esp. pp. 36, 40, 74, 254.
12. Order Book, p. 41.
13. Letter from Gerard Fiennes, dated 10 May 1887.
14. *Sarawak Gaz.* nos. 85–92, autumn of 1874, no. 132, 26 June 1877, no. 270, 2 July 1888, no. 437, 1 June 1902. See also Ranee Margaret, *My Life in Sarawak*, pp. 176–83.
15. *Sarawak Gaz.* no. 286, 1 November 1889. 古晋直到1872年才成为这座城的官方名称，此前它在官方文件中被称为沙捞越。参见 *Sarawak Gaz.* no. 1067, 10 October 1942。
16. Baring-Gould and Bampfylde, *op. cit.* pp. 420–2; *Sarawak Gaz.* no. 1099, 7 October 1949. 拿汀伊萨主要出现在拉妮玛格丽特的著作中。
17. Letter from Gerard Fiennes, dated 16 August 1887.
18. Order dated 12 May 1901.
19. *Rajah Brooke and Baroness Burdett-Coutts*, p. 189. 1864年8月，拉惹报告了一项鼓励华人种植胡椒的计划，参见 *ibid.* p. 229。
20. Helms, *Pioneering in the Far East*, p. 253; Order Book, pp. 85–6, Order dated 1873. Ju K'ang T'ien, *The Chinese of Sarawak*, Appendix 1 (not published), *passim*.
21. Ju K'ang T'ien, *loc. cit.*; Order Book, p. 236, Order dated 11 November 1880.
22. Agreement Book, agreements dated 9 July 1900 and 5 March 1910. 源于私人信息。
23. See Orders, dated 1871, 1893, and Sarawak Supreme Court Law Reports, 1947, pp. 1–5, 1948, pp. 6–9, 1950, pp. 1–2, 17–22. 有个叫"兰花"的秘密社团在1906年被发现并遭到取缔，参见 *Sarawak Gaz.* no. 486, 2 July 1906。
24. See series of Orders on Indian Immigration, dated 1896.
25. Rajah Charles, letters dated 2 March 1890, 6 and 9 September 1897.
26. Rajah Charles, letters dated 27 December 1899, 10 July 1901, 8 July 1902, 5 December 1904; Sharp, *The Wings of the Morning*, *passim*.
27. Rajah Charles, letters dated 9 October and 20 November 1892, 4 June 1898, and 20 February 1908; Sharp, *loc. cit.*
28. Rajah Charles, letters dated 6 May 1907, 20 December 1909, 24 January 1910, 1 October 1913.
29. Eda Green, *Borneo*, pp. 123–45; Baring-Gould and Bampfylde, *op. cit.* pp. 446–8.
30. Rajah Charles, letters dated 13 August 1880, 2 February 1883; St John, *Life in the Forests of the Far East*, II, pp. 365–70 (the history of Fr Cuateron);

Baring-Gould and Bampfylde, *op. cit.* pp. 448-9. 关于天主教在婆罗洲的早期传教史，参见 P. Aichner, 'Pioneer Priests', *Sarawak Mus. J.* VI, 6 (new series), p. 510。

31. Baring-Gould and Bampfylde, *op. cit.* p. 449.
32. Quoted in De Windt, *My Restless Life*, p. 57.
33. Rajah Charles of Sarawak, *Queries*; *Past, Present and Future*, p. 4; letter dated 5 August 1909.
34. *Sarawak Gaz.* no. 249 (1 October 1886); Green, *op. cit.* pp. 119–20; Order Book, p. 270; Baring-Gould and Bampfylde, *op. cit.* pp. 441–2.
35. *Sarawak Gaz.* no. 210 (2 July 1883), no. 442 (1 November 1902); Baring-Gould and Bampfylde, *loc. cit.*
36. Order Book, p. 72; Green, *op. cit.* p. 125; Baring-Gould and Bampfylde, *op. cit.* pp. 399–400. Sarawak Gaz. no. 344 (1 September 1894)，此处提到"政府要在新蓄水池的地基里埋人头"的谣言所引发的恐慌。Rajah Charles, letter dated 14 June 1909. 源于私人信息。
37. *Sarawak Gaz.* no. 368 (1 September 1896).
38. *Sarawak Gaz.* no. 414 (2 July 1900). 他们在1897年计划架设与新加坡之间的跨海电报，参见Rajah Charles, letter dated November, 1897)。1908年初，与巴兰的电报开通。
39. Baring-Gould and Bampfylde, *op. cit.* pp. 428–9.
40. 拉惹的信件中有很多是写给家人，恳求他们减少开支的。1896年5月30日，他写信给拉妮，说她如果不能依靠3000英镑的年金和私人收入生活并抚养两个较小的儿子，他就只能辞职了。
41. Baring-Gould and Bampfylde, *op. cit.* pp. 429–38; Aikman, *Episodes in Sarawak History*, Episode VIII, Economics.
42. Baring-Gould and Bampfylde, *op. cit.* pp. 426–8; Longhurst, *Borneo Story*, pp. 56–64.
43. Rajah Charles, letters dated 6 May 1891 and 17 April 1897; *Sarawak Gaz.* nos. 561 (1 August 1910), 576 (16 March 1911) and 657 (1 August 1914). 关于油田的早期历史，参见C. Hose, *Fifiy Years of Romance and Research*, pp. 232 ff.。

第十二章

1. 1921年，J. C. 莫尔顿先生（时任新加坡莱佛士博物馆馆长，后担任沙捞越辅政司）获准查看拉惹查尔斯的文章，以撰写他的传记（*Sarawak Gaz.* no. 817, 1 October 1921），他似乎没做出什么成果。
2. Rajah Charles, letters dated 6 August 1880, 13 April 1908, and (about the Band) 28 May 1890, 28 July 1894, 16 December 1896, 22 May 1910. 他在1888年9月为乐团制定规章。
3. Rajah Charles, letters dated 4 February 1893, 8 September 1896, 11

November 1899 (about the Museum, which was opened in 1897), 21 November 1894; *Sarawak Gaz.* no. 676 (16 May 1915); Ranee Sylvia, *Three White Rajahs*, p. 77.
4. Rajah Charles, letters dated 3 March 1898, 14 December 1900, 9 September 1910, 15 June 1911, 18 April 1914. 源于私人信息。
5. 源于私人信息。
6. Order Book, pp. 65, 97. 源于私人信息。
7. 源于私人信息。
8. See Ranee Margaret, *Good Morning and Good Night*, *passim*.
9. Rajah Charles, letters dated 18 October 1906, October 1912, 13 March 1913; Gerard Fiennes, letters dated 10 May and 8 July 1887.
10. 拉惹查尔斯的很多信中都有对儿子的斥责，尤其是1912—1914年的信，比如上文引用的1912年10月的信，以及1912年6月10日和1913年2月5日的信。See also Ranee Sylvia, *Sylvia of Sarawak*, pp. 177–82.
11. Ranee Sylvia, *Three White Rajahs*, pp. 95, 110; Dayang Muda of Sarawak, *Relations and Complications*, p. 123.
12. 哈里·凯帕尔·布鲁克生于1879年，后与多萝西·克雷格（Dorothy Craig）结婚，1926年因长期的疾病而去世，留下一个儿子。
13. Rajah Charles, letters dated 2 February 1903, 9 December 1903. 布鲁克家族随后起诉了博蒂先生，后者被判处10年监禁。他似乎只是愚蠢，而非不诚实。他的伙伴贝利先生曾是公司的顶梁柱，后来却发疯了，于是被送进精神病院（该信息由丽贝卡·韦斯特女爵提供，她的亲戚是博蒂先生的客户）。
14. Baring-Gould and Bampfylde, *History of Sarawak*, pp. 387–90; *Sarawak Gaz.* no. 341 (1 June 1894), no. 438 (1 July 1902), no. 447 (1 April 1903), no. 463 (2 August 1904), no. 497 (5 June 1907); Rajah Charles, letters dated 11 August 1896, 14 August 1897, 3 October 1897, 13 May 1902, 16 June 1904 (giving instructions about the order of march).
15. *Outlines of Sarawak History*, p. 17; *Sarawak Gaz.* no. 517 (10 August 1908) and no. 529 (1 April 1909).
16. Letter book at Simanggang, *passim*.
17. Baring-Gould and Bampfylde, *op. cit.* p. 359; *Sarawak Gaz.* no. 413 (1 June 1900). 源于私人信息。
18. *Sarawak Gaz.* no. 672 (16 March 1915).
19. Rajah Charles, letters dated 18 September and 5 November 1915.
20. *Sarawak Gaz.* no. 706 (2 October 1916). *Ibid.* no. 722 (1 June 1917); Dayang Muda, *Relations and Complications*, pp. 148–9. 拉惹最终在1919年6月12日葬于希普斯图的教堂墓园，挨着他的舅舅詹姆斯。墓碑上的出生日期写错了，应该是1828年，而不是1829年。
21. Rajah Charles, letter dated 12 June 1888. 在一封1903年9月28日的信中，他告诉一个英国记者，如果让他投票，他会选自由党。Gerard Fiennes, letter dated 10 May 1887.

22. Rajah Charles, *Queries, Past, Present and Future*, pp. 4-7, 12-14; De Windt, *My Restless Life*, pp. 57-8. 此处引述了拉惹接受采访时的发言。源于私人信息。
23. Dayang Muda, *op. cit.* p. 117.

第十三章

1. *Sarawak Gaz.* nos. 722, 727, 746, 750 (1 June, 16 August 1917, 4 June, 1 August 1918). Ranee Sylvia, *Sylvia of Sarawak*, pp. 231-8.
2. *The Facts about Sarawak*, pp. 21-7. 这本小册子在 1946 年以前任王储安东尼·布鲁克的名义出版，虽然它明显意在引起争论，但也准确地提供了许多相关文件。拉惹的就职誓言见于 *ibid.* pp. 28-9。
3. 源于私人信息。
4. 拉妮西尔维娅出版了两本关于沙捞越的书，分别是《沙捞越的西尔维娅》（1936）和《三位白人拉惹》（1939）。
5. 这些年的总体发展情况可参见《沙捞越公报》。源于私人信息。
6. 历年的相关数据可查阅《惠特克年鉴》(*Whitaker's Almanack*)。See also Aikman, *Episodes in Sarawak History*, Episode VIII, *passim*.
7. 通常可参考《沙捞越公报》。
8. *Sarawak Gaz.* nos. 893 and 895 (1 February and 2 April 1928).
9. Compton Mackenzie, *Realms of Silver*, pp. 266-7.
10. *Outlines of Sarawak History*, p. 26.
11. 'Report on living conditions in Sarawak', submitted to the Colonial Office, 28 April 1928.
12. 在1934年录用的很多官员是第一批通过选拔考试的。源于私人信息。
13. *Sarawak Gaz.* no. 813 (1 March 1921).
14. Ranee Sylvia, *Sylvia of Sarawak*, p. 270.
15. *Sarawak Gaz.* no. 977 (1 February 1935).
16. E. Mjöberg, *Durch die Insel der Kopfjäger*, *passim*, esp. chs. 24 and 26. See also R. Nicholl, 'Quis curabit ipsos Curatores' in *Sarawak Museum Gazette*, VIII, 10 (new series), pp. 1-7.
17. 源于私人信息。
18. *Sarawak Gaz.* nos. 744 (2 May 1918), 815 (1 August 1921), 816 (1 September 1921), 859 (1 April 1925).
19. *Ibid.* nos. 853 (1 October 1924), 938 (2 November 1931).
20. *Ibid.* nos. 840 (3 September 1923), 915 (2 December 1929).
21. See Aikman, *Episodes in Sarawak History*, Episode VII, *passim*.
22. *Sarawak Gaz.* nos. 839 and 879 (1 August 1923 and 1 December 1926), no. 672 (3 March 1915); *Outlines of Sarawak History*, pp. 23, 25-6.
23. *Sarawak Gaz.* no. 800 (1 September 1920); *Outlines of Sarawak History*, p. 24.
24. *Sarawak Gazette*, nos. 854 and 855 (3 November and 1 December 1924); *Outlines of Sarawak History*, pp. 24-5.
25. *Sarawak Gaz.* no. 1185 (30 November 1956). 他在去世的数月前用磁带录

制了两份关于回忆的录音。
26. *Ibid*. no. 746 (1 February 1932); *Outlines of Sarawak History*, p. 26. 1933年底，亚新获准搬去古晋，但只能在河左岸居住。
27. *Sarawak Gaz*. no. 977 (1 February 1935); *Outlines of Sarawak History*, pp. 27–8.
28. *Sarawak Gaz*. no. 942 (3 March 1932).
29. *Ibid*. no. 901 (1 October 1928).
30. *Ibid*. nos. 936 and 942 (1 September 1931 and 3 March 1932).
31. *Ibid*. no. 999 (1 December 1936).
32. *Ibid*. no. 1002 (1 March 1937).
33. *Ibid*. nos. 1004 and 1012 (1 May 1937 and 3 January 1938).
34. 研究文莱经济的稳步增长，可参考《惠特克年鉴》每年刊出的数据。从20世纪30年代中期开始，石油的开采和出口量突然增长。

第十四章

1. 安东尼·布鲁克出生于1912年12月10日。他名字的正确拼法是"Anthoni"，这是布鲁克家族的传统拼法，但后来改成了更常见的形式。关于拉惹查尔斯对二儿子一家的偏爱，参见Dayang Muda, *Relations and Complications*, p. 134。
2. Sarawak Gaz. nos. 1027 and 1028 (1 April and 1 May 1939).
3. 私人书信，源于私人信息。See also Sarawak Gaz. nos. 1030 and 1031 (1 July and 1 August 1939).
4. Proclamation dated 17 January 1940. 源于私人信息。
5. 源于私人信息。See O. Rutter, *Triumphant Pilgrimage*.
6. *Sarawak Gaz*. nos. 1042, 1043, 1049 and 1050 (1 July and 1 August 1940, 1 February and 7 March 1941). 到1940年8月1日，沙捞越已经给了184.8619万元，1941年初又给了100万元。
7. 这份财务协定刊载于《关于沙捞越的事实》(*The Facts about Sarawak*)。
8. 私人书信。Sarawak Gaz. no. 1051 (1 April 1941).
9. 周年庆典的完整节目单参见Sarawak Gaz. no. 1057 (15 September 1941)。庆典的一份彩色录像在日占时期幸存下来，只有一卷胶卷遗失。
10. 该宪法在1941年9月24日颁布实施。
11. 英国政府和拉惹会同委员会之间的协议（重刊于《关于沙捞越的事实》，第42—43页）于1941年11月22日在新加坡签署。海峡殖民地总督作为马来联邦的长官代表英国政府签字。See Aikman, *Episodes in Sarawak History*, Episode X.
12. See *ibid*. Episode IX.
13. Sarawak Gaz. no. 1059 (1 November 1941). 源于私人信息。
14. Sarawak Gaz. no. 1061 (1 December 1941).
15. 源于私人信息，包括参与者的记述。这里有一份概述，参见A. E. Percival, *The War in Malaya*, pp. 165–75。
16. 源于私人信息。

17. *The Sarawak Gaz.* no. 1109 (10 August 1950). 此处包含一篇纪实长文，讲述了战俘营的历史和环境。一份真实性存疑但文笔不错的对女战俘营生活的记录，参见 Agnes Keith, *Three Came Home*。源于私人信息。
18. 源于私人信息。See also T. Harrisson, 'The Chinese in Borneo 1942-5', *International Affairs* (July 1950).
19. 这里有一份对游击战的生动完整的记录，作者是领导者之一，参见 Tom Harrisson, *World Within*。
20. *Ibid.* pp. 305 ff.. 此处从个人视角描述战争的结束。源于私人信息。
21. 针对战时损失的财政安排，参见 *Sarawak Gaz.* no. 1095 (7 June 1949)，此处有一些关于损坏程度的记录。关于流亡政府，参见 *The Facts about Sarawak*, pp. 4-6。
22. 源于私人信息。
23. See *Hansard*, House of Commons, 6 February 1946. 大量有关的信件可见于 *The Facts about Sarawak*, pp. 65-76。
24. 参见上文。
25. 他们在关于领土转让的讨论和争辩中提到过这些理由。
26. F. Swettenham, *British Malaya*, pp. 344-5; *Rajah Brooke and Baroness Burdett-Coutts*, p. 185.
27. See *The Facts about Sarawak*, pp. 10-11, 77-8.
28. 拉惹在1946年2月6日发表的声明的内容可参见 *ibid.* pp. 78-9。
29. *Hansard*, House of Commons, *loc. cit.*
30. *Hansard*, House of Commons, 27 March 1946. See *The Facts about Sarawak*, pp. 55-6.
31. *Hansard*, 15 May 1936. 甘曼斯先生的文章刊载于1946年6月2日的《星期日泰晤士报》(*Sunday Times*)。
32. 国民议会上针对领土转让的演说和投票情况完整地记录在 Sarawak Gaz. no. 1062 (2 September 1946). 支持二读的有7个欧洲人、1个欧亚混血儿、2个华人和9个马来人及达雅克人（即宪法中定义的"原住民"）。反对的有3个欧洲人、1个印度人和12个"原住民"。See also *Hansard*, House of Commons, 22 May 1946, and a letter by Mr F. H. Pollard to The Times, 2 July 1946.
33. *Hansard*, House of Commons, 26 June 1946.
34. Order in Council, 26 June 1946. 根据这份枢密令，沙捞越不是被"转让"给英国的，而是被"并入"英国的。

后　记

1. *Hansard*, House of Commons, 18 December 1946.
2. *Sarawak Gaz.* nos. 1101 and 1102 (7 December 1949 and 1 January 1950).
3. *Ibid.* nos. 1115, 1116 and 1119 (10 February, 10 March and 12 June 1951). 马来人和达雅克人联盟对安东尼·布鲁克回应称，他们不会放弃恢复布鲁克家族统治的目标，但不会再举行示威游行了。

参考文献

I. 官方文献

公共档案馆：
 Colonial Office Records, 144–6, 352, 404, 434, 487 (Labuan).
 Foreign Office Records, 12/1–86; 37/421, 450, 487–8; 93/16; 97/249, 251, 253–4.

英国外交部机密文件：
 Affairs of Borneo and Sulu, 1885–90.
 Affairs of Borneo, 1903–5.
 Brunei: Confidential Dispatches from Secretary of State 1906–14.
 Despatches from Brunei, 1906.

Report on Living Conditions in Sarawak, submitted to the Colonial Office, Secretary of State, 1928.

Hansard, *British Parliamentary Debates*.

British Parliamentary Papers, XXX(1842), XLII(1847–8), XVII and LVI(1849), X, XXII, XXXII and LV(1850), XXXII, XXXVI and LVI(1851), XXXI(1852), LXI(1852–3), XLII(1854), XXIX(1854–5), XLII(1872), LXXVI(1878–9), LXXXI(1882), LII(1887), LXXIII(1888), XCV(1892).

A Selection from Papers relating to Borneo, printed for the use of the Government Offices, London, 1846 (compiled by H. Wise).

沙捞越政府：
 General Council, Minutes, 1867–1927.
 Supreme Court Reports, 1928–51.
 Rajah James, Letter-book, 1845–51(MS.)(incomplete).
 Rajah Charles, Letter-book, 1880–1915(MS.).
 Letter-books from out-stations, miscellaneous (MS.).
 Order books and various letters and documents lodged in Sarawak Museum.
 The Laws of Sarawak, 1958, VI, Kuching, 1958.

Borneo Company Minutes.

II. 其他已出版文献

Aichner, P. 'Pioneer Priests, A. D. 1688', *Sarawak Mus. J.* VI, 6(new series), 1955.

Aikman, R. G. *Episodes in Sarawak History*. Broadcast talks issued in typescript by the British Council, Kuching.

——'Melanaus', *Sarawak Gaz.* no. 1210 (31 December 1958).

Allison, A. *How the Church Mission People are treated in the East*, Singapore, 1898.

——*The Real Pirates of Borneo*, Singapore, 1898.

Arnold, G. *Longhouse and Jungle*, London, 1959.

Banks, E. 'Ancient Times in Borneo', *J. R. Asiat. Soc. Malay Branch*, XX, 2, 1947.

——'The Natives of Sarawak', *J. R. Asiat. Soc. Malay Branch*, XVII, 2, 1940.

Baring-Gould, S. and C. A. Bampfylde, *A History of Sarawak under its Two White Rajahs*, London, 1909.

Barthema, Ludovico de, *The Travels of Ludovico de Barthema*, trans. Jones and Badger, Hakluyt Society, London, 1863.

Bastin, J. 'Raffes and British Policy in the Indian Archipelago', *J. R. Asiat. Soc. Malay Branch*, May 1954.

Beccari, O. *Wanderings in the Great Forests of Borneo*, trans. E. H. Giglioli, London, 1904。

Beekman, D. *A Voyage to and from the Island of Borneo in the East-Indies*, London, 1718.

Belcher, E. *Narrative of the Voyage of H. M. S. Samarang, During the Years 1843-46*, 2 vols. , London, 1851.

Bewsher, R. A. 'The Bisaya Group', *Sarawak Gaz.* no. 1012 (31 December 1958).

The Borneo Question, compiled from the *Singapore Free Press* and other sources, Singapore, 1854.

Boxer, C. R. *South China in the Sixteenth Century*, Hakluyt Society, 2nd series, CVI, London, 1953.

Boyle, F. *Adventures among the Dyaks of Borneo*, London, 1865.

Braddell, R. 'P'o-li in Borneo', *Sarawak Mus. J.* V, 1 (new series), Kuching, 1949.

Brooke, C. (Rajah of Sarawak). *Queries, Past, Present and Future*, London, 1907.

——*Ten Years in Sarawak*, 2 vols. , London, 1866.

Brooke, G. *see* Sarawak, Dayang Muda of.

Brooke, J. (Rajah of Sarawak). 'Expedition to Borneo', *J. R. Geogr. Soc.* 1838.

——*A Letter from Borneo, with Notices of the Country and its Inhabitants*, London, 1842.

——*Statement relative to Sarawak*, London, 1863.

——*A Vindication of his Character and Proceedings*, London, 1853.

Also see Keppel, Mundy, Templer and Rutter.

Brooke, J. Brooke, *A Statement regarding Sarawak*, London, 1863.

Brooke, M. *See* Sarawak, Ranee Margaret of.

Brooke, S. *See* Sarawak, Ranee Sylvia of.

Bunyon, C. J. *Memoirs of Francis Thomas McDougall and Harriette his Wife*, London, 1889.

Burns, R. 'The Kayans of the North-West of Borneo', *J. Indian Archipelago*, 1849.

Callaghan, J. M. *American Relations in the Pacific and the Far East, 1784–1900*, Baltimore, 1901.

Cammann, S. 'Chinese Carvings in Hombill Ivory', *Sarawak Mus. J.* V, 3 (new series), 1951.

Chamerovzow, L. A. *Borneo Facts versus Borneo Fallacies*, London, 1851.

Chiang Liu, 'Chinese Pioneers, A. D 1900', *Sarawak Mus. J.* VI, 6 (new series), 1955.

Collingwood, C. *Rambles of a Naturalist*, London, 1868.

Cook, O. *Borneo, the Stealer of Hearts*, London, 1924.

Cotteau, E. *Quelques Notes sur Sarawak (Bornéo)*, Paris, 1886.

Crawfurd, J, *A Descriptive Dictionary of the Indian Islands and Adjacent Countries*, London, 1856.

——*History of the Indian Archipelago*, 3 vols., London, 1820.

Dalton, C. *Men of Malaya*, London, 1942.

Denison, N. *Jottings made during a Tour amongst the Land Dyaks of Sarawak*, Singapore, 1879.

——'Journal of a Trip from Sarawak to Meri', *J. R. Asiat. Soc. Malay Branch*, no. 10, 1883.

De Windt, H. *My Restless Life*, London, 1909.

Drake Brockman, J. F. 'The Land Dayak', *Sarawak Gaz*, no. 1206 (31 August 1958).

Earl, G. W. *The Eastern Seas*, London, 1837.

Everett, A. H. 'Notes on the Distribution of the useful Minerals in Sarawak', *J. R. Asiat. Soc. Straits Branch*, I, 1878.

Fisher, J. C. B. 'Sarawak Postal History', *Sarawak Mus. J.* VIII, 10 (new series), 1957.

Foggo, G. *Adventures of Sir James Brooke, K. C. B., Rajah of Sarawak*, London, 1853.

Forrest, T. *Account of North Borneo*, London, 1776.

Foster, W. *England's Quest of Eastern Trade*, London, 1933.

Freeman, J. D. *Iban Agriculture*, London, 1955.

——*Report on the Iban of Sarawak*, Kuching, 1955.

Geddes, W. R. *Nine Dayak Nights*, Melbourne/Oxford, 1957.

——*The Land Dayaks of Sarawak*, London, 1954.

Gibson-Hill, C. A. 'John Clunies Ross and Alexander Hare, Merchant', *J. R. Asiat. Soc. Malay Branch*, XXV, 4 and 5, 1952.

Gladstone, W. E. 'Piracy in Borneo and the Operations of July, 1849', *Contemporary Rev.* 1877.

Gomes, E. H. *Seventeen Years among the Sea Dyaks of Borneo*, London, 1911.

Green, E. *Borneo, the Land of River and Palm*, Westminster, 1912.

Grey, Earl, *The Colonial Policy of Lord John Russell's Administration*, 2 vols., London, 1853.

Groenveldt, W. P. *Essays relating to Indo-China*, 2nd series, 2 vols., London, 1887.

——*Notes on the Malay Archipelago and Malacca compiled from Chinese Sources*, Batavia/The Hague, 1876.

Gueritz, E. P. 'British Borneo', *Proc. Royal Colonial Institute*, XXIX, 1897–8.

Haddon, A. C. *Head-hunters, Black, White and Brown*, London, 1901.

Hahn, E. *James Brooke of Sarawak*, London, 1953.

Hall, J. Maxwell, *Labuan Story*, Jesselton, 1958.

——*Makan Siap: Table tales of North Borneo*, Singapore, 1950.

Hansford, G. E. and Noble, L. A. *Sarawak and her Stamps*, London, 1935.

Harlow, V. T. 'Early British Pioneers in Borneo', *Sarawak Mus. J.* VI, 6 (new series), 1955.

——*The Founding of the Second British Empire*, vol. I, London, 1952.

Harrisson, T. *Borneo Jungle*, London, 1938.

——'"Export Wares" found in West Borneo', *Oriental Art*, V, 2 (new series), 1959.

——'Indian Pioneers in Borneo: c. 500 a. d. on,' *Sarawak Mus. J.* VI, 6 (new series), 1955.

——'Robert Burns: the First Ethnologist and Explorer of Interior Sarawak', *Sarawak Mus. J.* V, 3 (new series), 1951.

Harrisson, T. 'The Caves of Niah: A History of Prehistory', *Sarawak Mus. J.* VIII, 12 (new series), 1958.

——'The Chinese in Borneo, 1942–5', *International Affairs*, July 1950.

——'The First British Pioneer-Author in Borneo', *Sarawak Mus. J.* VI, 6, 1955.

——'The Great Cave of Niah', *Man*, LVII, 1957.

——'The Kelabits and Muruts', *Sarawak Gaz.* no. 1208 (31 October 1958).

——*World Within*, London, 1959.

Helms, L. V. *Pioneering in the Far East*, London, 1882.

Hornaday, W. T. *Two Years in the Jungle*, London, 1885.

Hose, C. *Fifty Years of Romance and Research*, London, 1928.

——*Natural Man: A Record from Borneo*, London, 1926.

——*The Field-Book of a jungle Wallah*, London, 1929.

Hughes-Hallett, H. R. 'A Sketch of the History of Brunei', *J. R. Asiat. Soc. Malay Branch*, XVIII, 2, 1940.

Hume, J. *A Letter to the Right Honourable the Earl of Malmesbury, relative to the Proceedings of Sir James Brooke, K. C. B., etc., in Borneo*, London, 1853.

Hunt, J. 'Sketch of Borneo, or Pulo Kalamantan', *Malayan Miscellanies*, I, 8, Bencoolen, 1820, reprinted in Keppel, *Expedition to Borneo* (see below).

Ireland, A. *The Far Eastern Tropics*, London, 1905.

Irwin, G. *Nineteenth-century Borneo:A Study in Diplomatic Rivalry*, The Hague, 1955.

Jacob, G. L. *The Raja of Sarawak*, 2 vols., London, 1876.

Ju-K'ang T'ien, *The Chinese of Sarawak*, London School of Economics Monographs on Social Anthropology, no. 12, London, 1953 .

Keith, A. *Three Came Home*, London, 1948.

Keppel, H. *A Sailor's Life under Four Sovereigns*, 3 vols., London, 1899.

——*A Visit to the Indian Archipelago in H. M. Ship Maeander, with Portions of the Private Journal of Sir James Brooke*, K. C. B. , 2 vols., London, 1853.

——*The Expedition to Borneo of H. M. S. Dido for the Suppression of Piracy: with Extracts from the Journal of James Brooke, Esq.*, 2 vols. , London, 1846.

Lawrence, A. E. 'Stories of the First Brunei conquests on the Sarawak Coast', *Sarawak Mu*s. *J.* I, 1(new series),1911.

Lindsay, H. H. *The Eastern Archipelago Company and Sir James Brooke*, London, n. d. (1854?).

Ling Roth, H. *The Natives of Sarawak and British North Borneo*, 2 vols., London, 1896.

Lobscheid, W. *The Religion of the Dyaks*, Hong Kong, 1866.

Logan, J. R. *Journal of the Indian Archipelago*, 2 vols., Singapore, 1848.

Longhurst, H. C. *The Borneo Story*, London, 1957.

Low, H. *Sarawak*, London, 1848.

——'Sĕlĕsīlah (Book of the Descent) of the Rajas of Brunei', *J. R. Asiat. Soc. Straits Branch*, V, 1880.

MacDonald, M. *Borneo People*, London, 1956.

McDougall, Mrs (H.). *Letters from Sarawak, addressed to a Child*, London, 1854.

——*Sketches of our Life at Sarawak*, London, n. d. (1882?).

Mackenzie, C. *Realms of Silver*, London, 1953.

Magellan, *The First Voyage round the World, by Magellan*, ed. Lord Stanley of Alderley, Hakluyt Society, London, 1874 (including accounts by Anonymous Portuguese, Pigafetta, Maximilian the Treasurer and Francisco Alvo).

Marryat, F. S. *Borneo and the Indian Archipelago*, London, 1848.

Maxwell W. G. and Gibson, W. S. *Treaties and Engagements afecting the Malay States and Borneo*, London, 1924.

Mjöberg, E. *Durch die Insel der Kopfjäger:Abenteuer im Innern von Borneo*, Brockhaus/Leipzig, 1929.

Moorhead, F. J. *History of Malaya*, London, 1957.

Morrison, H. *Sarawak*, London, 1957.

Moulton, J. C. 'A Hindu Image from Sarawak', *J. R. Asiat. Soc. Malay Branch*, LXXXV, 1922.

'Mr Brooke and Borneo', *Colonial Church Chronicle and Missionary Journal*, November 1847.

Mundy, R. *Narrative of Events in Borneo and Celebes, down to the Occupation of Labuan:from the Journals of James Brooke, Esq., Rajah of Sarawak, and Governor of Labuan*, 2 vols., London, 1848.

Nicholl, R. 'Quis Curabit Ipsos Curatores?', *Sarawak Mus. J.* VIII, 10 (new series), 1957.

Noakes, J. L. *A Report on the 1947 Population Census*, Kuching/London, 1950.

Noble, J. *Notes sur Bornéo*, Coulommières, 1921.

North, M. *Recollections of a Happy Life*, London, 1892.

Outlines of Sarawak History under the Brooke Rajahs,1839–1946, compiled by A. B. Ward and D. C. White, Kuching, n. d.

Outram, R. 'Sarawak Chinese', *Sarawak Gaz.* no. 1213(31 March 1959).

Parkinson, C. N. *Trade in the Eastern Seas* (1793–1823), Cambridge, 1937.

Percival, A. E. *The War in Malaya*, London, 1949.

Pfeiffer, I. *A Lady's Second Journey round the World*, London, 1855.

Pires, *The Suma Oriental of Tomé Pires*, ed. A. Cortesão, Hakluyt Society, London, 1944.

Posewitz, T. *Borneo*, Berlin, 1889.

Raffles, Lady, *Memoir of the Life and Public Services of Sir Thomas Stamford Raffes, F. R. S.*, London, 1830.

Rajah Brooke and Baroness Burdett-Coutts, Letters, ed. O. Rutter, London, 1935.

Rajah Brooke and Borneo, London, 1850.

Rajahate of Sarawak, Brighton, 1875.

Richards, A. J. N. 'Sea Dayaks—Ibans', *Sarawak Gaz.* no.1205(31 July 1958).

Roff, W. J. 'Mr T. Wallage, Commanding H. S. Str. *Nemesi*s', *Sarawak Mus. J.* VI, 4 (new series), 1954.

Ross, J. D. *Sixty Years:Life and Adventures in the Far East*, 2 vols., London, 1911.

Rutter, O. *British North Borneo*, London, 1922.

——*The Pirate Wind*, London, 1930.

——*Triumphant Pilgrimage*, London, 1937.

St John, S. *The Malay Archipelago: its History and Present*, London, 1853.

St John, S. *Life in the Forests of the Far East*, 2 vols., London 1863.

——*Life of Sir James Brooke, Rajah of Sarawak*, Edinburgh, 1879.

——*Rajah Brooke:An Englishman as Ruler of an Eastern State*, London, 1899.

Sandin, B. 'Iban Movements: From the Deluge', and 'The Sea Dayak Migration to Niah River', *Sarawak Mus. J.* VIII, 10 (new series), 1957.

Sarawak, Dayang Muda of (G. Brooke), *Relations and Complications*, London,

1929.

The Sarawak Gazette, 1870–1941, 1946– .

Sarawak, Ranee Margaret of (M. Brooke), *Good Morning and Good Night*, London, 1934.

——*My Life in Sarawak*, London, 1913.

Sarawak, Ranee Sylvia of (S. Brooke), *Sylvia of Sarawak:An Autobiography*, London, 1936.

——*The Three White Rajahs*, London, 1939.

'Scrutator', *Borneo Revelations*, Singapore, n. d.

Sharp, A. F. *The Wings of the Morning*, London, 1954.

Shelford, R. W. C. *A Naturalist in Borneo*, London, 1916.

Smythies, B. E. 'Dr A. W. Nieuwenhuis—"A Borneo Livingstone"', *Sarawak Mus. J.* VI, 6 (new series).

Southwell, C. H. 'The Up-river People—Kayans and Kenyahs', *Sarawak Gaz.* no. 1207 (30 September 1958).

Swettenham, F. *British Malaya*, London, 1906.

Templer J. C. (ed.), *The Private Letters of Sir James Brooke, K. C. B., Rajah of Sarawak*, 3 vols., London, 1853.

The Facts about Borneo, London, 1946.

Treacher, W. H. 'British Borneo: Sketches of Brunei, Sarawak, Labuan and North Borneo', *J. R. Asiat. Soc. Straits Branch*, XX and XXI, 1889–90.

——'The Genealogy of the Royal Family of Brunei', *J. R. Asiat. Soc. Straits Branch*, XV, 1885.

Tregonning, K. G. *Under Chartered Company Rule (North Borneo 1881–1946)*, Singapore, 1958.

Turner, G. C. 'Bishop McDougall and his wife Harriette: Some personal Records', *Borneo Chronicle*, Centenary number, May 1955.

Urquhart, I. A. N. 'Nomadic Punans and Pennans', *Sarawak Gaz.* no. 1209 (30 November 1958).

Varthema, Ludovico de, *see* Barthema.

Vella, W. F. *Siam under Rama III, 1824–1851*, Locust Valley, New York, 1957.

Wallace, A. R. *My Life*, 2 vols., London, 1905.

——*The Malay Archipelago*, London, 1869.

Winstedt, R. D. 'History of Malaya', *J. R. Asiat. Soc. Malay Branch*, XIII, 1, 1935.

'W. N.' *Borneo: Remarks on a Recent 'Naval Execution'*, London, 1850.

Yusof Shibli, M. 'The Descent of some Kuching Malays', *Sarawak Mus. J.* V, 2 (new series), 1950.

出版后记

英国历史学家史蒂文·朗西曼留下了众多传世佳作，而《布鲁克王朝》是其中较为特殊的一部。这位毕生致力于拜占庭与中世纪研究的学者将目光投向了近代的东南亚地区，从而发掘了一个英国家族在沙捞越的传奇经历。

1841年，英国冒险家詹姆斯·布鲁克因帮助文莱苏丹平定叛乱而获得"拉惹"头衔，成为婆罗洲西北部沙捞越地区的统治者，也开创了传承三代、历时百年的布鲁克王朝。朗西曼写作此书距布鲁克王朝终结不过十余年，因此可供参考的官方、私人文献相当丰富，包括布鲁克家族后裔在内的历史见证者也提供了弥足珍贵的信息，使该政权的面貌得到了生动、翔实的呈现。

《布鲁克王朝》不仅记述了布鲁克家族的兴衰，更描绘了全球化背景下的族群互动与文明交流，对了解沙捞越乃至整个东南亚地区的近代化历程有着重要的意义。

服务热线：133-6631-2326　188-1142-1266
服务信箱：reader@hinabook.com

后浪出版公司
2024年7月

© 民主与建设出版社，2024

图书在版编目（CIP）数据

布鲁克王朝：一个英国家族在东南亚的百年统治 /（英）史蒂文·朗西曼著；石盼盼译. -- 北京：民主与建设出版社，2024.12. -- ISBN 978-7-5139-4748-0

Ⅰ.D066

中国国家版本馆CIP数据核字第2024558ZH8号

The White Rajahs: A History of Sarawak from 1841 to 1946
by Steven Runciman
Copyright © 1960 The Estate of the late Sir Steven Runciman
This edition arranged with Andrew Lownie Literary Agent
Through Big Apple Agency, Inc., Labuan, Malaysia
Simplified Chinese edition copyright © 2024 by Ginkgo (Shanghai) Book Co., Ltd.
All rights reserved.

本书中文简体版权归属于银杏树下（上海）图书有限责任公司。

版权登记号：01-2024-5368
地图审图号：GS（2024）2373

布鲁克王朝：一个英国家族在东南亚的百年统治

BULUKE WANGCHAO YIGE YINGGUO JIAZU ZAI DONGNANYA DE BAINIAN TONGZHI

著　　者	［英］史蒂文·朗西曼		
译　　者	石盼盼		
出版统筹	吴兴元	责任编辑	王　颂
特约编辑	李　萱	营销推广	ONEBOOK
封面设计	墨白空间·黄怡祯 | mobai@hinabook.com		
出版发行	民主与建设出版社有限责任公司		
电　　话	（010）59417749　59419778		
社　　址	北京市朝阳区宏泰东街远洋万和南区伍号公馆4层		
邮　　编	100102		
印　　刷	北京盛通印刷股份有限公司		
版　　次	2024年12月第1版		
印　　次	2024年12月第1次印刷		
开　　本	880毫米×1194毫米　1/32		
印　　张	11		
字　　数	246千字		
书　　号	ISBN 978-7-5139-4748-0		
定　　价	82.00元		

注：如有印、装质量问题，请与出版社联系。